教师教育课程建构丛书

名誉主编 朱小蔓 ｜ 丛书主编 戴联荣

课堂教学分析：
理论视角

殷晓静 编著

南京师范大学出版社
NANJING NORMAL UNIVERSITY PRESS

图书在版编目(CIP)数据

课堂教学分析：理论视角 / 殷晓静编著. —— 南京：
南京师范大学出版社，2016.8
（教师教育课程建构丛书）
ISBN 978-7-5651-2781-6

Ⅰ. ①课… Ⅱ. ①殷… Ⅲ. ①课堂教学－教学研究－
中小学 Ⅳ. ①G632.421

中国版本图书馆 CIP 数据核字(2016)第 141547 号

书　　名	课堂教学分析：理论视角
编　　著	殷晓静
丛书主编	戴联荣
责任编辑	倪晨娟
出版发行	南京师范大学出版社
地　　址	江苏省南京市宁海路 122 号（邮编：210097）
电　　话	(025)83598919（总编办）　83598412（营销部）　83598297（邮购部）
网　　址	http://www.njnup.com
电子信箱	nspzbb@163.com
照　　排	南京理工大学印刷照排中心
印　　刷	盐城市华光印刷厂
开　　本	787 毫米×960 毫米　1/16
印　　张	21.25
字　　数	316 千
版　　次	2016 年 8 月第 1 版　2016 年 8 月第 1 次印刷
书　　号	ISBN 978-7-5651-2781-6
定　　价	50.00 元
出 版 人	彭志斌

南京师大版图书若有印装问题请与销售商调换
版权所有　侵犯必究

总　序

朱小蔓

我曾应宁夏大学邀请于2013年5月给宁夏大学教育学院的师生，宁夏大学的管理者和教学、科研人员分别做过讲座，与宁夏大学的党、政负责人进行了深入、友好、畅快的会见交谈，给我留下了新鲜而美好的印象："天下黄河富宁夏"，这个黄土高原上的银川平原居然可以种水稻，天高云淡，芦苇摇曳，碧波荡漾，水草丰足，牛羊成群，一排排白杨礼赞"不到长城非好汉"的宁夏精神，一阵阵惠风和畅天赐宁夏避暑胜地；这个塞上江南的"211"大学，学校领导思想解放，富有远见，稳健而不乏魄力，特别重视大学的特色发展，强调大学要为西部的经济社会和文化的可持续发展做出实实在在的贡献；高度重视教学及管理工作都要为立德树人、为人自身的全面综合素质提升，以及文化与信仰的包容、融合和交流服务。短短的两三天里，我直接感受到教育学院老师们的专业思考能力，参与互动、讨论的热情，了解到教育学院的工作生机勃勃，风清气正，同心聚力，尊重和关心师生和专家，重视学科建设尤其是教师教育专业的发展，打开了教育学院与当地政府合作、中小学协同合作的新局面。学校主要领导评价戴联荣院长"给学院吹进了一阵清风，学院的发展思路和目标清晰，老师们越来越有信心"。这些，被宁夏大学时任校长风趣地概括、赞誉为"戴—高乐"组合（意在肯定戴联荣院长与高石钢书记是好搭档，带领师生赢得学院和谐、活跃的新局面）。

银川之行让我与宁夏大学教育学院结下不解之缘,有兴趣和情感上的牵挂,持续关注宁夏大学和教育学院的发展动态,欢迎宁夏大学的师生参加我在北京参与主办的小学教育国际会议、第五届全国情感教育学术研讨会,以及其他有关的国际、国内教育学术交流与科研合作活动,鼓励宁夏大学的师生报考北京师范大学、南京师范大学的研究生。后来,我高兴地了解到,该学院近几年来获得国家自然科学基金5项,国家社会科学基金5项,省部级科研项目10多项;一些重要科研成果在该校"211"大学评估验收中独领风骚,还有许多专家的科研成果在宁夏全区教育科研成果获奖中屡屡名列前茅;建立学术对话论坛,鼓励青年老师和专家积极参加国内外学术交流,邀请海内外专家做系列讲座;别开生面地组织实施"国培计划""骨干教师"等多项省级、国家级中小学教师培训项目;教育学院还获得宁夏大学2013年度最高奖"精神文明建设奖",颇为不易。南京师范大学党委书记在全校干部大会上表扬外派支教院长戴联荣,肯定这一东西部大学合作的成功模式和可喜成果。

  宁夏大学作为地方综合性大学,十分重视将培养优质师资的教师教育作为学校义不容辞服务好地方基础教育、培养德才兼备人才的重要任务之一。2013年至2015年初,南京师范大学与宁夏大学友好合作,联合聘任戴联荣教授为宁夏大学教育学院院长、学科带头人的时期,恰逢国家为支持中西部普通高校发展制定了《中西部高等教育振兴计划(2012—2020年)》,正好参与申请和负责执行、落实宁夏大学"中西部高校综合实力提升工程"("一省一校"新一期资助子项目);他主编的这套"教师教育课程建构"丛书即被学院确定该项目执行内容之一,我是很支持的。

  我国教师教育存在一些亟需进一步改革和调整的问题,例如:课堂"教"与"学"的理念、方式的新变化;教师教育实习和见习制度的改革;对中小学基础教育改革的切实了解与把握;培养面向农村的中小学教师;加强大学通识课程和文化基础课;提升大学整体教师教育氛围;等等。

  这套丛书研究和关注的是我国西部教师教育课程建构以及教师教育专业人才培养的重要问题,有几个特色:

首先是关注教师队伍建设的硬件和软件问题。

教师教育专业学生以及教师的职后培训,对教师职业特点的认识、认同感,与教师流动的伦理和文化问题紧密相关,提出认真思考这两者的关系问题,有助于我们寻找到什么样的学校文化软环境,才能够真正吸引老师们扎根当地教书育人,充满理想、智慧和奉献爱心。进行这方面的调研,能够为教师教育公共政策的完善提供建议。因此特别需要教育政策的制定者和教育管理者,教育工作者,充分理解教师专业和复杂劳动的创造性、个体性、自主性、交流性和精神性的鲜明特征:一是教师职业在本质上是一个需要自由、创造的职业。老师们需要感兴趣、热爱,愿意不断摸索、调适,善于激励他人也激励自己。二是教师的知识,既是自己所学习、积累、信奉、公共化(客观化)的,也是在现场、在特定情境中产生,大量是用身体表达的、默会的、多变的、不定型的,是一种个人化的知识结构。三是教师的工作既要团队合作,但大多时空又需要个人灵活自主应对。教师职业当然应有一定规范约束,但其工作总在无法掩饰地表达着、展现着自我。四是教师工作需要物质奖励,但他们也特别看重教学以及与学生交往过程中的成功体验,珍惜从中获得的成就感。

《教师流动论》提出、建构了一个理解教师流动的崭新体系。对中国教师流动的具体问题,既阐述了教师流动的"硬问题"——教师流动的制度、政策和机制问题,也阐述了影响教师流动的"软问题"——教师流动的伦理和文化问题,这是很有创新价值的。

其次是关注课堂和学习的新理念,有效地帮助教师实现角色的转型。

在学习化社会、"全纳教育"、"翻转课堂"等理念引领下,应该大力倡导教师角色的转变:教师以学习者为中心,为学习者服务;教师要为不同的受教育者寻找资源,教会受教育者使用工具,并且鼓励他们树立自信心;教师应作为行动的参与者及合作者;教师必须不仅能帮助和指导学习者吸收知识,而且能使学习者认识到自己的特性,并对他人和其他文化表示宽容和开放以及能进行终身学习,从而使他们能够满怀信心地面对未来;教师不仅应促进学习,还应促进公民的培训和积极的融合于社会,发展好奇性、批判性思维、创造性、首创精神以及自我觉醒。

《课堂教学分析:理论视角》,一方面着力于形成适合于教师教育专业学生学习水平的课堂教学研究的理论架构,梳理清楚现代教学理论中的重点问题的清晰线索与新理论、新动态,与时俱进;另一方面,致力于将教学、教育的理论与中小学课堂体验有机结合,促使教师教育专业学生真正地理解教师角色、学生角色的内涵,课堂的作用,学会反思、学以致用。

第三是关注用扎根、行动研究方法,开发和建构校本课程资源。

中国幅员辽阔,东、中、西部的教育差异太大,除了一些共性的教学内容之外,自下而上的扎根研究所取得的校本课程资源,是当下和未来教师专业成长的生命力源泉。对于行动研究方法、实证研究法、质性研究方法,应该因人制宜、因地制宜、因问题研究的需要来选择,抱着一种实事求是和"各美其美,美美与共"的研究价值观。这样的方法取得的校本课程研究成果,既可以在国内不同地区间分享,也可以在国际社会分享。

《文化选择:民族中小学校本课程资源开发研究》,对宁夏回族中小学校校本课程进行了详尽的"实证研究",用"文化选择"的相关理论视野和方法对民族地区校本课程资源的开发提出了独到、切实的思考与建议。

第四是关注教育技术、信息化内容背后的中外教育观念差异性。

互联网+教育的时代,使得边远地区、少数民族地区、农村地区的学校的课堂活动和老师的教研活动,可以互联互通城市或者国外的优质教育资源,这是教师教育专业发展的大好机遇,也是面临的一种挑战。在富媒体、新媒体背景下,学科老师要努力成为课堂这个特殊舞台的"教学导演",学会整合知识内容、方法,形成交互传播技术、审美体验之间的创新结构和关系。我们要在国际全民教育的视野下,既研究中国本土的教育技术和教育信息化问题,也研究他国的问题和经验,并相互映照,这需要我们更多地采用比较研究,更加重视实证研究与质性研究方法的融合,取长补短。

我们不只是自己做研究,还要更多地和国外学者合作,共同研究中国的教育信息化的硬件和软件问题,也一起研究他国的教育技术课程和内容设置的先进经验。在一个团队中合作更容易形成可以彼此理解并能够分享的研究成果。

《美国教育技术学专业课程设置研究》提出了独到的见解:导致我

国教育技术学专业在课程设置上的很多现实问题的原因是多方面的，特别对教育技术及其学科本质认识存在的偏差最为关键；其中调研了美国九所高校教育技术学专业，揭示美国高校教育技术学专业课程设置的共性与规律，涉及、凸显的研究成果，荣获了2014年美国AECT国际部颁发的"国际教育技术学生杰出实践奖"，这是全球华人青年研究者的难得殊荣。

除了以上专家对教师队伍建设的硬件和软件问题、学习和课堂的转型、校本课程资源的开发和整合、教育技术课程设置的中外教育观念比较等等，提出了颇有新意的或者独到的思考与建议之外，建议可以继续关注研究相关教师教育课程与教师专业发展问题，比如：关心城乡学校教育质量的提高问题，关注乡村学校的管理问题，关心困境儿童的关怀与教育等。

我知道，完成该丛书项目时间紧，写作进度不一，有的还需要专题审批，质量要求高，任务艰巨，因此存在一些不足、瑕疵是难免的。经过诸位老师的反复修改，与编者一起共同努力，终于有了首批著作出版面世，其中得到南京师范大学有关领导以及南京师范大学出版社领导的大力支持、帮助，这是我曾经工作的大学，也向他们表示敬意。

欣闻该套丛书仅是近年来教育学院老师和专家们的部分优秀成果，愿其阵容不断壮大和发展，成为一个开放的、融汇海内外专家合作研究西部教育问题的平台；不断地修正完善，精益求精，持之以恒，为我国的西部教育事业添砖加瓦，奉献智慧和爱心。

是为序。

2016年6月20日于北京

（朱小蔓，系中国陶行知研究会会长、俄罗斯教育科学院外籍院士、北京师范大学教育学部教授、博士生导师。原中央教育科学研究所所长兼党委书记，曾任南京师范大学副校长。）

目 录

总 序 001

绪 论 了解课堂:课堂教学概述 001

一、关于课堂 001

二、关于课堂教学 016

三、课堂研究概述 024

第一章 课堂教学理念分析 035

一、教学理念的内涵与特点 035

二、教学理念的形成 041

三、教学理念的不同取向 046

四、教学理念举隅 054

五、我国新课程改革背景下课堂教学现象的教学理念分析 084

六、教学理念向教学行为的转化 089

第二章 课堂教学学科分析 096

一、从学科的形成与发展看学科本质与价值 096

二、学科类型及其特点 105

三、当前的学科性质与教学 111

四、学科教学的相关问题 137

第三章 课堂教学内容分析 158

一、何为教学内容 158

二、教学内容的生成来源 161

三、教学内容选择的问题 167

四、教学内容的有效选择 173

第四章 课堂教学时空分析 184

一、课堂教学时间分析 184

二、课堂教学空间分析 192

三、课堂教学时空结构分析 200

第五章 课堂教学语言分析 208

一、课堂教学语言的内涵 208

二、课堂教学语言的特征 217

三、课堂教学语言的失当现象 219

四、课堂教学语言的修养 223

第六章 教师教学行为分析 241

一、教学行为分析概述 241

二、教师教学行为的概念与分类 248

三、教师教学行为的影响因素 251

四、教师不当教学行为 252

五、教师教学行为的生成与优化 255

第七章 课堂学习行为分析 261

一、学习行为的基本内涵 261

二、学习行为的类型划分 266

三、课堂学习行为的影响因素 271

四、课堂不良学习行为 280

五、课堂学习行为的改进 282

第八章 课堂教学资源分析 290

一、课堂教学资源的概念与特点 290

二、课堂教学资源的类型 293

三、课堂教学资源的不当运用 297

四、课堂教学资源的开发与利用 300

结　语　走进课堂：课堂观察的理念与技术 302

一、什么是课堂观察 302

二、课堂观察的意义 305

三、课堂观察的领域 306

四、课堂观察的实施条件 308

五、课堂观察的技术 309

六、课堂观察量表 313

七、课堂观察报告举例 318

八、课堂观察活动案例 319

绪　论　　了解课堂：课堂教学概述

课堂是教学发生的场所，是课堂教学研究的对象，了解课堂是研究课堂的前提和基础。从课堂研究的角度看，我们对课堂的了解主要来源于对以下三个概念的理解：课堂、课堂教学以及课堂研究。

一、关于课堂

课堂是师生进行教学活动的主要场所，课堂和师生的学校生活息息相关。在教育教学实践活动中，课堂是有差异的，不同的课堂对师生有着不同的影响。课堂的差异来自于课堂建构者对课堂的理解差异，以及由此而形成的课堂形态和特点的差异。

（一）什么是课堂

一般认为，课堂泛指进行各种教学活动的场所。从教育史的角度看，最早的课堂与最早的学校同时产生，作为教学活动场所的课堂在存在形态上经历了漫长的发展与变革。

在中国奴隶社会的夏朝，就有了课堂的萌芽形态——"庠、序、校"等。"庠"，就是饲养牛羊的地方。"序"最初是教射的场所，后来成为奴隶主贵族进行一切公共活动的场所，也是奴隶主贵族教育子弟的场所。"校，从木，交声"，意思是在以木材围成的栅栏中饲养牛羊，而"校者，教也"。在原始社会，饲养牛羊的地方也是敬老养老的地方。年轻人要去参加劳动，儿童就由有丰富经验的老人照管。老人一边饲养着牛羊，一边向年轻一代传授着自己掌握的经验,这些饲养牛羊的地方也就成了教育的场所。所以我们说"庠、序、校"既是我国最早的学校教育形态,也是最早的课堂教学形态。从最原始的教学活动场所来看,课堂就是传递人类文化知识的专门场所,也是专门培养人才的场所。在早期的课堂中,传承文化几乎是培养人的唯一手段,但随着社会的发展和教育的进步,传承文化越来越成为培养手段之一,而非唯一手段。在中国漫长的封建社会教育中,课堂更成了专门传授知识的场所,而且所传承的知识多为儒家的思想与道德知识,以"四书五经"的讲授与研读为主。课堂从传承人类文化的场所慢慢变成了训练人的场所,成为单一乏味的场所。直到近现代教育在中国产生,课堂的功能被进一步扩充,课堂的形态才有了新的发展,形成以班级授课制为主要特征的课堂教学。

在西方,课堂从一开始就成为专门传授知识的场所。知识最初主要体现在古希腊的博雅教育课程上。博雅教育的核心思想是通过知识追求永恒的生活,这种追求是基于当时人们对知识永恒性质的假设和"崇尚永恒"的文化背景。知识在不断增长,人们面对这么多无法全部吸纳的知识感到不安与矛盾。如何才能有效地掌握知识?如何才能解决人的学习时间和精力的有限性与知识的无限性之间的矛盾?人们开始关注课堂教学中以什么方法使内容的安排和实施"有序和有效化",即"秩序问题"和"效果问题",这便是夸美纽斯时代将课堂教学从单一的"知识"向"知识与方法"结合的转变,这时课堂教学从一维的"知识"转向了二维的"知识与方法"。夸美纽斯不仅在他的《大教学论》的扉页上明确地提出教学就是"把一切事物教给一切人的全部艺术",而且,他还强调:"寻求并找出一种教学的方法,使教员因此可以少教,但是学生可以多学,使课堂因此可以少些喧嚣、厌恶和无益的劳苦,多些闲暇、快乐和坚实的进步。"可见夸美纽斯主张的方法是为知识服务的,知识还是被看成是课堂教学中的最终目的,方法与过程不过是手段而已。为什么会在夸美纽斯时代形成课堂教学的二维目标呢?首先,在近代以后,古希腊时代的知识的永恒观开始淡化;其次,在夸美纽斯看来,百科全书式的知识与艺术的方法相结合,才能解决时间与精力的有限与知识的无限之间的矛盾;其三,培根的思想为夸美纽斯对方法的寻求提供了支撑点和思路;其四,近代教育的发展状况也促使教育由关注"内容"转向关注"内容与方法"。

  人类的知识量如滚雪球般越来越大,知识在不断地再生与扩充,尤其是随着17世纪近代科学的崛起、科学知识的急剧增长以及工业经济对大量实用型人才的渴求,使课堂教学发生了革命性的变革。首先,资本主义的社会化大生产需要大批有知识、懂技术的劳动者,教育适应了这一需求,如同资本主义社会生产中的"工厂"与"车间",教育领域出现了成批成量"加工人才"的学校与课堂,这样就形成了近代以来的课堂基本模式——班级授课制。其次,自19世纪以来,关于知识的一系列问题引起了教育家越来越多的关注,主要集中在如何选择有价值的、必要的知识以适应有限的学习时间,选择知识的标准是什么。从斯宾塞的"什么知识最有价值",到杜威的"生活课程",再到拉尔夫·泰勒的"现代课程编制理论",都在力图解决这一问题。但他们都是在知识的范围之内思考这一问题。人们试图通过学科课程的设置形式与课程编制的理论方法解决知识无限性与学习有限性之间的矛盾,但始终是治标不治本。为什么人们即使汲取再多的知识,许多受教育者事实上还是没有呈现出课程设计者所向往的那种状态?当传授无限的知识遇到困难和挑战时,传授知识的方法引起了重视,而知识与方法仍然不能从根本上解决人的培养中的困惑时,关于情感、态度与价值观的因素也介入了课堂教学。

  进入20世纪五六十年代以后,一方面,世界各国的教育改革出现了高潮,如美国布鲁纳的结构主义课程改革、布鲁姆的目标教学改革,苏联赞可夫的教学与发展改革、巴班斯基的教学最优化改革等,为新的教育发展趋势做了实践探索工作;另一方面,联合国教科文组织对国际教育的发展进行了一系列专门性的研究。《学会生存》《从现在到2000年教育内容发展的全球展望》《教育的使命》《教育——财富蕴藏其中》等一系列的经典论著中,逐渐显现了国际教育发展的许多新动向:终身教育、学习化社会、学会学习、学会生存等。教育越来越表现出它双重的要求:"一方面,教育应大量和有效地传授越来越多、不断发展并与认识发展水平相适应的知识和技能,因为这是造就未来人才的基础。同时,教育还应找到并标出判断事物的标准,使人们不会让自己被充斥公共和私人场所的、多少称得上是瞬息万变的大量信息搞得晕头转向,使人们不脱离个人和集体发展的方向。可以这么说,教育既应提供一个复杂的、不断变动的世界地图,又应提供有助于在这个世界上航行的指南针。""为了与这样的教育使命相适应,教育应围绕四种基本学习加以安排。可以说,这四种学习是每个人一生中的知识支柱:学会认知,即获取理解的手段;学会做事,以便能够对自己所处的环境产生影响;学会共同生活,以便与他人一道参加人的所有活动并在这些活动中进行合作;最后是学会生存,这是前三种学习成果的主要表现形式。"这样一来,教育教学的目标也发生了根本的变化,课堂安排教学过程时的"知识、实用技术、态度和技能"三级目标层次颠倒为"态度和技能、实用技术、知识"的形式,表现出课堂教学培养的新趋势。

通过对历史的考察可以看到,随着教育的不断发展,课堂的功能、形态及其内容都在发生着变革。就今天的教育发展而言,课堂最少有三种主要的理解:

第一种是指课堂教学的场所,即教室,传统教学论研究中把它作为教学环境加以研究。

第二种是指课堂教学,就是发生在教室里的教学活动。由于传统的课堂中课程是刚性的,课堂教学研究只是从教学内容的角度加以考虑,传统教学论的重点即在于研究教学活动及其构成要素。

第三种是指课堂综合体,包括教学环境、教学活动、课程、师生关系等。

从课堂的本质来看,第一种课堂只是一个条件性的理解,第二种课堂就是"人类专门的知识传授场所",第三种则是"人才培养的专门场所",也就是一个学习型共同体,是学生成长发展和教师专业提高的共同体。

【拓展概念】 学习型共同体课堂

课堂作为共同体的理解是现代学校教育发展中的新理念,是人们对传统的以班级授课制为基础的课堂教学模式进行批判的过程中逐渐形成的一种观点。

"共同体"有两层含义：第一，共同体是一个"温馨"的地方，一个温暖而又舒适的场所；第二，在共同体中，我们能够相互依靠对方。课堂作为一个共同体，就应该是学生的家，是一个学习快乐生活与成长的地方，在课堂里学生感受到的是爱与温暖。在课堂共同体中，学生建立的是一种伙伴式的同学关系，彼此信任、相互信赖、相互支持。教师是这个温馨的家里的家长。既然是家长，自然是家庭中的一员，同时肩负着更多的责任，共同体中的确定性与自由、共同体与个体的冲突，就需要教师来解决。课堂作为共同体其实不是一个我们现实的学校中已经获得和享受的世界，而是一种我们热切希望栖息、希望重新拥有的世界。

课堂作为一个共同体，不同于其他类型的共同体，它还必须是一个学习型组织的共同体。美国思想家彼得·圣吉认为学习型组织理论有五大要素，即自我超越、改善心智模式、建立共同愿景、团队学习和系统思考。我国香港学者谭伟明、李子健等将学习型组织概念引入学习型学校，并从三个维度来理解学校这一学习型组织：第一个维度是信念，即是学习型组织的思想在组织内得以形成和推广的指导观念和理论；第二个维度是结构，即是促进组织成员学习的管理平台和基础设施，亦是学习型组织的实践基础；第三个维度是能力，即让组织成员能够真正参与学习的方法和工具，亦是学习型组织的手段。课堂作为学习型组织基本上和学校学习型组织的三个维度相一致。课堂组织的形成与发展，课堂功能的发挥与有效运行，确实需要专业的信念，教师看待课堂的观点不同，他们的教学理念和方法就会因此而大相径庭。一个把课堂仅仅看作学生继承知识的场所的教师，会争分夺秒地讲授而不顾学生的兴趣与需要。而一个把课堂理解成学生快乐学习与发展的共同体的教师，他的教学就会考虑学生的兴趣与需求，会为每一位学生的发展考虑。

（二）课堂的类型

课堂类型是不同课堂所形成的种类，具体来说就是在课堂教学实践中依据某种价值理念，遵循一定的原则和方法，为达成某种目标并体现某种特点而形成的课堂种类。课堂类型不同于课的类型。课的类型是指根据不同的教学任务，或按一节课主要采用的教学方法来划分的课的类别；课的类型一般划分为单一课和综合课，也可按一节课主要采用的教学方法划分为观察课、讲授课、问答课、讨论课、实验课、自学辅导课、练习课等。课堂类型也不同于物理场所的教室类型。教室类型主要是关注空间上的布局对教学及师生关系的影响，课堂类型则更注重动态的课堂教学整体。

从课堂类型出发分析课堂的特质，是认识课堂的一个重要视角。国外关于课堂类型分析的观点主要有古德和布罗菲的四类型课堂、稻川三郎的课堂形态理论、佐藤学的三类型课堂等。而近年来随着对课堂研究越来越多的关注，我国学者也提出了一些关于课堂类型研究与建构的观点。

1. 古德和布罗菲的四类型课堂

美国课堂研究的专家古德和布罗菲认为，课堂类型的差异不能完全以学生的课堂表现类型来判定，教师总是对课堂有着根深蒂固的控制作用，一些教师会和学生配合得很好，一些教师却总难以赢得学生的支持。因此课堂类型分为四类：第一类是"不能应对型"(can't cope)；第二类是"贿赂学生型"(bribes the student)；第三类是"铁腕手段型"(runs a tight ship)；第四类是"与学生合作型"(has cooperative students)。这只是对课堂类型的一个简单划分，目的在于引导教师建立与学生合作型的课堂模式。古德与布罗菲在《透视课堂》这本著作中专题性地介绍与研究了教师如何建立与学生合作型课堂的理论与方法。与学生合作的课堂是教师观念变革的开始，是课堂教学从教师单一的"教"的方式向注重学生的"学"的方式的突破。

2. 稻川三郎的课堂形态理论

日本学者稻川三郎结合日本近现代学校教育的现状，对课堂的变革问题进行了专门研究。他认为，以前的课堂教学大致分为三种。第一种是最为旧式的课堂，教学活动强调以教师为中心的近乎强制式的灌输教科书内容的教学方法。第二种课堂仍然是以教师为中心的教学，但学生在课堂上的角色有所改变。如今，第二种课堂已经是过去的产物了，不管对它进行如何梳妆打扮，都无法适应现代社会飞速发展的需要。第三种课堂的主体是每一位学生，学生将走到教学的最前沿。这是培养学生掌握学习能力的教学，也是培养能适应未来社会的人的教学,教师的作用主要是辅导、帮助。教学的主角是学生,教师是配角。学生完全得到自立,学生依靠自己的能力去学习,这就是第三种课堂所要实现的目标。

稻川三郎的课堂形态理论是一种从传统的教师主宰的课堂教学向学生主体的课堂教学的转变,体现了课堂中知识本位向学生本位的让步,成为了21世纪国际教育发展的新潮流。

3. 佐藤学的三类型课堂

日本教育学家佐藤学教授批判了所谓的"极端的课堂":它是由那些缺少人情味的硬邦邦、干巴巴的关系而构成的课堂。在此基础上,他提出了"润泽的课堂"观:"润泽"这个词表示的是湿润程度,也可以说它表示了那种安心的、无拘无束的、轻柔滋润肌肤的感觉。"润泽的课堂"给人的感觉是课堂里的每个人的呼吸和节律都是那么的柔和。在这种课堂中,教师与学生都不受"主体性"神话的束缚,大家安心地、轻松自如地构筑着人与人之间的关系,构筑着一种基本的信赖关系,在这种关系中,即使拿不出自己的意见而耸耸肩膀,每个人的存在也能够得到大家自觉的尊重,得到承认。

为了建构"润泽的课堂",他还分析了课堂社会的三种形态,使我们从另一个全新的角度进一步理解课堂。课堂社会的第一形态,是对班集体的直接性归属意识与对课堂规范的无意识承认结合而成的原始共同体。其特征在于集团内部情绪性的强烈的一体感与对集团外部的排斥性意识。在这种课堂中,教师既是专家,又像是父母般的存在。同儿童的关系,表现为绝对的尊敬与亲密的信赖。在这种课堂教学中的知识内容及其文化,在课堂之外是不开放的,在课堂内则具有排斥异己、使之同质化的倾向特征。课堂的第二形态,是课堂中权利义务的契约关系与制度性的角色关系所构成的共同体。这一课堂的特征在于每一个人在课堂中获得了摆脱束缚、走向自由的指向。在这种课堂中,教师是制度所规定的专家,同儿童的关系是契约与角色的关系。这种课堂的文化是同学校制度对应的文化,是以市民社会的个人主义为基础形成的文化。课堂的第三种形态,是在意识到上述两种人际关系并加以变革的实践中所形成的学习共同体。作为这种学习共同体的课堂社会,是一种在性质上不同于原始共同体的共同体,它不是靠地缘这一纽带,而是靠语言知识与信息伦理的共同拥有所产生的社会亲和与知识想象力这一纽带所结成的自觉化的共同体,也可以谓之"拥有共同舆论的共同体"。在这种课堂中,每一位儿童都生活在自主的个人世界中,同时也通过同他人的社会亲和,在课堂的共同体世界中生活。其特征在于课堂中不仅每一位儿童的个人世界在与伙伴的人际关系中得到展现,而且通过这种人际关系,在自己的内部世界中体验伙伴们的生活世界。第三形态的课堂推进了个人的活动与合作活动的统一,寻求个性认识的交流与共享的共同知识的形成。在人际关系上,通过自我探索与社会性联合,寻求主体性与共同体的相互媒介的形成。在这种课堂中,教师是教育的专家,同时又是学习者,是教室里建设学习共同体的指导者,同时自身又是这种共同体的一员。这种课堂中的教学,是共同确立意义、构筑关系的、文化的、社会的实践,其人际关系是借助交互主体式的实践构筑的共同体关系,这种课堂寻求同课堂外的种种共同体的文化实践的关联。

佐藤学教授的三种课堂形态的观点表明:一方面,课堂形态随着历史的发展在不断地变革,不同的课堂形态与不同的时代特点息息相关;另一方面,不同的课堂形态又在同一时代的课堂中并存,即同一社会中可能三种课堂都存在。但课堂改革的趋势是从传统的"原始共同体""制度性关系共同体"向现代的"学习型共同体"转变,使课堂成为教师与学生学习与生活的"润泽的共同体"。

4. 我国学者关于课堂类型的研究与建构

近年来,随着社会的发展和基础教育新课程推进的需要,国内出现了以适应社会发展和新课程为目标的一系列课堂类型建构的新探索,代表性的有和谐课堂、绿色课堂、对话型课堂、互动生成型课堂、生态课堂、生命性课堂、发展性课堂、创新型课堂、互助学习型课堂、研究性课堂等。研究者从不同的视角建构课堂,旨在使课堂充满活力,从而提高课堂教学的质量。这些新的探索与研究成果给人们认识课堂类型提供了多样的视角,也为新课程实施中对课堂类型的选择提供了某种理论的基础。从不断推陈出新的课堂类型建构的研究中可以看出,人们对课堂的认识不断加深,对课堂教学改革给予了更多关注。作为适应社会发展与教育需求而进行的理论建构与实践探索,这些课堂类型的提出对于课堂实践的发展有其积极意义,同时也有待检验与发展,在此不一一赘述。

【拓展概念】 生态课堂

　　生态课堂是在社会需要"生态文明"和教育生态化趋势下提出的,强调课堂要充满生命活力。它也充分地体现了新课程对课堂教学变革的要求。"生态"具有生命性、多样性、整体性、开放性以及共生性等特征,生态课堂的根本就是尊重生命,建立起一种适合师生生命发展的"原生态"课堂,即把学生、教师、学习内容、学习方法、学习评价和学习环境看成一个教学的生态系统,并以此建立一种整体的、和谐的、可持续发展的以及符合学生生理特征和学习生活习性的课堂形态。

　　生态课堂强调在生态学的理念下创设富有生命气息、宽松和谐的课堂。其基本特征主要有:生态课堂是回归自然、崇尚自主的课堂,整体和谐的课堂,交往与互动的课堂,开放与生成的课堂,可持续发展的课堂。民主、平等是构建生态课堂的最基本原则。

　　如何构建生态课堂,有论者认为首先是要求教师实现角色的转换。教师要善于和乐于从知识的传授者、课堂的管理者角色向学生学习的合作者、帮助者以及学生发展的引导者、促进者的角色转变。其次要以民主的教学作风实现课堂中师生平等的对话。对话是确保生态课堂内信息交流与分享的有效途径。强调自主,强调参与,凸显人的主体性,正是生态课堂的理想追求。生态是一种理念,而生态课堂正是师生学习和生命成长的三重生态场(自然生态、类生态和内生态三重生态)。生态课堂坚持学生主体、学生主动,围绕学习内容与学生的生命成长,各种生态元素(因子)有机整合与协调运动,师生、同伴间互相激发、共同参与、合作交流、质疑探究,在浓郁的、生成的、互动的、幸福的、体验的学习氛围中,不知不觉地实现着从文化到精神的"潜滋暗长",共同发展,持续发展,和谐发展。

(三)关于课堂的基本认识

　　对于课堂的理解,不仅要从历史发展的角度来了解其存在形态,也要从对课堂特点的分析角度来把握其价值所在。在课程与教学改革持续开展的今天,研究者们不约而同地提出"重构课堂"的主张,而"重新检视课堂中的师生活动,反思课堂的观念与认识,为课堂提供新的定向,是课堂重构的基本前提"。关于课堂,至少应树立这样四点基本认识。

1. 课堂不是教师表演的舞台,而是师生之间交往、互动的舞台

在过去,我们常常把教师的课堂行为类比成舞台表演艺术,把课堂当作教师表演的舞台,认为教师只要表演到位就可以了,最高明的教师也就是那些具有高超的教学表演艺术的教师。这种认识不能说完全不合理,因为在教学行为与舞台表演行为之间是有着一些相似性的成分的。但是,若教师如同舞台表演一样,一味地把自己的行为演示给别人看,按照教参或教案设计(剧本)亦步亦趋地展示自己的行为,把学生当作观众,既没有沟通也没有交往,教学也就成了没有学生参与甚至是完全忽视学生的教师单方面的活动。教学归根到底是一种交往行为,是以交往为媒介的。表演的水平再高,"艺术"表现能力再强,也只能说明教师自身"塑造角色"的能力与水平,而无法反映出学生的学习与表现参与在内的具体成效。换句话说,表演可以是无互动、无交往的,而教学却必须要借助交往来进行。只有在真正有效的交往与互动中,学生获取的知识才是"内化"了的,增长的能力才是"货真价实"的,养成的情感才是"真真切切"的。从这个角度讲,衡量一堂课的标准不只在于教师的板书是否整洁,行为举止是否大方,时间控制是否合理,而更多地在于学生交往、互动的程度与水平,交往、互动的方式与成效。

2. 课堂不是对学生进行训练的场所,而是引导学生发展的场所

把训练等同于教学,把训练当作课堂中的主要行为,是我们现有课堂中常见的一种现象。这种训练以无视学生复杂的心理活动为代价,把学生头脑当作"黑箱"来支配。靠着这种训练,学生的行为倒是可以达到标准一致、区别无二,可以在做各式各样的练习题时达到一种"自动化"的水平,但与此同时,学生思维的灵活性渐渐在降低,对外在事物的敏感性渐渐在淡化,捕捉问题的能力渐渐在弱化,创新也离他们越来越远。课堂上,不能把学生看作是无知无能的被动的受体和只能接受教师指令的工具,而要把学生看作是有着独特个性、鲜活生命活力的个体。他们有着自己的真情实感,有着自己判断是非的能力,有着自己的知识经验,有着自己的成长背景。教师所要做的不是从外部强制地去灌输知识,让学生原封不动地"克隆"出这些知识,而是从内部去激发他们的求知欲,由内而外地引导学生去认识周围的世界。在教师面前,一向有着两种不同的选择,一种是由知识走向学生,一种是由学生走向知识。前者表现为在细致地"加工"知识的前提下,在课堂上再现知识,将单位时间内完成知识的传递作为头等重要的事情;后者表现为在仔细分析学生状况的基础上,引导学生去探求知识,使学生最终成为知识的真正占有者。当今,要培养富有个性和创新精神的学生,教师应该选择的是后者,变革的是前者。

3. 课堂不只是传授知识的场所,更应该是探究知识的场所

"师者,传道授业解惑也。"唐代大文豪韩愈在他的《师说》中为教师确立的这样一些职责和角色,一直支配着教师的行为。许多教师至今在课堂上也基本上是按照这样的角色要求来规范自己的,认为只要在课堂上传授了知识,把"术业有专攻"的学识传递、授予了学生,自己的职责也就完成了。这种看法也许在韩愈所处的年代或者说农业经济时代是合理的,而对于知识更新速度日趋加快、信息日益纷繁多样的今天来说,却越来越显得不合时宜。让学生学会学习,掌握学习的本领,养成不断求知的习惯,形成终身学习必备的素养,是时代发展对学生的期盼。把课堂当作知识的"交易所",从教师一方转移至学生一方,虽然学生也可获得知识,但一来掌握的这些知识难以牢固,无法成为学生稳定的心理特征,二来无法透过知识的探究过程学会学习,学会主动地吸取知识,更无法成为知识的创新者。在这里,教师要明了:知识既是"名词",更是"动词",通过主动探究,动脑、动口、动手获取的知识,才是掌握得最牢固的知识,才是最能有运用空间和价值的知识。

4. 课堂不是教师教学行为模式化运作的场所,而是教师教育智慧充分展现的场所

课堂情境是极为复杂的,从不同的角度看待、透视课堂,课堂实际上展现的是不同的场景。从社会学角度看,课堂呈现的是人际交往(包括师生交往、生生交往)的画面;从文化学的角度看,课堂呈现的是以教师为代表的成人文化与以学生为代表的儿童文化相互沟通、整合的画面;从心理学角度看,课堂呈现的又是教师与学生心理不断调适、冲突的画面。课堂是动态存在的,即使教师备课准备再充分,也难以预料到课堂中会出现的形形色色的情况和事件。课堂总是处于一种流变的状态,正如哲学家赫拉克利特所讲的"一个人不能两次踏进同一条河流"一样,一个教师也不可能两次踏进同一个课堂。教师与学生的心态在变化,知识经验的积累状况在变化,课堂的物理空间也在变化。所有这一切,都时刻挑战着教师的智慧,要求教师必须要根据变化了的情形不断地调整自己的行为,根据自己对课堂各种各样信息的综合把握,即时做出正确的判断,采取得当的措施。但在中小学的课堂中,我们常常见到的是教师千篇一律的教学行为,一统僵化的教学策略和以不变应万变的教学模式。创新就是打破旧有的模式化的东西,如果用刻板的行为替代多样化的行为,创新也就无从谈起了。充分发挥教师自己的智慧,把学生置于教学的出发点和核心地位,应学生而动,应情境而变,课堂才能焕发勃勃生机,课堂上才能显现真正的活力。

【拓展概念】 知识课堂与生命课堂

从课堂的模式来看,传统的课堂模式是一种"知识课堂",它是知识为本或知识至上的课堂;新课程倡导的课堂模式是一种"生命课堂",它是以人的发展为本的课堂。

1. "知识课堂"的特点

首先,"知识课堂"中课程的设置以"知识"为中心。从中国最早的"六艺"课程到封建社会的"四书五经"再到近代以来的"中学为体、西学为用",从西方最早的"博雅"课程到"百科全书课程"再到近代以来的"学科课程",知识成为课程的主要内容,知识成为课堂教学传递的主要信息。知识课堂中同时也强调掌握知识的方法,但这些方法都是为知识的获得服务的,是知识目的的主要手段。知识课程的核心问题在于"有哪些有价值的知识需要进入课程"和"如何设计与安排这些知识"两个方面,前者是"学科",后者是"课程";"知识课堂"的核心问题在于"如何有效地呈现这些有价值的知识"和"如何有效地掌握这些有价值的知识",前者是"教材",后者是"教学"。"知识课堂"中传授的知识主要集中在教科书中以及为教科书做注解的教学参考书与辅导练习中。"知识课堂"中的知识更多的是指间接知识、书本知识或理论知识,它不给学生的直接知识以一定的地位。知识本来是为人服务的,知识的重要性要求人去不断地获取知识、掌握知识,但知识课堂中知识中心与知识至上的做法,不仅不利于学生掌握知识,而且会使人成为知识的奴隶,成为被知识"异化"的人。

其次,在"知识课堂"中,教师的角色是知识的传授者。教师所传授的知识主要是课程与教材中规定好了的知识,教师在给学生传授知识前,先要把教材中的知识内化为自己头脑中存储的知识,在教学过程中,再将书面文字形态呈现的教材知识以口头语言的方式表达给学生听,因此教师传授知识的过程仅仅是一种知识呈现方式的变化过程。教师在课堂教学中最为注重的就是知识点中的重点与难点,课堂教学成了对知识的注解与记忆过程。从理论上讲,教材知识与教师知识并不是完全重合的,也就是说,教师还可以对教材知识进行再加工,这种知识的增减与加工可称为教师的"知识重构"。但是,在"知识课堂"的教学中,只有"法定课程",没有"师定课程"的地位,教师为了保证"法定课程"的贯彻执行,只能尽可能地为"法定课程"做注解,教师的工作不仅缺乏创造性,而且在单调乏味的知识游戏中教师对教学没有了最基本的兴趣与信心,更谈不上从事这种职业的成就感与幸福感。

再次,在"知识课堂"中,学生的学习以死记硬背、机械训练为主。因为课程规定了学生所要学的内容,教师又是按课程规定的内容向学生做着各种各样的解释与训练,课堂教学中就会在教参规定的重点和难点的基础上,经过教师多年经验的积累又会形成新的重点与难点。教师在对这些重点难点花大量时间解释与练习的同时,要求学生无条件地、整齐划一地掌握这些知识要点,最有效的方法就是对一些文科知识采取死记硬背的方法,对一些理科问题采用"题海战术",机械训练。学生学习这些知识的出发点不是学生的兴趣,更不是学生的需要,而是为了考试。教学围绕着考试转圈子,而且越转越糊涂,最后教学就好像在走"迷宫"。这样,学校课堂教学中"教、学、考"合一,学生成了知识的奴隶,课堂教学在强化学生掌握某些知识的同时,失去了大量教育的机会,失去了对学生发展的全面关注。

第四,"知识课堂"中的教学是一种"操作性教学",其实质是低效的教学。所谓"操作性教学"是指教学活动一经发生,在长期的实践中便会形成某些"经验"和"模式",这种"经验"和"模式"会对以后的教学活动产生影响,甚至成为一种恒定的作用力,使教学活动徘徊不前。"操作性教学"的存在是不可避免的,是正常的教育教学活动特性之一,但教学活动受"操作性教学"的支配则是不正常的教学现象,它是可以避免的。

2. "生命课堂"的特点

"生命课堂"就是在课堂教学中,不仅仅是为了知识而教学,而是为了人的发展而教学。"生命课堂"观就是在课堂教学中注重三维的教学目标,即"知识与技能、过程与方法、情感态度价值观"。"生命课堂"的特点主要表现在以下几个方面。

第一,课程是开放的、多元的、生成的。在课堂教学中关注学生的生命活动,使学生主体性得以充分发挥,就必须彻底改变旧有课程的"刚性"特点。从课程政策而言,要在充分考虑我国广大地区之间的差异与各民族各地区学生学习需要与学习风格差异的基础上,改单一的国家课程为"国家、地方、学校三级课程、三级管理",使课程的设置多元化;从课程设置者而言,改变过去专家设置的课程,形成"学科专家、课程专家、教师、社区成员、家长等广泛参与的课程"设计模式;从课程功能而言,改变课程唯知识传授至上的做法,使课程成为获得知识与基本技能的过程,同时成为学生学会学习和形成价值观的过程,从单纯追求知识的课程转变为体现引导学生学会学习、学会做人、学会生存的课程。

第二,教师成为研究者,教师成为专业人员,教师的工作成为充满智慧的事业。"生命课堂"中的教师不再是传授知识的工具,不再是教材与考试的注解者。教师职业越来越成为一种专业,是专业就有更高的要求,教师在他的职业生涯中,将成为学习者、研究者和学生的引导者。教师在教学中研究教学,在将"法定课程"与"师定课程"相结合的同时,发现并感受教学所潜藏的无穷创造乐趣。教师在课堂教学中的主体性与工作的创造性、挑战性、趣味性等融为一体，使教师在教学工作中充分考虑学生的特点与学习需要，在因材施教中将自己的生命价值与学生的生命价值统一起来。

第三，学生成为学习的主人。不仅学生可以解放他们的眼、耳、口、手、脚等器官，而且更为重要的是学生在课堂教学中有了自己思维与活动的时间与空间，学生在学习知识、掌握技能的过程中，将自己的体验与兴趣结合起来，将自己的方法、价值观与知识的获取结合起来。课堂将由过去"死"的课堂转变成为"活"的课堂，由过去"静"的课堂转变成为"动"的课堂，由过去"教"的课堂转变为"学"的课堂。

第四，"生命课堂"的教学活动是创造性的教学和有效的教学。创造性的教学相对"操作性教学"而言，它以发展学生的多种才能为目的，在教学过程中特别强调和突出教师和学生、学生之间的相互沟通、相互激励、启发和分享，是既有竞争又有合作的一种教学方法。创造性教学被称为"活的教学""有生命的教学"，它一反传统教学过程中"主体—客体"思维定式，在教学中确立"主体—客体、主体—主体、主体—客体—主体"的新型多元关系，解放了学生，同时，也使教师走出"操作性教学"误区，真正发挥师生的创造性。

创造性的教学是从其过程而言的，如果从"生命课堂"教学的结果而言，它是一种有效的教学。有效教学中的有效是指通过教师的教学之后，学生真正在一定程度上发展了，可见有效教学的目标在于学生学习的效果的达成。如果教师在课堂教学中讲得口干舌燥、筋疲力尽，学生在课堂上听得头脑发胀、昏昏欲睡，这样的教学表面上看，占满了课堂教学的所有时间，教师也感觉到尽心尽力了，但从学生学习的效能来看，这样的教学恰恰是低效的教学。作为有效教学，就必须把学生的进步与发展作为教学的首要目标，以关注教学效益与质量的方法，要求教师把教学过程与教学结果统一起来。同样，有效教学有一系列的策略，这些策略是教师培养过程中可能强化训练的，也可以在教师转变观念的过程中，在教学实践中慢慢形成，并内化为教师教学的智慧。

二、关于课堂教学

课堂是学校教育教学活动的主阵地,课堂教学是学校工作的核心领域,是现代教学论的实践基础。关于课堂教学的理解是教学实践活动的前提与基础。我国课堂教学经历着持续的变革与发展,对课堂现象和课堂生活的关注使得现代教学论越来越具有实践特质。

(一)课堂教学的含义

1. 关于"教学"的解释

在有关教学的研究中,研究者多从哲学角度来揭示教学的含义。根据李定仁和徐继存的研究,二十多年来我国对教学概念的解释可以分为四种类型。

第一种解释是从教师、教育者的角度来界定的,典型的表述是"教学是传授知识技能","教学就是经验的传递","教学是教师根据社会需要,按照确定的教育目的,完成教学任务的双边活动"。显然,这里的教学主要限于"传授"或"传递"知识经验,是脱离或无视学生的"学"而独立存在的"教",不可能是完整的教学。

第二种解释是从学生"学"的角度来界定的,典型的表述如"学生在教师指导下在掌握知识过程中发展能力的活动,在此基础上增强体质并形成一定的思想品德","教学是一种以教材为中介,学生在教师指导下掌握知识的认识活动","教学是指学生在教师有目的、有计划的指导下,积极主动地掌握系统的文化科学基础知识,同时发展智能和体力,并形成一定思想品德的活动"。这类表述的一般格式是"学生在教师指导下从事的……活动",虽然提及了教师的指导作用,但归根到底是学生的活动。

第三种解释是从教师和学生协同活动的角度来界定的,典型的表述是"教学是教师教和学生学的统一活动。在这一活动过程中,教师有目的、有计划地传授、培养和教导,学生积极主动地掌握一定的知识和技能,发展体力和智力,形成一定的思想品德。双方各尽所能,共同完成社会赋予的培养有用之才的神圣使命"。这类解释中,在坚持教学是师生双方共同活动的前提下,还存在着细微的分歧。有的侧重从教师一方来界定教学,如"教学是由教师的教和学生的学组成的一种教育活动。通过这种活动,教师有目的、有计划地引导学生迅速掌握人类长期实践积累起来的文化科学知识,发展学生的智力和体力,培养学生的道德品质和世界观,使他们成为社会所需要的人"。有的侧重从学生一方来界定,如教学是"教师的教和学生的学的共同活动。学生在教师有目的、有计划的指导下,积极、主动地掌握系统的文化科学基础知识和基本技能,发展能力,增强体质,并形成一定的思想品德"。还有的侧重从这种共同活动的结果来界定,如"教学就是通过教师的指导启发和学生的积极学习,使学生逐步掌握系统的科学知识和技能,并在此基础上发展学生的认识能力的过程;在这过程中,交织着培养共产主义思想品德和发展体力的活动"。总之,上述这些解释认为教学不是教或学的单方面活动,而是双方面的有机统一,不存在以谁为主的问题,二者在教学中的地位是同等重要的并列关系。

第四种解释是从教师教和学生学的角度来界定的,典型的表述如"教学即教师引起、维持、促进学生学习的所有行为方式。教学是教师行为而不是学生行为;教师行为包括主要行为(如呈示、对话、辅导等)和辅助行为(如激发动机、教师期望、课堂交流、课堂管理等)两大类别"。这种解释认为,教师和学生的活动不是并列的关系,而是有层次之分的。教师的教是高层次活动,学生的学是低层次活动,教师的教对学生的学实施有效的控制。

从对教学的各种解释中,可以归纳出我国学者对"教学"概念的基本认识。首先,教学涉及教师的教和学生的学这两种活动的关系,这种关系可以是并列的,也可以是有高低层次之分的。其次,教学的结果或目标涵盖了"德、智、体"三方面。"德"主要指学生的思想品德,"智"包括基本知识、基本技能以及能力、智力等因素,"体"主要指学生的体质。

2. 课堂教学的本源意义

教学理论研究与实践发展经历了漫长的历史过程,在这一过程中,教学的目标、内容、过程、方法以及教学研究取向、研究对象、研究方式等发生着持续的变革。有研究者从概念史的分析视角,以夸美纽斯、赫尔巴特、杜威、布鲁纳、佐藤学的教育思想体系为背景,围绕"目标、内容、方法"等课堂教学元素,运用批判反思的方法论,检视五大课堂教学模型从自然主义、观念主义、实验主义、结构主义到社会建构主义的演进历史进程中,如何在课堂理论模型的分析框架中阐释教育成"人"这一大问题的课程教学意义。

近三十年来我国的教学理论研究也获得了一定的发展,尤其近十年来在教学论学科建设方面取得了较大的突破,在子学科群的发展、学科基础的扩展、研究主题的深化、学科建设原则的共识等方面取得了一定的成就。首先,教学论学科的分化形成了教学论的子学科群:教学目标论、教学知识论、教学方法论、教学评价论、教学环境论、教师论、学生论、教学管理论等。这种分化使教学论内部的研究越来越细、越来越深,使教学论学科的科学性越来越强,这是教学论学科理论成熟的表现。教学论在应用研究方面也不断形成新的分支学科,如小学教学论、中学教学论、大学教学论、学科教学论等。教学论应用到不同层次的学科之中,不断扩充着其应用的范围,表明了教学论实践性的加强。其次,教学论学科基础不断拓展。教学论研究课题的复杂性、综合性要求众多学科从不同方面、不同层次来加强其理论支撑。一方面,原有的理论基础学科如哲学、心理学、生理学、社会学等研究的深化和发展,为教学论提供了更为丰富的理论基础;另一方面,一些新型的学科,如语言学、思维科学、信息科学、人类学、伦理学、计算机科学、未来学、创造学、生态学、数理逻辑及模糊数学等从不同角度为教学论提供了全新的思维方法与研究基础。正是这种学科间的相互融合渗透,使教学论得以广泛吸收多门学科的研究成果和科学方法,有助于我们揭示教学规律、论证教学原理、说明教学方法,以指导教学实践。最后,教学论研究主题不断深化。20世纪80年代以来,我国教育学者对教学领域一系列重大问题进行了理论研究,范围涉及教学中传授知识、发展智力及个性的关系问题,教法与学法问题,教学认识论、教学规律、教学原则问题,还有课程论、教学评价、教学艺术或美学问题,等等。有的研究成果已经或正在转化为教学实践,涌现出一大批数量可观、质量正在逐步提高的教学论专著、教材和论文,填补了学科体系中的许多空白。进入新世纪以来,我国教学论领域围绕基础教育课程改革问题展开了全新理论研究,围绕新课程改革后出现的一系列全新的概念与理论进行了专门研究,如三维目标、课堂类型、教师角色、教师专业成长、教师成为研究者、学生的学习方式、综合实践活动、研究性学习、课程资源开发与利用、多媒体教学、教学设计、教学评价等,进而丰富了教学论的内容与体系。

我国三十年来的课堂教学改革同样在不断发展之中,主要经历了以抓"双基"发展智力为目标的知识课堂教学研究,教育整体改革中的课堂教学改革实验研究,关注生命价值和学习方式的课堂教学改革研究三个阶段。研究取向上从塑造"知识人"转向培养"现实生活人",研究对象从"认知领域"扩展到"生活和生命全域",研究方式从"实体思维"转向"关系思维"。在系统科学方法论影响下,课堂教学改革实践研究的关注点由局部、单科、单项实验转向综合整体实验,同一时期理论研究的重心,由关注要素、本质转向关注系统、结构、模式和功能,研究系统内诸因素之间的关系或联系。研究者在探索过程中越来越认识到教育活动的复杂性与生成性,在复杂科学理论、后现代主义思潮以及建构主义理论等思想资源的启示和滋养下,用复杂思维方式思考异常复杂的教育系统的问题,致使实验渐渐淡出,行动研究、动态生成、可能性涌现等等新的话语方式逐渐兴起。课堂教学研究与改革实践之间的良性互动为改善课堂教学注入了强大动力。

在这样的背景下,当前对课堂教学的理解被赋予现代教学论意义。较有代表性的一种解释为:课堂教学"是教师与学生、学生与学生、教材与学生之间相互作用的一种实践活动,或者说是师生生命主体以课堂为载体的交接、交锋和交融"。这一解释包含了以下四个课堂教学的本源问题。

第一,课堂教学的"是什么"问题,即对课堂教学本质的理解问题。据一般工具书的解释:"课堂"就是进行各种教学活动的教室或场所;"教学"就是教师的"教"和学生的"学"对立统一的过程;"课堂教学"就是在确定的时间、地点、条件下所进行的教师向学生传授知识、技能、经验、方法并指导其学习的组织形式。课堂是教学活动的主要载体,课堂教学是学生学习的主要形式和教师教学的主要途径,"教学"就是教师要"教会学生学习"的一种活动。

第二,课堂教学的"为什么"问题。这是课堂教学最具根本性的问题,也即课堂教学的"目的"问题。"目的"分为两个层面:浅层的叫教学目的,即完成教学任务;终极的叫教育目的,即培养人。教育目的是法律和政策的刚性要求,是国家意志的集中反映。

第三,课堂教学的"怎么办"问题。"怎么办"其实是一个行动策略问题。课堂教学的本质内涵是培养学生的智力、情感、思维和潜能等;课堂教学的各个环节包括导入、活动、反馈、小结等;课堂教学的组成要素包括教学内容、教学方法、教学语言、板书设计等。课堂教学是一个复杂的系统工程,要解决教学的行动策略问题,应分别从"怎么教"和"怎么学"两方面入手,即要关注教师的课堂教学行为和学生的课堂学习行为。

第四,课堂教学的"怎么看"问题。这可以理解为课堂教学的评判标准问题。在这一问题上的主张是,既要"看当下",更要"看未来"。"看当下"属于"成绩本位",把学生的考试成绩作为评价质量高低的主要标准,把提高学生的考试成绩作为培养目标。操作中,对教学效果和学生能力的评价考核采取规范性方式,把书本知识分解成大小知识点,并把这些知识点演绎成试卷,通过这种标准化、规范化的试卷来考核教师和学生,一定程度上扼杀了教师和学生的创造力。"看未来"则属于"素质本位",把学生综合素质与能力的提高作为评价学生学习、学校教学质量的主要标准。提倡在课堂教学中看未来,就是要尊重和敬畏教育规律、教学规律、育人规律、学生的身心发展规律,要利用规律服务课堂,提高课堂教学效益。

可见,课堂教学的本源问题即反映在课堂教学中具有怎样的人才观、教材观、教师观和学生观。对课堂教学含义的理解影响和决定着课堂教学实践过程。其中,教师的课堂教学行为和学生的课堂学习行为直接反映了对课堂教学含义的理解差异。

【拓展概念】 课堂生活

课堂生活是一种教育的自为领域,是一种专业的生活世界。完整的课堂生活包括三个有机的组成部分:作为"地基"的课堂日常生活,作为源泉的社会现实生活,作为核心的课堂专业生活。课堂教学质量问题的实质是教师与学生在课堂上过一种什么样的生活。

课堂的变革就是在课堂研究的基础之上,以教师和学生的日常生活世界为基础重建课堂生活之"地基",通过反映社会生活的时代特点来丰富课堂生活之源泉,把握专业生活世界这一课堂的核心,重建课堂生活新理念。

(二) 课堂教学的基本问题

课堂教学的基本问题是"由教学实践的根本矛盾所决定的教学论的最高范畴",可以理解为教学的根本矛盾或基本关系。由于研究问题的视角不同,人们对教学的基本问题的理解是不一样的。这里试举几例。

王策三先生在对教学的概念下了定义后,又说:"在教学论的学习与研究中,过去和近来发生的两个问题,与对教学的基本概念的理解有直接关系……即教学永远是教和学的统一的活动;把握教学共性和多样个性的统一。"

李定仁先生认为教学的基本关系至少有以下四个:① 教学的目的、任务和内容与社会需要的关系;② 教学与发展的相互关系;③ 教与学的相互关系;④ 教学效果与教学内外部诸因素的相互关系。

熊川武教授通过对教学论基本问题认识的历史考察,分析了三种"教学论中关于教学的基本关系或根本矛盾的认识",包括教授与学习的关系、目的与手段的关系以及已知与未知的关系,进而提出"未解与确解的关系是教学论的基本关系"。

有学者在对当前教学理论的思考中提出:知识能力与情感陶冶,民族、人类的历史传承下来的优秀文化资源,以及教学过程的浪漫化与教学理论研究的朴素情结"这样一些事关教学本身的问题","对于我们今天的教育教学,是至关重要、不应回避、却常被忽视的问题"。

也有学者从教学目标、教学内容、教学方式、教学评价四个角度论述了"预设与生成的关系是教学的基本问题"。

教学心理学则从教学主体及其交互作用的角度来分析教学的基本问题,主要包括教学与发展的关系、教学的有效性两个基本问题。

以上对于课堂教学基本问题的分析各有其视角,对于课堂教学分析以及教学论研究来说,无论从宏观角度还是微观视角都能给人以启示。从教学主要矛盾的把握以及当前对课堂教学的实施与研究角度考虑,这里主要介绍施良方先生与崔允漷教授主编的《教学理论:课堂教学的原理、策略与研究》一书中关于教学基本问题的分析观点。

该书作者是以教学实践活动的结构和长期以来各种教学理论流派争论的焦点为线索,来揭示教学的基本问题的。他们认为,教学的基本问题有四个,即教师与学生的关系问题、掌握知识与发展智力的关系问题、认知与情感的关系问题和接受学习与发现学习的关系问题。

1. 教学中的教师与学生

教师与学生的关系问题是教学中的一个最基本的问题,也是长期以来人们一直争论不休的问题。教学过程中师生的基本活动大致包括教师的教、学生的学、师生交往三种。这三种活动又可按其性质的不同而分为两个方面:一是教师与学生的认识活动,即教师教的活动与学生学的活动,这一方面的师生关系主要是认识论意义上的关系,即主客体关系;二是教师与学生之间的人际接触、人际沟通活动,即师生交往活动,这一方面的师生关系主要是社会学意义上的关系,即人际关系。这两个方面的关系只是考察师生关系的两个角度,在现实的教学过程中,这两个方面的关系是密不可分的。

此外,在此基础上,崔允漷教授又从教学论意义的角度探讨了教师与学生的关系。他指出:在教学过程中,教师的教与学生的学之间有着复杂的关系,教与学之间的关系可以视为教学论意义上的师生关系。理解教与学的关系,是教学活动有序且有效地进行的一个前提。

2. 掌握知识与发展智力

掌握知识与发展智力都是学校教学中的重中之重的任务。怎样处理这两者之间的关系,一直是各派教学理论争论的一个焦点,也是当前教学理论与实践应该解决的一个基本问题。

关于教学中的掌握知识目标,首先讨论知识的含义,然后讨论两大类知识即陈述性知识和程序性知识的范围及在教学目标中的意义。

关于教学中的发展智力目标,依次讨论三个具体的问题:智力的概念,发展学生智力的意义,教学在促进学生智力发展方面的作用。

关于掌握知识与发展智力的关系,观点是:知识与智力是完整的能力结构的有机组成部分,智力是能力结构中的一般成分,知识是能力结构中的特殊成分。因此,掌握知识与发展智力是发展能力的不可分割的两个方面。

3. 教学中的认知与情感

教学既是一种认知的过程,也是一种情感交流的过程。而认知与情感既是教学的目标,也是教学的手段,因此,认知与情感的关系问题是教学中的又一个基本问题。

关于教学的认知过程,首先讨论"什么是认知",其次分析影响教学的认知因素,然后分析教学过程中学生的认知活动和教学过程的认知结果。

关于教学的情感过程,首先讨论"什么是情感",其次分析影响教学过程的情感因素,然后分析教学过程中教师与学生的情感活动和教学过程的情感结果。

关于认知与情感的相互关系及其教学意义,观点认为:作为人的心理活动的两个方面,认知与情感之间存在密切的相互关系,它们构成一个不可分割的整体,它们存在着多方面的相互作用。在教学中,包括在教学目标、教学过程和教学方式方法等方面,要把认知与情感统一起来。

4. 接受学习与发现学习

教学总是通过一定的方法进行的,而教学方法的直接基础是学生学习的方法。在学生学习的方法上,历来有多种多样的主张和做法,但所有的主张和做法大体上可以划分为两大类型:接受学习和发现学习。所以从教学方法的维度看,教学的一个基本问题是接受学习与发现学习,以及它们之间的关系问题。

关于接受学习,主要讨论以下几点:接受学习的概念,有效的接受学习的心理学条件,组织有意义接受学习的策略,接受学习的优点与局限。

关于发现学习,主要讨论以下几点:发现学习的概念,发现学习的历史,组织发现学习的策略,发现学习的优点与局限。

关于接受学习与发现学习的关系及其教学意义,观点是:接受学习与发现学习是两种相对的学习方式,相互之间既有着显著的区别,又有着密切的联系。从总体说,学校教学应以接受学习为主,发现学习为辅。接受学习与发现学习在学校教学中的地位,应随教育层次的变化相应地有所变化,也应随不同的教学科目以及学习阶段而相应地有所变化。最重要的是,不管在哪一种情况下,教师都必须根据具体的条件决定采用哪一种方式。

三、课堂研究概述

课堂不再单纯是教学活动的场所或环境,课堂已经成为课程与教学活动的综合体,成为"课程与教学论"学科研究的主要对象。课堂研究就是研究者深入教学现象发生与教学规律呈现的课堂"场域"之中,综合地开展课程、教学活动、师生关系、教学方式、学习方式、学习环境等方面研究的研究方式。开展课堂研究有三个方面的原因:课程改革的需要,课程和教学论建设的需要,理论和实践联盟的需要。开展课堂研究需要广大教师、教研员、教学研究工作者的共同合作。研究课堂有主客位研究法、课堂观察法、深描解释法、教学案例研究法。

(一)课堂研究的含义

课堂研究就是研究者深入教学现象发生于与教学规律呈现的课堂场域之中,综合地开展关于课程、教学活动、师生关系、教学方法、学习方式、教学环境等研究活动的一种研究方式。

课堂研究既探索与总结课堂教学的一些科学规律,又解释课堂教学中生成的人文现象,课堂研究既把这些课堂中的要素分解研究,又研究它们之间的相互关系,从而形成"课程与教学论"的新理论。

与课堂的含义相对应,课堂研究也包括三个层次:一是把课堂作为教学环境加以研究,它是传统教学论中教学要素研究的其中之一,主要包括课堂中的环境布置、排座位的方法、教室的温度与光线、教室的面积与学生的人数、教学活动的硬件设备等;二是在课堂之中研究教学活动,即所谓的教学研究,主要包括教师及其教学方法、学生及其学习方式、师生关系、课堂提问、教学的重点与难点把握、教学目标的完成、教学评价等;三是将课程与教学整合为一体的"课堂与教学论"的研究对象,主要包括课程的实施与课程资源的开发利用、教学活动的过程与特点、教学要素及其相互关系、教学评价、教学现象及其规律的揭示、教学人文性的解释与发展等。现代的"课程与教学论"学科强调,课堂研究的重心在第三种研究上,它要求教学研究者将课堂作为教学研究的"田野",深居其中且从事理性研究,在"回归实事本身"和"扎根理论"的指导下,重建现代"课程与教学论"的新体系。

【拓展概念】 课堂教学现象

教学现象就是在教学活动过程中表现出来的有关教学的比较表面的、零散的和多变的外部联系,是教学活动过程中可以看得见、摸得着的各个方面。而教学活动的本质或规律就是教学活动内部的联系,由教学的内在矛盾构成,是教学活动的比较深刻的、一贯的和稳定的方面。对教学现象的理解不能简单地等同于课堂教学过程中发生的所有现象,课堂教学现象的表现包括较为普遍性的教学科学现象和具有情境性的教学人文现象两个方面。教学现象总是发生在教学活动的构成要素及其相互关系之中。教学现象可以分为规则的教学活动现象、不规则的教学活动现象、规则的教学意识现象、不规则的教学意识现象四大类。

(二)为什么开展课堂研究

倡导开展课堂研究,主要有三个方面的原因。

(1)课程改革的需要。

在基础教育课程改革的过程中,课堂成为实施课程的主要场所,不管是新课程的基本理念与精神、内容与体系,还是课堂教学的组织与方法,都发生了深刻的变化,在变化过程中也随之产生了许多问题,这些产生在课堂中的问题的解决必须依靠对课堂作一场专门的、全面的研究。

(2)"课程与教学论"学科建设的需要。

实践教学论就是以课堂作为研究对象的,旨在重建教学理论的新体系。英国著名的知识社会学家吉登斯(M. Gibbons)从学术研究与现实社会关系的角度,严格地区分了两种知识生产模式。一种是传统的近代型知识生产模式,其特点是脱离现实问题高度抽象化的学术探讨,是学科内的、学科社区的、线性的、阶层的、僵化的。另一种是现代型知识生产方式,其特点是直面现实社会问题,是跨学科的、非线性的、网络式的、平等对话的、流动鲜活的。

"传统教学论"就是近代型知识生产模式的产物,现代的"课程与教学论"则是现代型知识生产模式的产物,是回归"教学本身"的理论。课堂就是"课程与教学论"主要的研究对象。

(3) 理论与实践联盟的需要。

教学理论与教学实践之间的"两张皮"现象日益突出,在教学理论工作者与教学实践第一线教师的合作研究过程中产生的实践教学论,正在通过从经验资料的基础上建立理论的方法来填平理论研究与经验研究之间的尴尬鸿沟。从行动中产生理论,从理论研究者与实践研究者的共同行动中构建理论,理论来自第一手的资料,并从第一手资料中进行原创性科学研究。课堂就是将教学理论与教学实践联系起来的主要纽带。

(三) 国内外主要的课堂研究成果

1. 菲利普·杰克逊:《课堂生活》(1968)

系统研究课堂教学的学者始于菲利普·杰克逊(Philip Jackson),他在1968年出版的经典之作《课堂生活》中,揭开了与课堂生活相关的许多谜团。杰克逊的研究扭转了西方学者不关注课堂和不注重课堂研究的倾向。

随后,多勒(Doyle)为杰克逊的理论建立了一个框架,提出课堂教学的框架有如下五个重要特点:① 多元性,即多种不同的任务和事件在课堂里发生;② 同时性,指课堂里的许多事是在同时发生的;③ 即时性,指上课进度较快,教师必须在许多事情发生之时做出反应;④ 难以预料的公共课堂气氛,课堂里的事情通常不会按希望的发生;⑤ 历时性,在学年起始阶段发生的事情,有时会影响到该学年其余时间里的课堂作用方式。

2. 古德:《透视课堂》(2002)

美国著名的课堂研究专家古德(Thomas L. Good)和布罗菲(Jere E. Brophy)绝对是最好的研究课堂实践的阐释家,他们在代表作《透视课堂》中,通过大量的课堂观察与描述,结合丰富而生动的课堂案例,提出并论证了课堂教学的四个主要目的:第一,帮助教师和想做教师的人形成描述课堂情形的方式方法;第二,使教师意识到他们自己以前的教学经验和生活经验、他们生活中的历史因素和现实因素,都会影响其课堂决策;第三,建议教师使用对学生兴趣、学习和社会发展有积极影响的方法;第四,帮助教师理解当前的教育研究,正确运用相关的理论和概念,把研究成果同他们自己的课堂教学方法结合起来,从而对教学产生新的理解并改进自己的教学。作者着重对教师所运用的各种各样的方法进行了探讨,如用于增强和提高思考能力的方法,用于课堂决策的方法等,与此同时,作者还对教师的课堂期望、课堂的组织与管理、课堂动机、课堂指导等问题进行专门分析与研究。它既是教师研究与反思课堂教学的方法大全,又是教学论研究者深入课堂时必须掌握的武器。

3. 加里·鲍里奇:《有效教学方法》(2002)

美国学者加里·鲍里奇基于一项历时25年的课堂教学研究,完成了代表作《有效教学方法》。在这本著作中,作者采用促膝谈心、商讨式的方法来描述课堂教学中有效的教学方法,既是教师培训的指导手册,又是课堂教学研究人员学习课堂研究方法的基本教材。作者为了研究有效教学的方法,深入课堂之中,通过课堂观察与描述,形成了较为成熟的有效教学方法,其中包括:理解课堂中的学生的方法、直接教学方法的策略、间接教学方法的策略、课堂提问的策略与方法、自主学习的教学方法、合作学习的课堂教学方法、课堂管理的方法、评估学习者的方法等。

4. 佐藤学:《课程与教师》《静悄悄的革命》《开始于教室的革命》《学习的快乐——对话》

日本学者佐藤学也是一位课堂研究专家,几十年如一日地深入中小学校做课堂研究,使他积累了十分丰富的课堂研究经验,形成了独特的课堂研究的理论与方法。他的研究与教育研究领域的价值转向相一致,经历着"研究范式"的根本转型。这诚如他所说:"从基于大规模调查与实验的定量研究向基于案例分析的质性研究的转型,引导我走向行动研究;从基于行为科学的研究到向基于认知科学、文化人类学和民族学方法论的阐释学逼近的转型,引导我深入学校基层和课堂,把中小学师生的实践作为现代社会与文化的缩影加以研究。"他的研究成果集中体现在《课程与教师》《静悄悄的革命》《开始于教室的改革》《学习的快乐——对话》等书中。佐藤学以学校与课堂为基础开展行动研究,从一位课堂研究专家的视角,构建了课堂研究的新范式,他的课堂研究从重新理解课堂的内涵出发,分析了课堂中的种种困境,提出了研究课堂的可能性,并形成了"微观叙事方法""课堂案例方法""参与观察方法"等课堂研究的主要方法。

5. 我国的课堂教学研究

课堂在我国的基本状况是,教师每天都在课堂中生活、工作,学生的学习时间大都在课堂上度过,长期深居课堂的教师与学生对课堂经意或不经意地忽视,导致课堂的模式化与僵化,课堂越来越死板、乏味。理论研究者又远离课堂,不把课堂作为研究的对象,尽管他们研究课堂中的诸多要素,但对于广大中小学教师而言,这些研究成果又难以对他们有直接的帮助。叶澜教授正是有感于这种中小学缺乏"生命活力"的课堂教学,呐喊出"让课堂焕发生命活力"的口号。她的这篇发表于1997年第9期《教育研究》上的论文,在我国教育理论界和教育实践界引发了很大的反响,人们认真反思自己的所作所为后,感到真是有点不可思议:本来是活泼好动、生机勃勃的中小学生,在课堂上为什么就成了没有生命气息的"容器"?本来是培养人的课堂教学活动,为什么就成了"目中无人"的教学,成了学生"心智的窒息机"?教学理论工作者与实践工作者分别开始了对课堂教学及其研究的反思活动,从而掀起了我国课堂教学研究的热潮。

我国学者以课堂作为研究对象,比较全面和系统的当属以南京师范大学吴康宁教授为主开展的课堂教学社会学研究。他们认为,不论从理论还是从事实出发来分析,课堂首先是一个正式的"社会活动场",然后才是一个"教育活动场"。在课堂社会中,存在着特殊的社会组织——班级与小组;特殊的社会角色——作为权威的教师与有着不同家庭及群体背景的学生;特殊的社会文化——有目的、有计划的教育人际交往;特定的社会规范——课堂规章制度,以及由此而发生的各种基本的社会行为,诸如控制与服从、对抗与磋商、竞争与合作等。长期以来,我国中小学课堂教学的研究一直是"就课堂谈课堂",就"教学论教学"。但是在课堂社会观的指导下,他们承认课堂社会、走进课堂社会、研究课堂社会和理解课堂社会,进而认识课堂教学、进一步改进课堂教学。当他们从课堂社会的视角去观照学校的课堂教学时,便发现了已被视为不言自明的一些现象的新含义,如学生从学习课程到学生体验与经历课程的认识;便发现迄今很少被视为问题的一些行为其实大有问题;便发现研究课堂可以为解决一些长期困惑人们的老大难问题找到答案。课堂社会学的研究成果成为目前我国有关课堂研究中最为系统的成果之一。

20世纪90年代以来,我国加大了在基础教育领域的改革力度,许多教学论的研究者不断深入到中小学的课堂教学当中,通过对课堂的观察与分析、对教师的访谈与调查、对学生的问卷与测量等,逐渐转变了传统的研究方式,走出书斋,进入课堂,开始形成以中青年学者为代表的课堂研究者群体,出现了许多课堂教学研究的成果。如郑金洲的《重构课堂》、陈时见的《课堂学习论》、王鉴的《实践教学论》、袁金华主编的《课堂教学论》等。在新世纪启动的国家基础教育课程改革中,全国主要的师范大学都相应地成立了基础教育课程改革研究中心,大批的课程与教学论专业的研究人员开始参与课程改革,尤其是国家教育部基础教育司与基础教育课程教材改革发展研究中心组织的新课程专业支持小组,更是调动了专业研究人员深入课堂、研究课堂的积极性,他们正在经历与体验着课堂的改革与变化,他们正在积累着以课堂为研究对象的第一手资料,在不久的将来,他们的研究成果将为我国课程与教学论的研究注入新的血液。

(四)课堂研究的主体

从我国的现实来看,课堂研究需要三个研究群体的合作:广大教师、教研员和教学专业研究者。他们对课堂教学的研究会形成三种不同的研究方式:教学专业研究者的研究要把课堂教学作为研究的对象,他们深入到课堂教学的实际情境中去,目的在于从理论上真正地去阐释课堂中存在的种种现象,从多学科的角度去说明课堂中出现的种种问题;教师作为研究者研究自己的课堂教学与理论研究者的工作不同,它不是指向新理论的生成或新规律的发现,而是立足于自己所面临的实际问题,提高课堂教学的质量与效益;教研员作为课堂教学的研究者,起着一种"中介"的作用,一方面他们要引导教师作为研究者学习和掌握基本的教学研究理论与方法,另一方面他们还要在工作中把教学理论工作者的研究成果、自己的教学研究成果和教师的研究成果统一起来,帮助教师开展课堂教学研究。在这三种研究之中,教师作为研究者,在教学过程中研究课堂教学,反思课堂教学,他们是课堂研究的主体。

(五)课堂研究的方法

课堂研究是一种实践性较强的研究,它不同于传统理论教学论的书斋文献式研究,它的研究过程即是教学活动的过程。研究者可以是教学实践工作者,也可以是专业的研究者,他们深居课堂之中,直接研究课堂中的现象,既可以透过现象研究规律,也可以对现象本身作出深描与解释。课堂研究的方法多种多样,目前较常用的主要有以下几种。

1. "主客位"研究法

主客位研究法主要是文化人类学中常用的方法之一,研究者在进行田野工作时,既要浸入到研究对象之中作为研究对象的一员去观察、体验、认识研究对象的文化含义,又要作为专门的研究者对研究对象的文化现象进行理性的思考与分析,并对两种研究的结果进行比较分析以得出比较客观的结论。该研究方法是由文化人类学中文化唯物主义学派的代表人物——美国人类学家马文·哈里斯(Marvin Harris)提出并系统阐述的。

传统的教学研究者主要是教学理论工作者,他们研究教学的实践活动主要有两个基本途径:一是直接研究自己的课堂教学,积累大量的教学实践经验并以此作为他研究教学的基本材料,这显然是一种主位研究。二是研究者作为旁观者,深入基础教育课堂教学实践之中,以别人的教学作为研究对象,通过观察、描述、分析、解释等方法获得有关教学的基础认识和结论,这是明显的客位研究。

现代的教学研究者,已经不再仅仅是专业的理论工作者了,教师作为研究者正在扩大着教学研究者的队伍,尤其是教师作为研究者更多的是加强了教学研究中的主位研究的队伍。

2. 课堂观察法

教育观察法中,以课堂观察法为主,这就是我们所熟知的"听课"。英国著名的课堂观察研究专家瑞格认为,新教师的成长需要经常听课学习,带教教师指导实习教师需要通过听课的形式来提高业务素质。事实上,由于研究者作为观察者从日常教学事件发生、发展和变化的点滴行为窥视出被观察者的教学行为以及针对教材内容所展开的教学情况,从而更直接、客观地观察和描述课堂教学的现象,在此基础上,研究者以其自身的理论与方法素养对教学的内在意义与价值做出合理、有效的解释或对教学规律做出系统、科学的归纳与总结。可见,课堂观察不仅是提高教师业务水平和改进课堂教学效果的可取方法,同时也是教学研究工作必不可少的方法之一。

课堂观察法根据观察者是否直接参与被观察者所进行的活动,可以分为参与观察法和非参与观察法两类。参与观察法是指观察者参与到观察对象的活动之中,通过与观察对象共同进行的活动从内部进行观察。非参与观察一般不要求观察者直接介入被观察者的日常活动之中,而是观察者通常作为旁观者观察、了解活动的情况,关注事态的发展。通常用摄像机对现场进行录像,然后在事后进行分析讨论。由于两种观察各有利弊,所以在课堂教学的研究中常常将二者结合使用。

3. 深描解释法

"深描"是文化人类学的典型研究方法之一。法国思想家赖尔在《思考与反思》和《对思想之思考》两篇文章中提到"深描"方法,来充实人类学传统的经典方法——民族志的内容。赖尔所指的"深描"是关于"思想家"在做些什么的一般问题。

对于现实生活中的教学的观察和描述,坚持具体事实、材料第一和教学事实特殊性两条原则,以教学实际和事实为出发点,不仅分析具体教学形态中的教学规律,而且对于教学过程中涉及人文性的内容给予必要的、合理的解释。有了描述层面的教学还是不够的,更深入的教学研究还要在描述中不仅渗透教学论已经有的方法、概念和原理,而且还要对原有教学论中没有涉及的问题与现象进行解释。

4. 教学案例研究法

教学案例就是对教学事件的记录,它将教学实践工作者在实际教学中面对的困难以及作出决策所依赖的事实、认识和偏见都显现其中，通过向受众展示这些真正的和具体的事例，促使他们对问题进行相当深入的分析和讨论，并考虑最后应采取什么样的行动。教学研究中的案例是对一个有趣论题的生动再现，它具有时间、地点、人物等，并按一定的结构展现。案例记录和描述的是教师和学生典型的行为、思想、感情等，并以故事或事件的方式呈现，但案例同时还反映研究者的方法与理论及其描述的重点和最终的落脚点。

　　对于教学研究者来说，形成案例研究的素材主要有三个途径：一是研究自己的教学，并从自己大量的教学实践中积累一定的案例；二是在别人教学的课堂观察中捕捉案例；三是在平时的学习和阅读中注意搜集书面材料中的案例。不管是专业的教学论研究者，还是教师作为研究者，他们搜集案例的目的是为了研究案例，因此要求他们对案例进行艺术的加工和整理。案例的搜集必须来源于课堂教学的生活，是真实的，但真实绝不是对教学中某一事件或案例的照搬照抄，案例来源于教学生活但同时要高于教学生活，这样的案例才更具有代表性和典型性。案例研究法正在与叙事研究法相结合，不仅改变着传统教学论的研究方法，而且还从根本上动摇了传统教学论的表述风格。

（六）本书的编写思路与内容框架

　　本书是作为普通高校本科师范生公共选修课程"课堂教学案例分析"的教学用书而编写的。在几年的教学实践中，深感学生对于中小学课堂教学的陌生与隔阂是阻碍他们接近和走入中小学课堂的最大障碍，这其中既有缺乏教育教学实践经验的原因，更有对于课堂教学基本现象与规律的不了解和不理解所带来的问题。因此，教材的编写将课堂教学的基本问题梳理与理论分析作为首要任务，尝试从理论视角对课堂教学研究的内容与方法进行整理与介绍，并在课程教学实践中辅以中小学课堂教学的案例分析，以为师范生了解和走进课堂打下一定的理论与实践基础。

　　本书共分为十章内容。绪论"了解课堂：课堂教学概述"主要从课堂、课堂教学和课堂研究三个概念的理解出发，引导学生了解课堂教学及其研究的基本含义和理念。第一至第八章分别从教学理念、学科性质、教学内容、教学时间与空间、教学语言、教学行为、学习行为和教学资源这八个维度,梳理和分析课堂教学的基本问题与规律,概括介绍课堂教学研究的理论与实践成果。结语"走进课堂:课堂观察的理念与技术"则从理念和方法两个层面着重介绍了课堂教学研究的一种重要方法,以为师范生进行课堂研究提供一种可借鉴的方法。

参考文献

[1] 王鉴.论课堂的历史形态及其变革.西北师大学报(社会科学版),2006(2).

[2] 王鉴.课堂研究概论.北京:人民教育出版社,2007.

[3] 王鉴.课堂研究引论.教育研究,2003(6).

[4] 王鉴,李录琴."学习型共同体课堂"的理解与建构.教育理论与实践,2008(4).

[5] 王鉴.近十年来我国教学论研究的新进展.教育理论与实践,2011(4).

[6] 王鉴.课堂重构:从"知识课堂"到"生命课堂".教育理论与实践,2003(1).

[7] 王鉴,王俊.课堂生活及其变革研究.课程·教材·教法,2013(4).

[8] 陈晓端,毛红芳.近年来国内课堂类型建构研究的回顾与反思.当代教育与文化,2011(4).

[9] 郑金洲.重构课堂.华东师范大学学报(教育科学版),2001(3).

[10] 李定仁,徐继存.教学论研究二十年.北京:人民教育出版社,2001.

[11] 王小明.教学论——心理学取向.上海:上海教育出版社,2005.

[12] 岳刚德.课堂教学概念重建.全球教育展望,2012(3).

[13] 李金云.课堂教学改革研究30年:回顾与反思.当代教育与文化,2009(4).

[14] 樊学艺.从本源意义看课堂教学及其质量提高.上海教育科研,2014(11).

[15] 熊川武.论教学论基本问题.华东师范大学学报(教育科学版),2010(1).

[16] 王策三.教学论稿.北京:人民教育出版社,1985.

[17] 李定仁,张广君.教学本质问题的比较研究.华东师范大学学报(教育科学版),1997(3).

[18] 刘铁芳.当前教学理论研究的思考.湖南师范大学教育科学学报,2002(1).

[19] 朱志平.预设与生成的关系是教学的基本问题.当代教育科学,2007(10).

[20] 施良方,崔允漷.教学理论:课堂教学的原理、策略与研究.上海:华东师范大学出版社,1999.

[21] 崔允漷.有效教学.上海:华东师范大学出版社,2009.

第一章 课堂教学理念分析

教学理念也就是所谓的教学观,它表达人们的教学理想,是人们对教学概念的价值化陈述。在课堂教学这一特定时空里,教学理念对课堂教学行为具有支配与控制作用。本章将从教学理念分析的视角来审视课堂教学,试图在对已有研究梳理、分析的基础上,对教学理念的内涵、特点、生成及其不同取向等进行探析,并以此为基础,展开对具体课堂的探讨。

一、教学理念的内涵与特点

一直以来,"理念"一词以较高的频率出现在各种不同的语境中,如教育理念、教学理念、课程理念、德育理念、管理理念,等等。从研究现状来看,学术界对教学理念和教学观念、教学理论、教学理想等概念术语之间的联系及区别等基本问题尚未厘清,缺乏比较深入的学理分析。不少研究者指出,要对教学理念进行深入的研究,必须使之清晰地概念化,即要对教学理念内涵有确切理解,坚持含义的精确性。

(一)教学理念的基本内涵

20世纪90年代中期以前,在我国大陆的教育文献中,"理念"这个概念并不多见,甚至可以说几乎没有。90年代中期以后,随着大陆与港台学者之间学术交流的增多,大陆学者从港台借用了这个概念。人们对教学理念的界定大都是从对"理念"一词的理解入手的。《新华词典》对理念的解释是:"① 信念,如人生理念。② 思想;观念。如经营理念、文化理念。"《新华词典》把理念和信念、观念、思想看成是相同含义的词语。在英文中,这几个词都可以用"idea"来表示。以这样的思路来解释教学理念并没有揭示其本质内涵。

据此,一些学者推演出自己对教学理念的定义。比如,教学理念是理念的属概念,是教师从教学实践中形成的对教学的基本观点和根本看法以及在此基础上形成的相对稳定的思想和观念体系。有的侧重于对教学客观规律的认识,认为"教学理念是人们对教学和学习活动内在规律的认识的集中体现,同时也是人们对教学活动的看法和持有的基本态度和观念,是人们从事教学活动的理念"。或认为"教学理念是教师对教学规律的把握,对学校教学实际的认识,对学生心理的了解,以及在此基础上形成的关于教学的理想和信念"。也有学者持"统一、融合"视角,认为"教学理念是教学观念与教学理想的一种融合,是一种主、客观的融合,是一种认识与信念的融合,是一种思想与行为的融合,是一种事实判断与价值判断的融合"。这类定义均有合理性,但表述方式不统一、不精确,难以增进教学理论的科学化,也不利于理解和运用。

最早把"理念"作为哲学概念使用的是古希腊哲学家柏拉图。柏拉图的"理念"是客观的精神存在,是指事物的本质和共性,是具体事物所追求的一种理想的标准。著名分析教育哲学学者谢弗勒在其名著《教育的语言》一书中探讨了三种定义性陈述:① 规定性定义,指创制的定义,即作者所下的定义。要求被界定的术语在同一著作中始终表示这种被规定了的含义。② 描述性定义,指适当地描述被界说的对象或使用该术语的方法。③ 纲领性定义,指或明或暗地说明"事物应当是什么"。

综合以上分析,可以将教学理念定义为:教学理念是从先进的教学理论中演绎出来的有关教学活动的理性认识,是"教学应该怎样以及为什么需要如此"的理想化认识,反映着人们对教学实践的价值期待和理想追求。教学为未来社会培养人才,其未来指向性要求我们对教学的思想认识不能只停留在对教学"实然状态"的反映,而要超越现实,指向未来。可以从以下几方面理解教学理念的基本内涵。

首先,教学理念是有关教学实践的理性认识。作为对教学实践的认识,教学观念和教学理念都属于认识的范畴。也正是在认识的层面上,许多学者认为,教学观念和教学理念没有什么本质性区别,只是翻译或习惯用法的不同,可以作为内涵与意义相同的概念使用。我们则认为,教学观念和教学理念既有联系又有区别。一般说来,教学观念是一种关于教学实践的认识,可以是基于实践经验的感性认识,以非系统化的方式呈现,它有别于教学理念;教学观念也可以是关于教学实践的理性认识,以思想意识形态的方式呈现,则它与教学理念是同义语。可以说,理念从属于观念,不过它是一种特殊的观念,其特殊性主要在于它建立在坚实的理性基础之上。

通过若干年的教学实践,每位教师都会形成自己的教学观念。这种教学观念一般源于传统教学观念和教师自身的教学实践的影响。这样的教学观念和教学理念在表现形态上差异不大,都表现为对教学实践的认识,但其理性程度是有巨大差异的。在历次课程与教学改革过程中,每倡导一种新的教学理念,必伴之以系统深入的理论论证,并根植于先进、明确的教学理论,而普通教师的教学观念显然就没有这个论证的过程。

从哲学上讲,理性认识是以事物的本质规律为认识对象,是对事物内在联系的认识,具有抽象性、间接性、普遍性。这种深刻、全面反映客观事物的认识能够更为有效地指导行为。教学理念作为对教学实践的理性认识自然也要具备理性认识的一般品质。它要以先进的教学理论为基础,对教学活动尤其对"教学应该如何以及为何应该如此"有系统化的认识。一旦形成系统化的教学理念,教师就会自觉地审视、反思自己的教学活动,逐步跨越教学的"实然"状态,追求教学的理想境界。

其次,教学理念表达人们有关教学活动的理想。康德说过:"一个理念无非是关于一种在经验中无法遇见的完美性的概念。"这启示我们,作为演绎先进教学理论的教学理念,是出于变革教学实践,满足人们在教学领域的利益诉求而形成的关于理想教学的观念。它蕴含着学生及其家长乃至社会在教学领域的价值追求。

回溯历史,我们发现,教育领域几乎在持续不断地进行着教学改革,而这正是因为现实的教学实践难以满足人们对教学的价值期待和利益诉求。教学活动就是在不断改革、不断满足社会需求的过程中前行着。20世纪80年代初,针对传统教学过于偏重知识传授的弊端,人们展开知识传授与智力发展关系的大讨论,大力倡导知识教学与开发智力、培养能力协调发展的教学理念,较好地释放和拓展了教学的发展性功能。进入新世纪以来,基础教育新课程倡导知识与技能、过程与方法、情感态度价值观三维一体的教学目标,从"知识就是力量"转向"发展才是硬道理",从"教教科书"转向"用教科书教",从"科学理性至上"转向"科学与人文素养兼顾",从"注重结论"转向"经历过程与记取结论并重",倡导新的教学理念。教学理念总是针对教学现状的问题与不足,指向新的教学理想,这就是教学理念的特质。

再次,就成分构成而言,教学理念是"知""情""意"的有机融合。通常意义上,人们习惯把教学理念等同于教学认知,认为教学理念与相关理论知识关系紧密,是由"认知"单一成分构成的,解决了认知问题,也就形成了教学理念。其实,从完整意义上讲,一个真正被教师信奉的教学理念,必然是一个包含有认知、情感和意志的统一体。人既是认知的主体,同时也是情感和意志的主体,在教师教学理念形成的过程中,认知、情感、意志等心理活动必须参与其中。专家学者倡导的教学理念之所以能够成为教师个体的教学理念,除了教师对教学理念描绘的"教学理想"能够理解认同之外,情感和意志也起到了强化和延续认识的作用。也就是说,一个为教师所信奉的教学理念,除教师的认知因素之外,还包含着他们接受、认同的情感和行动的意向,它是一个结合和交融了知、情、意的统一体。不过,值得强调的是,这种"知、情、意的统一"是有条件的统一,而不是无条件的自然统一。在形成教学理念的过程中,教师的情感、意志心理活动"必须"参与其中,而不是"必然"参与其中。有的教师可以学习理解理论样态的教学理念,但并不"必然"地接受认同,更不"必然"地具有行动的意向。从基础教育课程改革实践考察,新课程倡导的诸多教学理念虽然已被广大教师所理解,然而,教学实践中却一直存在着教学理念与教学行为相脱节的现象。正如一些调查报告指出的,课程标准是新的,教科书是新的,教学理念是新的,而课堂教学"涛声依旧"。这固然有十分复杂的内外部原因,但也反映了一个问题,教师对教学理念的认知问题解决了,并不意味着情感态度形成了,也不一定就内化为了自己的信念并具有破除障碍、践行教学理念的行动意向。从一种认识转化为一种信念，需要从认识到实践的交相互动，反复磨合，多次筛选，需要通过认识主体的价值判断、价值选择、感悟体验等情感过程和意志过程。

（二）教学理念的基本特点

从本质看，教学理念具有前瞻性、个体性、相对稳定性、动态发展性等基本特点。

1. 前瞻性

前瞻性是教学理念的首要特点。教学理念根植于教学实践，是为了改革、超越实然的教学而阐释描绘应然的教学，因而必然具有前瞻性。正因如此，我们不同意关于教学理念具有客观性的观点，即教师的教学理念是教学中客观存在的事物在教师头脑中的反映，客观存在是其产生的根源。教师正确的教学理念是教师对教学的正确反映，错误的教学理念是教师对教学歪曲虚幻的反映。我们并不否认，任何教学理念都必须根植于教学实践，但这并不意味着它是对教学实践的"镜面反射"式反映，而是认识主体凝聚价值追求的主观性反映。就教学理念的形成而言，是教师分析教学现实，以一定教学理论为指导，在其睿智的头脑中形成超越教学现实的先进理念。或者专家学者在准确地诊断、把握实然教学的弊端基础上，根据学生健康成长和社会发展的价值追求，勾勒描绘教学的理想，形成新的教学理念，它也具有前瞻性。

2. 个体性

从教学理念的形成，必须明确这样三个问题：理想教学的结果是什么，理想教学的过程是怎样的，在明确过程与结果的基础上选择一个怎样的术语概念表达教学理念。

教学理念从其"孕育"到"诞生"就带有深深的"个人烙印"，具有十分鲜明的个体性特点。从教学理念影响教学实践的内隐机制来看，传统观念认为，教学理论与教学行为是一种线性的对应关系，教师一旦掌握了先进的教学理论就必然形成相应的教学行为，其实，这是一种简单化理解。

教学实践活动丰富多彩，教学具有生成性、创造性、不可重复性，因此不能要求教学理论给予"处方式"的指导。教学理念影响教学实践的内隐机制是复杂的。教师接受教学理念，首先要经过认识上的转化，成为个体知识,再通过体验感悟将其内化为精神财富,并形成积极的行动意向。

同一种教学理念在不同教师、不同学科、不同学龄段的教学活动中会表现为不同的教学行为。教学理念对教学行为的导向作用主要是通过教师个体的创造性理解和实践实现的。

3. 相对稳定性

已有研究表明,无论群体的教学理念还是个体的教学理念,在一定时期内或一定情境中,均表现出相对的稳定性。这里,仅就教师个体做粗浅分析。教师的教学理念一旦形成,并以之指导教学实践,就会形成、累积教师自己的教学经验,并因获得幸福的体验和成就感而更加坚信教学理念的先进性、正确性,进而转化为自己的教育信念。从心理学上看,信念是认知、情感和意志的有机统一体,是人们在一定的认识基础上确立的对某种思想或事物坚信不疑并身体力行的心理态度和精神状态。信念是难以轻易改变的。

这就是教师的教学理念具有稳定性的心理学依据。有时教师对新的教学理论不愿意积极同化、顺应,仍然坚守原有的教学理念,这也正是其原有教学理念稳定性的表现。教学理念的稳定性,有助于教师形成自己的教学思想和教学风格;但又有其消极的一面,它容易使教师自以为是,不思进取,跟不上教学理论与教学实践改革的步伐。如果原有的教学理念已经明显地落后于时代了,仍然牢固坚守不动摇,就会表现为思想的落后性和行为的顽固性,影响教师个人的专业发展和教学实践改革。

4. 动态发展性

从哲学意义上讲,稳定是相对的,动态发展则是绝对的。坚持教学理念的动态发展观是基于如下几点思考的:第一,教学实践是多样化的,人们对教学规律的认识也是不断深化的。传统教学本质观认为,教学活动就是传授知识技能的过程。随着研究的深入,人们发现教学活动对学生的智力、能力、情感、态度、价值观念的形成同样具有潜移默化的作用,而且对确证人的生命价值、提升人的生命质量也具有十分重要的影响力,形成了知识教学观—发展教学观—生命教学观的转型。第二,人们对教学活动的价值取向和利益诉求是不断变化的,教学活动必然也不断改革,更新教学理念。第三,就教师个体的专业发展而言,要适应课程与教学改革,不断提升专业化水平,实现自我完善和自我超越,就必须主动学习吸纳新理论,积极更新发展教学理念。

二、教学理念的形成

简而言之,教学理念的形成源于人们改造教学实践的愿望。人们之所以有改造教学实践的愿望,是因为已有的教学实践无法满足人们对于教学结果的需要。教学的结果有两种:一种是知识或技能被学习者掌握,另一种是借助于知识的掌握(过程和结果),学习者获得了心性(认知、人格)的发展。学习者对知识的掌握效果,以及学习者认知和人格的发展状况,依赖于教学过程的品质。所以,一旦学习者的素质有了问题,不能适应社会建设和发展的需要,人们几乎会不加思考地对教学(教育)的现实进行批判,并相应地表达自己头脑中应然的教学,教学理念也就萌芽了。若再做深入的分析,可以发现,教学理念形成也是一个有序的过程。我们先得对理想的教学结果进行设想,因为对于教学现实的不满,无论怎样表现,根本上是对教学结果的不满意,只是在寻找原因的时候,才把注意的焦点集中在教学过程上。继之而来的就是对理想的教学过程的设想,我们相信一定的结果总是一定过程的结果。最后是寻求对理想教学整体的思维概括和语言表达。

(一) 对理想教学结果的设想

流动在教学过程中的,主要是广义的知识和人的态度、情感、价值观,再做深的挖掘,过程本身以及作为知识、情感等组织形式的方法也在教学过程中流动。但是,有两个问题值得正视:一是人们对于流动在教学过程中的内容,并不是一步到位地完全意识到的;二是即使认识到了,人们对于流动在教学过程中的内容的品质,也不必然有自觉的选择和设想。这就导致了教师虽然十分关心教学的结果,但未必会对理想的教学结果进行设想。由此,我们也发现,对理想教学结果的设想,依次在两个层面进行。

1. 对教学结果基本范畴的设想

对教学结果基本范畴的设想就是要说明通过教学让学生在哪些方面获得进步,它是从考察流动在教学过程中的内容开始的。人们对于流动在教学过程中的内容,是逐渐完全认识的。就顺序来看,第一步自觉认识到的是知识。韩愈的"师者,所以传道授业解惑",可以说是这种认识的典型表达。即使在今天,大多数教师的认识仍处于这一阶段。针对这一状况,人们提出,教师在教学过程中,不仅要传授知识,还要发展学生的智力、人格的观点,实质上是要把教学的价值更大化。

我国 20 世纪 80 年代所倡导的教学理念,是在知识传授基础上,对知识传授和智力发展兼得这种理想教学结果的追求。进入新世纪以来,教育界所倡导的教学理念又发生了变化。一方面,基于知识传授的发展性教学理念继续得到倡导和深化,另一方面,人们又开始希望教学过程能在学生的情感、态度、价值观的变化上有所作为。因而,生命的、主体性的、对话的等等教学理念,开始成为一种潮流。

我国从 2001 年开始的新一轮基础教育课程改革的教学理念,就较为全面地反映了这一理想教学结果的设想。《基础教育课程改革纲要(试行)》第 7 条指出:"国家课程标准是教材编写、教学、评估和考试命题的依据,是国家管理和评价课程的基础。应体现国家对不同阶段的学生在知识与技能、过程与方法、情感态度价值观等方面的基本要求,规定各门课程的性质、目标、内容框架,提出教学和评价建议。"现在所说的三维教学目标就是从这里来的。

显而易见,知识与技能是课程改革之前的教学实践中就已经固化的教学目标。而过程与方法、情感态度价值观,就是一种新的拓展。这一拓展所反映的正是课程改革倡导者对于理想教学结果的设想。

2. 对教学结果基本范畴具体方向和性质的设想

以课程改革中的三维教学目标为例,我们就需要对以下问题做出回答:要让学生掌握什么样的知识与技能?要让学生享受什么样的过程与方法?要让学生具有什么样的情感态度价值观?与第一层面的设想比较,第三层面的设想更具有实践的意味。第一层面的设想主要是理论分析的结果,第二层面的设想主要是价值思考的结果。

(1)知识与技能是巨量的,但能够走进教学过程的知识与技能只是一小部分。我们选择什么样的知识与技能,是受到一个时代中的知识价值观制约的。而一个时代的知识价值观则是由社会进步对知识的选择顺序决定的。

(2) 几千年来，人类摸索、积累、实践了各种各样的教学过程，创造了各种各样的教学方法，究竟把什么性质的教学过程提供给学生？究竟应采用什么性质的教学方法呢？这样的问题，就不仅是具体时代的某种价值观问题，还会牵涉到人们对教学自身的理解。自从教学成为教育的主要途径，人们就开始在教育的意义上思考教学问题了。

(3) 情感态度价值观，基本上是一个社会化的问题。这一范畴中具体的教学目标，既会受到地域性文化传统的影响，也会受到意识形态的影响。

（二）对理想教学过程的设想

理想教学过程的设想，与理想教学结果的设想是联系在一起的。一切关于过程的设想，首先是对教学过程之于教学结果的适切性的追求，在此基础上，则是对教学过程效率和美学的追求。也就是说，理想的教学过程设想，实际上可以依次指向三种目标，即适切的教学过程、高效的教学过程和艺术的教学过程。

1. 适切的教学过程

以三维教学目标为例。

知识与技能的目标，是要让学生掌握必要的知识与技能。知识的获得主要通过认知性的记忆和理解过程，而技能的获得则主要通过动作性的记忆和训练。在这里，记忆和理解，对于知识的获得就是适切的，对于技能的获得就是不适切的；同理，记忆和训练，对于技能的获得就是适切的，对于知识的获得就是不适切的。

过程与方法的目标，是要让学生在获得知识与技能的同时，获得过程与方法的自觉体验。这里的过程，包括学生学习的过程、教师教的过程，以及教学交往的过程。应该说，这种种过程客观地发生着，在没有被师生自觉关注的时候，只是以一种背景的角色存在。虽然学生在其中不可避免地被熏陶，但因没有自觉地关注，这种种过程作为特殊的教育资源，会在很大程度上自然地流失。各种教、教学、学交往的方法，一方面是达成教学目标的手段，另一方面它们自身也是重要的教育资源。假如达成教学目标，各种方法自动退场，同样也是一种浪费。因而，这一维度教学目标的实现，适切的教学过程设想就成为一个挑战性的问题。

情感态度价值观的目标，是要让学生在一定的教学过程中学习一定的内容，在收获知识与技能、过程与方法的同时，形成积极的情感态度价值观。这就要求教学过程在性质上必须是积极的，而所谓积极的，意味着教学过程需要是教育性的、发展性的和解放性的。如果教学过程不具有积极的特性，那它对于学生积极的情感态度价值观的形成将毫无意义，甚至会空有害处，也就说明了它的不适切性。

   2. 高效的教学过程

教学过程的适切，是最基本的要求，也就是做到了方向的正确，做到了过程与结果的粗糙匹配，而要达到理想的境界，还需要精益求精。在通向理想的路途上，我们首先要做的就是让不背离和偏离结果的教学过程更加有效率。

效率的本质是收益与资源消耗、产出和投入之比。在教学论领域，教学效率可以理解为有效教学投入与实际教学投入之比。教学这种活动与效率具有内在的联系。王策三认为：人类创造出教学这种活动形式，就是为学生的学习提供各种优越条件，以便他们学习得更有效，方向正确，减少困难，保证质量，如其不然，教学和教师的领导就失去了存在的意义和根据。其中，学习得更有效，方向正确，减少困难，保证质量，核心是学习的效率问题。而就教学过程是一种特殊的认识过程来说，最终还是体现为学习的效率问题。设想一种高效的教学过程，实际上是对教学本质的理解和实现。

   3. 艺术的教学过程

艺术与审美是相互联系的，因而，艺术的教学过程，粗略地讲，是人们在教学过程中追求美的结果。这很显然是较之适切和高效更为高妙的境界，当然也是在适切和高效的基础上和前提下才有意义的追求。艺术的教学过程所满足的是教师和学生更为高级的需求，所标志的是教学过程达到了自由、和谐之境，并具有教育的诗意。进而也可反映出教师不再只是传声筒、教书匠的角色，学生不再只是简单的知识容器，当然整个教学过程也就不再只是一个冰冷的"有教的学"。按照一般的心理顺序，当人们在科学和技术的意义上解决了教学过程的适切和高效之后，对于美的追求近乎必然。

什么样的教学过程就是艺术的教学过程呢？自由的教学过程首先

是艺术的教学过程。这里所谓自由,是在哲学意义上使用的,指人对必然认识之后和摆脱了奴役之后的存在状态。这是一种主体的状态,也是一种主人的状态。也只有在人成为主体和主人的时候,他才会体验到心灵自由的感觉。应该说,人们对教学过程的适切和高效的追求,与对教学本质和规律的认识是相伴随的。教学论的探索,除了理论自身建设的意义,就是要把握教学活动的规律性,使教师在教学过程中,减少错误,提高效率。教师认识了教学规律,就等于谙熟了教学之道,假以教学实践的磨炼,他们便能够"随心所欲而不逾矩"。

自由的教学过程中,没有任何意义上的奴役和被奴役。具体地说,认识了教学的必然,教师不受教学规律的奴役;学生在自由的教师引领下,也不受知识、考试的奴役。心灵自由之后的师生,纯粹的思维和情感相互碰撞,灵动、机智、创造,均会成为不速之客,刻板、木讷、因循守旧便会不翼而飞。

自由的教学过程中,和谐在自然地展开,而不需要刻意地追求。刻意追求的教学和谐、师生和谐,即便饱含着真诚,也难免外在于程式化,这就使教学毫不费力地成为所谓的表演艺术。和谐生于自然,现为自然,而人与人共同进行的活动之自然,只能来自于活动中的人之心灵的自由。教学若达到艺术的境界,其美应是浑然天成的,绝无做作与牵强。

自由的教学过程中,一定会诗意盎然。诗是艺术中的艺术,诗意盎然的教学过程,就是艺术的教学过程。欲达此境界,教师一要有诗心,二要有爱心。诗心,就是真心,透着单纯、天真,根子上是一种对生活和世界的热爱,是生命真诚投入的精神状态,并由此生出最深刻的浪漫。广义的爱心,指向人世间、自然界一切生命和有意义的事物。爱,在情感上是一种依恋,在认知上是一种理解,在行动中是一种投入,在人际间是一种关怀。只要接受了理性的检验,爱就必然具有建设性。依恋、理解、投入、关怀,共通的是一主体对另一主体或客体的心理投入,由此带来的是一主体与另一主体或客体内在、深层的交流与广义互动,在其中,自然、优雅、浪漫,以及充沛、向善的生命力会依次登场。教学,运行在教师与学生之间,双方在情感上的相互依恋,认知上的相互理解,教、学中的精神投入,交往中的相互关怀,几乎就是至善至美的境界。

（三）对理想教学整体的表达

如果对理想的教学结果和理想的教学过程有了设想，并在两者之间建立了有机的联系，教学理念实际上就产生了。对于已经产生的教学理念，还需要为它寻求一种简洁的表达，目的是要标示一定的教学理念的核心，以利于个人自觉和他人认知。教学理念，作为"我"要追求的理想教学在"我"头脑中的反映，是具有隐蔽性的，只有简洁地表达出来，才能使"我"有意识上的自觉，也才能让他人轻易地理解。这样看来，对于理想教学整体的表达，固然只是一种形式，但其作用是不可忽略的。

"教学理念"一词的表达，概括起来有两种情形。其一，"教学理念"一词直接与某一种教学理念的内涵相连接，如有效教学理念、对话教学理念、发展性教学理念等。其二，"教学理念"一词只是一个符号，指代某一"主词"所指代的行动、机构、人员的教学追求，如新课改的教学理念、××学校的教学理念、××人的教学理念等。不过，无论是在哪一种情形中，教学理念自身的内涵是不变的，即理想的教学结果和理想的教学过程的统一整体。当然，就具体的教学理念来说，有的突出了理想教学结果的特征，有的突出了理想教学过程的特征，也有少数能够体现结果与过程的相统一。如发展性教学理念，就是强调结果特征的；对话教学理念就是强调过程特征的；有效教学理念则具有统摄教学结果和过程的特点。这种情况在××行动、机构、人员的教学理念表达中也同样存在，反映出人们对于教学理念虽然有一定的认识，但远未达到理论上的高度准确。

在教学理论上主张教学理念是理想教学结果与过程的统一体，是很有必要的。其主要的意义在于：能够在实践中最大限度地保证教学成为教育自身，而不只是教学的手段，从而避免教学教育价值的损失，促进教师形成自觉的教学思维意识。

三、教学理念的不同取向

根据国外研究的新近成果，可以把西方主要发达国家对教学持有的主要理念划分为七种不同的类型，它们既有质的不同而相互冲突，又有相互联系和交叉，基本反映了当前影响西方主要发达国家教育教学改革的教学理念的整体状况。了解这一状况，对于我们全方位理解和把握教学活动的性质，进而推动我国教育教学的改革具有重要的意义。

（一）常识取向的教学理念

对教学活动的性质，人们往往有不同的看法。常识活动的教学理念将教学看成是一种仅凭常识就可胜任的活动，其立论通常基于这样的事实：在教学活动中，尤其是在综合性大学的科系里，不少教师并没有接受过专门的教育训练，但依然胜任教学工作，有的甚至在教学质量评估中名列前茅。

常识活动教学观对这一事实有着两个方面的解释。一种解释认为，每个人或多或少都有接受教育的经验，在普及义务教育法定化和受教育年限不断后延的情况下，人们"被教"的经验被大大地延长、扩展了，一旦成为教师，这些"被教"的经验都可转化为教的观念和行为。因此，教师的教学理念和行为可以来自于自己作为受教育者接受教育的经验，这实际上也就是当代内隐知识理论所揭示的内隐学习所获得的经验。

另一种解释认为，教学活动在整体上与人类日常生活没有多大分别，构成日常生活所需的技能要素和教学活动所需的基本技能在总体上是一致的，如组织活动、制订计划、向别人作出解释、提出和回答问题、指点他人做事、对他人进行鼓励或作出批评等等，这些都是人们日常生活的一部分。对教师的教学来说，所做的不过是把平日的这些生活技能加以发挥，以更为系统和有组织的方式去做这些事（如讲课、评价学生等）罢了，而这些只需要教师在实际的教学过程中通过试误法或学徒制的方式自己去学习。因此，教师可通过教学实践而不必经过专门的教育训练而成为成熟的教师。

常识取向的教学理念具有悠久的历史，它是迄今为止人们认为教师从教无须经过专门教育的公开的理由。历史上正规的教师教育迟迟没有出现，教师教育出现后只注重对教师的学科训练而忽视教育训练都是与此有关的。在西方近些年的教育教学改革中，即便是在教师专业化运动如火如荼地发展的过程中，这种理念的市场也没有因此缩小。如英国20世纪80年代以来教师教育的改革与这一理念不无关系。英国当代教育家哈格里夫斯（D. Hargreaves）为这一理念提供了理论诠释,他提出了"专业化常识"的概念,认为教学是一种本土化、特定化、轶事化和具体化的活动,有关如何教学的知识也同样具有这样的性质。如果说,当代"常识取向"的教学理念也主张教师的专门训练的话,那么,这种训练主要是实际的训练,是在实践中进行的,而不是理论方面的训练。

(二)艺术取向的教学理念

将教学定位于艺术活动是一种既古老又崭新的教学理念。这一理念认为教学活动与教师的素质和性格密切相关,是一种精妙的甚至是神秘的活动,教学不仅包含了有关方法方面的要素,而且还包含了个人的素质、能力和性格方面的要素,而后一方面的要素基本上不是由后天训练形成的,而是天赋不同的个体在日常环境下自然成长的结果。艾斯纳(E. W. Eisner)是艺术活动教学观的典型代表,他指出教学之所以被看成是艺术,主要基于以下四个方面的理由:① 教学活动往往需要那种被称为审美经验的技能和风范;② 它包含建立在行动展开过程基础上的质性判断;③ 它不是常规性的,而是偶发性的和难以预测的;④ 其成果通常是在过程中被创造的。

近年来,在西方主要发达国家,艺术取向的教学理念的市场日益扩大,在对教学的研究过程和文献中,人们越来越多地使用艺术性、艺术性质、全部技能、即兴创作之类的词汇来描述教学过程。"艺术取向的教学理念"与"常识取向的教学理念"既有相同之处,也有不同之处。如果说"常识取向的教学理念"将教师训练看成是不必要的话,极端形式的"艺术取向的教学理念"则将教师训练看成是不可能的,因为教学是一种天分。

(三)技能取向的教学理念

与艺术取向的教学理念相比,技能取向的教学理念显得更为直截了当。艺术取向的教学理念认为教学是一种个人化的、神秘的,甚至是具有天赋性质的活动,技能取向的教学理念则主张教学主要是由一系列技能所构成的活动,是可解释的、客观的、通过一定的途径可实现的。这种取向的教学理念将教学理解为一系列的技能。技能不仅是可以被展示、模仿、练习、精炼和掌握的,而且还可将之分为若干要素。通过设计和实施将这些要素包含在内的教学,就可以达到对人们进行如何教学方面的有效训练,为各级学校和各类教育部门造就大量的熟练劳动力,没有什么神秘和模糊性而言。

技能取向的教学理念在有关职业和技术的教育领域较有市场,西方国家不少城市或行会性质的教学证书课程也较为典型地隐含着这种倾向,如德国的双轨制中教师教育和培训的实践课程就是如此。

不过,20世纪70年代中期以来,技能取向的教学理念出现了一些变化,不再像以往那样旗帜鲜明了,不少学者都对技能活动的教学观做了扩展和精炼,有些人还认同了艺术取向的教学理念。在上述学者中,除了个别学者给技能取向的教学理念增添了道德层面外,多数学者都倡导一种"知道如何做的教学观"。他们认为教学不是原理化和程式化的过程,不是抽象的,而是特定的、具体的和充满变化的。他们普遍反对把教学看成是对普遍性原则的应用,努力寻求对教学的局域的、本土的和特定性的把握。

(四)科学取向的教学理念

科学取向的教学理念将教学作为科学应用的一个领域,其极端形式通常认为科学是研究和揭示自然和社会领域的基本规律的,并将教学设想为一项隐含着科学的原则和原理的工作,这些原则和原理一旦被实践者掌握并应用于实践,就能产生有效的结果。

科学取向的教学理念在20世纪六七十年代的西方国家极为盛行,成为教学研究的主流理念,许多教师培养计划的设计就是以此理念为根基的。但20世纪70年代以后,这一理念受到了越来越多的批评。

科学取向的教学理念立足于实证主义。实证主义取向的教育研究虽然取得了一定的成果,但许多同样的恪守"客观、中立"立场的实证研究却往往出现一些不同的甚至是相互冲突的研究结论,在实证主义内部也难取得一致意见,以致不得不以"元分析"来加以整合。

由于"科学的预言"在教学领域很少能够出现,于是人们退而求其次,要求有关教学的知识"不一定非要是十分完善或具有准确的预言性质,只要其获得的结果比用其他的手段,如尝试错误、常识、直觉等等,更为有效就可以了"。也就是说,科学取向的教学理念也发生了变化,从原来的试图寻找具有普适性的教学"规律",转向了寻求"概率"。

与具有悠久历史根源的艺术和技能取向的教学理念相比,科学取向的教学理念是近代以来随着自然科学的发展而形成的,更具有现代性,在医学和工程等一类专业领域较为流行。在20世纪的大部分时间里,人们也试图将之运用于教学领域,并寄希望于实证特征较为明显的心理学和教育心理学,认为心理学和教育心理学能够揭示教学和学习的基本规律,并为教学和学习提供坚实的原则和基础。

然而,尽管一些优秀的心理学或教育心理学研究成果"犹如明灯一样照亮了教学领域中的某些黑暗角落",但总的来说,并没有像20世纪早期人们所期望的那样,为全部的教学领域提供科学的解释或预测,心理学界本身对教学和学习理论研究也没有形成内在一致的结论,教育和教学理论都难以成为实证意义上的科学理论。教学作为一项人的活动,对它的研究犹如对其他人文社会现象的研究一样,是难以形成像自然科学领域那样具有公信力的研究成果和进行准确预测的。

(五) 系统方法取向的教学理念

系统方法取向的教学理念强调将问题作为整体而不是部分看待,强调系统思维,注重目的与手段的区别。不过,现代的系统理论增加了三个要素:① 目的与手段的联系必须被作为一个整体,即作为一个系统来看待;② 系统本身是更大的系统的一部分,同时又可分为更小的系统;③ 系统具有通过反馈来调节自身的能力。

系统方法取向的教学理念强调的是教学的精确性、可观察性、目标和成就的可测量性、程序性等方面,与行为主义是极为相似的。因此,"系统方法"对教学来说,意味着三个方面的内容:理性的分析、系统的理论和行为主义的心理学。这种方法被理解为具有自治性,而不必基于基本的科学规律或原则。系统方法取向的教学理念要求人们将教学作为一个复杂的整体来加以考虑,高度重视构成系统的不同要素的影响范围和它们之间的相互影响,避免孤立地看待问题。

不过,系统方法取向的教学理念也受到不少批评。有学者认为,系统方法取向在认识论上属于理性主义范畴的东西,未必是成功教学的最适宜的途径,因为理性在本质上是将教学从正在发生着的情境中抽离出来的,教学的决策过程不是一个纯理性的认识过程,而是与相互冲突的趣旨相协调的过程,教学的成功仅有理性是不够的。

另一种批评认为,系统的方法还只是一个纯粹的过程模式,没有涉及每一具体活动的实质性内容,没有涉及教与学的独特性,因而也就无法涉及这些特定过程的实质。系统的方法可以为教学和教学研究所用,但也可以被其他许多领域及活动所运用,如导弹发射、经商、保健等等。20世纪下半叶以来,它在社会管理和社会政策领域就被广泛运用,将之作为教学的基础难以体现教学活动的特点。

此外,系统方法将教学设想为清晰的、透彻的、目标定向的,可被分析、计划和测量的活动,但却没有为这种假想提供充分的辩护,没有指出教学的职能是什么,教师要做什么,这些都被认为是这一取向的教学理念的不足之处。

(六)反思实践取向的教学理念

"反思实践"概念是美国教育家舍恩在20世纪80年代率先提出来的。舍恩认为,反思是专业性工作,特别是那些"技术性"含量较低而更多涉及人的因素的专业性工作的根本特征。他认为,反思之所以必要,是因为专业工作往往具有偶发性,专业问题往往是模糊的、未完全形成的,是不能纯粹通过科学的应用或理性的分析来解决的,专业活动需要对正在发生和已经发生的事情进行持续的思考,即包括行动中的反思和对行动的反思。"反思实践取向"的教学理念一般对"科学取向"和"系统方法取向"的教学理念持反对态度,突出强调教师从经验中学习,倡导反思实践或行动研究。

这一取向的教学理念在当今西方的教师教育改革中扮演着重要的角色,表现十分活跃,已成为国际教师教育改革的一个重要方向。但也不是没有问题,如有批评者指出,将反思当作专业活动中唯一的或主要的因素,有可能导致对实质性知识和相关技能学习的忽视。而没有足够的专业领域的基础知识,反思的余地到底有多大呢?用什么和对什么进行反思呢?又如何具有将反思的成果付诸实践的技能呢?这些都是引发人们争议的问题。

再者,反思的充分性不仅与反思者的活动有关,而且也与反思者对情境问题的选择有关,选择在某种程度上是反思者依据个人特定知识和经验背景所作出的主观判断。反思者究竟筛选怎样的问题作为反思的对象与他自己的潜在的意向性有关。如果说反思的对象是经验或实践的话,那么必须意识到经验和实践并不是一堆静静地等候着我们去解释的未经加工的材料，它们在某种程度上已经被"结构化"或"加工"了，这种加工物深深地暗藏于教师的感觉和经验之中。这就牵涉到价值和意义判断问题，对这种问题是很难给予客观评价的。

此外，与系统方法取向的教学理念一样，反思实践取向的教学理念面临的另一个批评是，它也是一个过程模式，可运用于许多专业实践活动而没有突出作为教学实践活动的特点。

（七）能力取向的教学理念

在美国，能力取向的教学理念在渊源上可以追溯到 20 世纪 50 年代的"目标运动"，甚至可以追溯到在 20 年代的"效率运动"；60 和 70 年代在职业教育和教师教育领域正式形成，80 年代以来获得了极大的发展。在英国，80 年代中期之后，提高教师教学能力成为一场运动，其标志是这一时期大力提倡"能力为本"的"全英职业资格委员会"（the National Council for Vocational Qualification，简称 NCVQ）的成立。该机构依据不同层级的能力水平（如 1 到 4 级或 1 到 5 级等等）对大多数的职业和专业课程进行了规范，不仅改革了课程内容，而且突出强调教师的业绩，强调在现实环境中（尽可能地）对这些业绩进行评估。这一取向的教师教育改革在当前美国和英国都受到了来自政府方面的大力支持。可以说，已成为英、美等国近乎主流的教学理念。

能力取向的教学理念将教师的实际教学能力的形成作为教师教育的目标，其基本主张包括三个方面：一是要求将教学的重点放到专业工作者实际上能够做什么而不是知道什么方面，即放在业绩而不是知识或理解上，强调实践者的最低限度是能够做，而不是描述、分析、反思或解释；二是强调在教育和训练的过程方面，应当为学习者提供清晰的目标，为学习者在专业领域中的共同活动提供共同的基础；三是在学习和评估方面，将大的学习单元分成小的学习单位，为人们提供一种鉴定各种方式的学习所获结果的共同标准。当前，能力取向教学理念的倡导者不是简单地将"技能"作为一种技术或方法看待，而是认为它具有"解放"的意义，能够使专业教育和训练从不思进取的供方机构和僵化的课程中解放出来，使专业教育的关注焦点从"生产者"转到"消费者"方面。

能力取向的教学理念要求实践者在"做什么"和"怎样做"方面，都要明确化。这使得该教学理念在强调详细而精确的目标和可观察的行为方面与行为主义具有相同之处，但在将行动看成是源自于具体情境并与实际的工作环境密切相关的方面又超越了行为主义。

能力取向的教学理念也受到人们的批评。这些批评主要集中在以下两个方面。一是评估的可信度方面。能力取向教学理念下的许多评估最终都转化为在工作环境中实践者的评估，是实践者在自己的局域的环境中进行的，这被指责为削弱了标准的可信度。二是在能力标准分类的认识论逻辑方面。流行的方法是把职业或工作分解成若干关键的要素，再将之分解成若干个小目标，根据这些目标分解出行为，产生出具体的行为标准，形成了职业标准的树状结构图。批评者认为概念层次上的能力分解逻辑并不一定符合实际工作中职业活动分解的逻辑，这是两种不同层面的问题，以逻辑上的分类取代实践活动本身是不妥的。

有趣的是，能力取向的教学理念在诸如教师、护士和社会工作者等这样一些被认为是半专业领域的教育中十分流行——尽管这些领域很难像其他一些技术含量较高的专业教育领域那样对专业能力作出细致、特定、行为化和数量化的描述，而在一些被传统的观点认为是经典的专业，如医学、法学和工程学领域并不盛行，这是值得人们深思的。

以上七种教学理念分别从不同的角度去把握教学工作的性质，反映了复杂的教学工作的不同层面的问题，它们的存在方式和相互间的冲突交流方式也是较为复杂的。在实践中，通常不是以纯粹或分离的方式表现出来，而是被人们模糊地、半意识地、折中地或交叉地应用着的。一个教育工作者可能在思想上接受某一种理念，而在实践中却按另一种理念行动；可能在公开场合宣称的是一种理念，而在私下所谈的又是另一种理念。从时间维度看，教育工作者所持和所行的理念也是变化着的。

这种现象不仅体现在个体教师的身上，而且对整个教师教育领域来说，也是如此。大致说来，20世纪六七十年代盛行的"科学取向的教学理念"已经度过了其黄金时代，不再那么强势，但对教学实践和研究仍然有着重要影响，尤其是通过心理学和教育心理学的研究成果及其应用表现出来；"能力取向的教学理念"由于可操作性较强，并得到了政府的大力支持，现在英、美等国正处于如日中天的发展之中，它的当代形式主要是通过教学和教师教育领域中的"业绩为本"的运动表现出来;"反思实践取向的教学理念"在许多大学教育科系中受到了人们的青睐,在英、美等国的基础教育领域也受到了广泛的重视;"技能取向的教学理念"在继续教育领域中,尤其是在城市或行业组织的职业训练课程的教学中具有较大影响;"系统方法取向的教学理念"随着系统方法在管理领域的成功运用,在教师教育的改革中也具有较大的市场和影响力。而"常识取向的教学理念"和"艺术取向的教学理念"强调教师在教学实践中的自然成长,基本否定教师接受专门教育的必要性,因此,其他教学理念的存在与发展常常免不了要与之进行思想交锋,这尤其表现在近来的英、美等国的高等教育领域。

当然,以上七种主要教学理念都是以其纯粹状态而言的,实际上,一个人所持有或一种政策所蕴含的教学理念往往具有混合的性质。因此,以上七种教学理念在实践中常常是以相互渗透的方式表现出来的,在一种复杂的互动关系中共同构筑了西方教学理念的当代格局。

四、教学理念举隅

教学理念是人们对教学和学习活动内在规律的认识的集中体现,同时也是人们对教学活动的看法和持有的基本的态度和观念,是人们从事教学活动的信念。教学理念有理论层面、操作层面和学科层面之分,也可以根据内容主张的不同区分为知识本位、能力本位与人格本位三大类别。明确表达的教学理念对教学活动有着极其重要的指导意义。以下试对几种近年来在国内外有一定影响的教学理念加以介绍和了解。

(一)有效教学理念

有效教学的理念源于20世纪上半叶西方的教学科学化运动,特别是受美国实用主义哲学和行为主义心理学影响的教学效能核定运动之后,这一概念频繁地出现在英语教育文献之中,引起了世界各国同仁的关注。"有效教学"的提出也是"教学是艺术还是科学"之争的产物。教学是艺术,这是20世纪以前在西方教育理论中占主导地位的教学观,它倡导教学是一种教师个性化的、没有"公共的方法"的行为,一种"凭良心行事"的、"约定俗成"的行为,主张影响教学过程的因素是复杂的、教学结果是丰富的，难以用科学的方法进行研究。但是，随着20世纪以来科学思潮的影响，以及心理学特别是行为科学的发展，人们才明确地提出，教学也是科学，也就是说，教学不仅有科学的基础，而且还可以用科学的方法来研究。于是，人们开始关注教学的哲学、心理学、社会学的理论基础，以及如何用观察、实验等科学的方法来研究教学问题，如程序教学、课堂观察系统、教师与学生的行为分析、教学效能核定的指标体系以及教学行为、结果变量等。

有效教学就是在这一背景下提出来的，它的核心问题就是教学的效益，即什么样的教学是有效的，是高效、低效还是无效？为了更好地把握这种理念，我们先来了解它的本来含义。

所谓"有效"，主要是指通过教师在一段时间的教学之后，学生所获得的具体的进步或发展，也就是说，学生有无进步或发展是教学有没有效益的唯一指标。教学有没有效益，并不是指教师有没有教完内容或教得认真不认真，而是指学生有没有学到什么或学生学得好不好。如果学生不想学或者学了没有收获，即使教师教得很辛苦也是无效教学，同样，如果学生学得很辛苦，但没有得到应有的发展，也是无效或低效教学。

所谓"教学"，是指教师引起、维持或促进学生学习的所有行为。它的逻辑必要条件主要有三个方面：一是引起学生学习的意向，即教师首先需要激发学生的学习动机，因为教学是在学生"想学"的心理基础上展开的；二是指明学生所要达到的目标和所学的内容，即教师要让学生知道学到什么程度以及学什么，学生只有知道了自己学什么或学到什么程度，才会有意识地主动参与；三是采用易于学生理解的方式，即教学语言有自己的独特性——让学生听清楚、听明白，因此，需要借助一些技巧，如重复、深入浅出、抑扬顿挫等。如果教师在讲课时不具备这些条件，那么，即使教师教得十分辛苦，也不能称之为真正的教学。

因此，有效教学是为了提高教师的工作效益、强化过程评价和目标管理的一种现代教学理念。何谓"理念"？理念就是一个人具有的准备付诸行动的信念，它既是一种观念，也是一种行动。具体地说，"有效教学的理念"主要包括下列这些内容。

1. 有效教学关注学生的进步或发展

首先,要求教师有"对象"意识。教学不是唱独角戏,离开"学",就无所谓"教",教师必须确立学生的主体地位,树立"一切为了学生的发展"的思想。其次,要求教师有"全人"的概念。学生的发展是全人的发展,而不是某一方面(如智育)或某一学科(如英语、数学等)的发展。教师千万不能过高地估计自己学科的价值,而且也不能把学科价值定位在本学科上,而应定位在对一个完整的人的发展上。

2. 有效教学关注教学效益,要求教师有时间与效益的观念

教师在教学时既不能跟着感觉走,又不能简单地把"效益"理解为"花最少的时间教最多的内容"。教学效益不同于生产效益,它不是取决于教师教多少内容,而是取决于对单位时间内学生的学习结果与学习过程综合考虑的结果。

3. 有效教学更多地关注可测性或量化

如教学目标尽可能明确与具体,以便于检验教师的工作效益,但是,并不能简单地说量化就是好的、科学的。有效教学既要反对拒绝量化,又要反对过于量化。应该科学地对待定量与定性、过程与结果的结合,全面地反映学生的学业成就与教师的工作表现。

4. 有效教学需要教师具备一种反思的意识

有效教学要求每一个教师不断地反思自己的日常教学行为,持续地追问:"什么样的教学才是有效的?""我的教学有效吗?""有没有比这更有效的教学?"

5. 有效教学也是一套策略

所谓"策略",就是指教师为实现教学目标或教学意图而采用的一系列具体的问题解决行为方式。具体地说,如下述讨论的按教学活动的进程把教学分成准备、实施与评价三个阶段,每个阶段都有一系列的策略。有效教学需要教师掌握有关的策略性的知识,以便于自己面对具体的情境作出决策,并不要求教师掌握每一项技能。

(二)对话教学理念

1. 对话教学提出的背景

(1)理论背景——"对话哲学"的影响。

教学本来就是师生之间以语言为主要媒介的一种交往活动,师生之间的对话无处不在。为何要单独提一个对话教学呢？显然，这里所提倡的对话教学中的"对话"已经不是简单的语言学意义上的对话，而是另有深意。从已有的关于对话教学的研究文献来看，学者们大都认同对话教学的思想来源于"对话哲学"，也就是哲学中的"对话"思想。"对话哲学"的主要代表人物与集大成者是德国著名的存在主义哲学家马丁·布伯（Martin Buber，1878—1965）。他的"对话哲学"的核心思想就是"关系"。布伯认为真正的存在不是任何一种实体，而是关系，他认为"本体乃关系，关系先于实体，实体而有关系"。在布伯看来，个体同世界上各种存在物的关系有两种，即"我—你"关系与"我—它"关系。"人既是个体性的存在，又是共处性的存在，这种存在方式决定了人对世界持双重态度。一方面，为了生存需要，人必得把他周围的存在者当作与'我'分离的对象，与我对立的客体；另一方面，为了精神的需要与满足，人又必得栖居于至大无外的永恒宇宙之中。"前者就是布伯所说的"我—它"关系，后者即"我—你"关系。布伯认为，在"我—它"关系中，"它"（客体）只是"我"（主体）认识、利用的对象，"我—它"关系所产生的是支配与被支配、塑造与被塑造、改造与被改造、奴役与服从的关系。而在"我—你"关系中，你是绝对存在者，是世界，你不再是我的经验物、利用物，我要以我的整个存在来接近你，从而建立关系。布伯认为真正的对话关系应体现为"我—你"关系，也就是一种民主、平等而非支配与被支配、奴役与服从的关系。除了布伯的"对话哲学"，巴赫金的对话理论、戴维伯姆的对话思想、弗莱雷的对话教育理论、哈贝马斯的对话交往理论，都毫无例外地强调对话者之间的民主、平等的关系。可以说，它们都为对话教学的产生提供了丰富的理论源泉。但哲学思想对教育的影响并不是随心所欲的，它总是要以教育的需要为前提。而对话教学正是迎合了教育民主化的时代要求，从而使其在教育教学中的主张得到了认可。

（2）现实背景——对现实教学中"非对话教学"的反思。

既然提倡对话教学，那么隐含的一个前提就是现实的教学是"非对话的"。如果以哲学中的对话思想来反观现实中的教学，"非对话"的现象确实是存在的。许多学者把这种"非对话"教学归纳为"独白式"的教学。在"独白式"的教学中，教师是知识的拥有者，是权威，学生则被当成知识的容器；教师只是思考怎样把现成的知识高效率地传授给学生，而不考虑这些知识是否是学生真正需要的；学生则把教师传授的知识视为"圣经"，千方百计地储存起来，而从不思考这些知识的价值，更不会对它们提出质疑。在这样的教学中，教师和学生之间是一种权威与服从的关系，学生的主体性、创造性得不到充分的体现，批判和反思的精神得不到应有的培养。这样的教学已经越来越与"民主、平等"的时代精神相背离，因而需要提倡一种与时代精神相一致的、能够培养出适应时代发展需要的人才的新的教学。"对话教学"就是在这样的背景下应运而生的。它以"对话哲学"中丰富的对话思想为基础，结合对现实中的"非对话教学"的审视和批判，从而建构了自己丰富的内涵。因此，"对话教学"是在反思现实教学的缺点和不足的基础上提出来的，它不仅仅体现为一种教学形态，更多的是一种教学理念和精神，是对话的时代精神在教育领域的回应。

2. 对话教学的内涵

从上文中关于对话教学提出的背景的分析可以看出，对话教学理应是一种新的教学理念———一种将哲学中的对话思想引入教学领域，从而引导教学领域中各种传统观念发生转变的教学理念。其目的在于通过转变教育者的教学观念来影响其教学行为。具体说来，这种新的教学理念主要体现在以下几个方面。

（1）对话教学的目的观：培养具有对话精神的人。

对话是人类特有的生命存在方式，是一个主体之间在平等真诚的基础上，彼此积极敞开心灵，在认知、思想、感情、价值观等方面展开立体式的交流，用主体间相互碰撞出来的火花、对话中产生的顿悟来建构自己的意义之城，实现生命发展升华的过程。21世纪是一个人类走出自我、架通人与人之间的桥梁、走向对话的世纪。因此，培养具有对话精神的人理应成为对话教学的最终目的。要培养具有对话精神的人，主要应该培养以下几个方面的意识和能力。一是民主、平等的意识。保罗·弗莱雷认为，对话是建立在一定的基础和条件上的，这些前提性的条件包括平等、爱、谦恭、信任。因此，只有建立在民主、平等基础上的对话才是真正的对话。二是交往与沟通的意识和能力。对话总是离不开人与人之间的交往与沟通。只有具有交往与沟通的意识和能力,真正的对话才成为可能。三是反思与批判的意识和能力。对话的目的不是要一方征服另一方,而是双方在精神的相遇和交融的过程中,通过不断地自我反思和批判来调整自己的视野,最终达成双方的共识。因此,具有反思与批判的意识和能力是实现对话的必要前提。

(2)对话教学的过程观:师生在精神相遇中创生意义。

传统的教学一直受着"特殊认识说"的主导,教学过程被认为是教师将已有的知识传授给学生,从而引导学生认识人类的文化遗产的过程。在此过程中,教师只需单向地向学生传递知识,学生只需从教师那里接纳和储存知识,教师和学生之间缺乏精神上的互动和交流,其实质是一种"灌输式"的教学。在这样的教学中,学生的主体性得不到彰显、创造性得不到培养、批判和反思的意识更是受到严重的压抑。而对话教学所倡导的教学过程不再是一种单向的知识传递的过程,而是师生在双向互动中的精神相遇的过程,即师生作为独立的精神主体在相互尊重和信任的前提下,围绕教学内容展开平等对话和交流的过程。在此过程中,学生深深地进入了教师的精神世界,教师也在学生的开放的接纳中走进他们的精神世界之中,在两者精神相遇的境域里,双方通过反思不断修正自己的观点,从而达成一种共识,创生新的意义。这是一个师生的知、情、意共同参与的过程,是师生心灵的完全敞开和彼此接纳的过程。在此过程中创生的意义将进一步影响和陶冶着师生的精神,不断地提升着双方的精神境界、品位、意义和价值。

(3)对话教学的师生关系观:互为主体的"我—你"关系。

由于受二元对立的思维方式及"实体(对象)本体论"的影响,传统的师生关系要么以"教师为中心",要么以"学生为中心"。前者基于教师在年龄、知识上的优势而处于主体地位,学生则处于被教师塑造的客体地位;后者则致力于对前者的革命而使师生关系走向另一个极端。而对话教学所倡导的"我—你"关系则超越了主客二分的二元对立思维方式和"实体(对象)本体论",它以"关系本体论"作为自己的哲学基础,提倡"主体间性"。主体间性是指两个或多个主体的内在相关性,是平等主体间的相互性和统一性。它完全是以承认个人主体为前提的。纯粹的主体间性是由我和你(我们和你们),我和他(我们和他们)之间的对称关系决定的。对话角色的无限可互换性,要求这些角色操演时在任何一方都不可能拥有特权,只有在言说和辩论、开启与遮蔽的分布中有一种完全的对称时,纯粹的主体间性才会存在。可见,在对话教学中,教师与学生的关系不再是以知识为中介的主体对客体的单向灌输关系,取而代之的是一种"我—你"的对话关系。这是一种互为主体的关系,一种主体间边缘域的关系。在这种关系中,"你"中有"我","我"中有"你",但又不是"我"同化"你"、"你"同化"我",而是"我"以"你"的存在而彰显,两者是作为具有独立个性和完整人格的主体共同步入"我与你"之间,师生双方的主体性都得以彰显。

(4) 对话教学的课程观:经验与文本。

对话教学的过程是师生在彼此精神相遇的过程中创生新的意义的过程。这就决定了对话教学中的课程不再是预设好的静态的知识,而是师生在教学过程中不断生成和扩展的经验;课程不再是预先设计好的培养某种规格的人的理想的"蓝图",而是向理解者开放的具有多层次意义结构的"文本"。"文本"是后现代主义理论的一个核心概念,一般而言,"文本"是指按语言规则结合而成的语句组合体,短至一个词、一句话,长至一篇文章、一本书,从更广泛的意义上说,所有现象、事件都可称为"文本"。在后现代主义的视域中,"文本"不只是一种静态的存在,它更是一个向理解者开放的具有多层次的意义结构。这就意味着对"文本"的解读不再是一个超越时空的界限去恢复作品原意的过程,而是读者与"文本"在展开对话的过程中生成新的意义的过程。不同的理解者可以生成不同的意义。在这种动态生成的课程观中,教师和学生成为课程的开发者和教学的设计者,他们的主体性在此得到了充分体现。

(三) 人本主义教学理念

人本主义是 20 世纪 50 年代兴起于美国的西方心理学思潮和革新运动,是现代西方心理学发展的一种新取向,它反对行为主义环境决定论和精神分析生物还原论,主张研究人的本性、潜能、经验、价值、创造力及自我实现。它的基本观点是:① 强调人的整体性、独特性和自主性;② 强调人的潜能发展的可能性及其积极的乐观前景;③ 强调把自我实现、自我选择和健康人格作为人生追求的目标;④ 强调实施心理治疗、教育改革、犯罪防治和社会改造。创建者有马斯洛、罗杰斯、罗洛·梅、布根塔尔。教育改革论是人本主义教育心理学思想的重要组成部分,罗杰斯在《学习的自由》一书中系统地阐述了人本主义教育改革思想,形成了一种"以学习者为中心"的教学观。

1. 教学目的——促进学生适应变化和知道学习

罗杰斯说:"只有学会如何学习和学会如何适应变化的人,只有意识到没有任何可靠的知识、唯有寻求知识的过程才是可靠的人、有教养的人。"所以他主张教育目标应该是促进变化和学习,培养能够适应变化和知道如何学习的人,培养人格充分发挥作用的人,要使他们富有创造性、具有建设性和信任感、具有独立自主性。

2. 教学模式——以学生为中心

罗杰斯批评传统的以教师为中心的教学模式:只重视智育,忽视整个人的全面发展;教师的绝对地位,学生被动接受和服从;师生关系不平等,缺乏民主和信任感。他提倡以学生为中心的教学模式,强调过程的学习方式,具体为:必须尊重学习者;必须坚信任何学习者都有适应学习的基本需要;必须坚信任何正常的学习者都是能够发展自己的潜能,并能达到自我实现的境界的;必须以学习者作为活动及全过程的中心;必须重视学习者的意愿、情感、需要、价值观;必须在师生之间建立良好的关系,以创造一种情感融洽、气氛适宜的学习情境。

3. 教学动力——求得学生自我实现

马斯洛把人类的需要分为五个层次:生理需要;安全需要;归属和爱的需要;尊重需要;自我实现的需要。他认为各种需要是彼此联系的,只有低层次需要得到满足后,才能出现高层次的需要,而个体的最高级的需要就是达到自我实现,得到高峰体验。罗杰斯认为人类有机体的最基本的内驱力就是求得自我实现,任何其他动机都是这种自我实现需要的不同方面。

4. 教学环境——以情感为主

人本主义心理学派认为,人是善良的或中性的,恶不是固有的人性,它是因人的需要受挫引起或不良文化环境造成的。所以,人本主义心理学非常重视情感、情绪、态度、价值观和人际关系在学习和人格形成发展中的作用,强调教师应为学生建立良好的学习氛围。罗杰斯主张对学生进行共情式理解,即体验学生的精神世界,把他看成和自己的精神世界一样,用"心"去听、去体验、去想。人本主义心理学家坚信,如果教师能给予学生特别是有问题的学生积极关注,给学生以尊重和温暖、诚实和可信,教师和学生之间就会形成良好的人际关系,教师就会引导学生实现自己的潜能,学生就会达到最佳化学习。

5. 师生关系——平等和谐融洽的新型师生关系

罗杰斯把教学的重点放在良好的师生关系或教师态度上,他认为"促进意义学习的关键乃是教师和学生关系的某些态度品质"。为了促进学生个性的充分发展,教师必须具备四种态度品质:① 充分信任学习能够发展自己的潜能;② 以真诚的态度对待学生,教师应该表里如一;③ 尊重学生的个人经验,重视他们的感情和意见;④ 深入理解学生的内心世界,设身处地为学生着想。

人本主义"以学生为中心"的教学,重视教人胜于教书,强调过程的学习方式,要求教师以真诚、关怀和理解的态度对待学生的情感和兴趣,创造一种促进学习的良好氛围;学习的决策是师生共同参与的过程,学生单独或协同制订学习方案,并对他们自己选择的后果承担责任;学习集体的着眼点集中在促进学习过程的不断发展上面,学习内容退居于第二位;课程的安排是无结构的,主要是坦率自由的讨论,使学生能形成和表达他们自己的看法和感受;教师是一个非强制的知识资源,在学生问到时提供有价值的评论或可参考读物,教师鼓励学生把个人的知识和经验纳入这种学习资源之中。

人本主义教学理念在西方有极大的影响,对我们的现代教育教学也具有极其重要的启发意义。首先,他认为人是教育教学的出发点和归宿,教学应以人为本,尊重每个人的独立人格,保护每个人的自尊心,帮助每个人充分发挥潜能,发展个性和实现自身的价值。这和我国的素质教育吻合。素质教育就是以提高人的素质为目标,不仅重视学生知识技能的掌握,更重视学生潜能和个性的发展,素质教育就是要根据学生的心理发展规律和个性特点来教育人、发展人、完善人。其次,人本主义的学习理论认为学习是有意义的心理过程,是学习者内在潜能的发挥,是对学习者有用的、有价值的、经验的学习,而最有用的是学会如何学习。我国素质教育也强调"学习是成长",也在努力教会学生"学会生存,学会做人,学会学习,学会发展"。再次,他认为学生应该自我指导和自我评价,学习评估主要由学生自己来做,自律是学习达到目的的必备条件。通过学生的自我指导、自我选择和自我评价,可以增强学生学习的自觉性、主动性和创造性,增强学生学习的责任感,培养学生自学的能力,养成良好的自学习惯。

人本主义教学理念对我国的教育教学具有重要的指导作用,具体表现如下。① 摒弃传统的"教师中心论",实行"以学生为中心"。传统教学中教师是课堂的中心,教师牵着学生走,学生围着老师转,教师始终是显性的决策者、主角,课堂是由教师掌控的单向、被动、固定的学习环境。在人本主义教学指导下的教学里,学习者是学习活动的真正主人和决策者,教师只是隐性的参与者、配角。② 从单纯注重知识的传授,转为更加注重学生的全面发展。传统教学历来以知识为本位,重视外在知识的传授和技能的掌握,最大限度地发挥教材的功用,实现育人的目的。而在人本主义影响下的现代教育教学注重学习者在学习过程中内在思维和情感的体验,更加突出培养学生的创新和实践能力、收集并处理信息的能力、获取新知识的能力、分析解决问题的能力,以及交流协作的能力,发展学生对自然和社会的责任感。③ 从仅仅重视教学的结果,转为偏向注重教学的过程。"重结果轻过程"是传统教学的积弊。教师只重视知识的结论,忽略知识的来龙去脉,无意之中压缩了学生对新知识学习的思维过程,只是让学生死记标准答案。这样就造成学生一知半解、似懂非懂,导致思维僵化,严重降低了教学的质量。而现代教学"重过程",要求把重点放在知识形成上,通过学习的感知—概括—应用的思维过程去发现、去掌握,既增长知识,又发展能力。④ 从教师的绝对权威的传授转为师生平等的交往和对话。传统教学中,教师处于至高无上的权威地位,学生只能无条件地接受教师的一切灌输。在人本主义指导下的教学则要求建立平等和谐的新型师生关系,在教学上平等对话,同等参与,相互建构,使学生开放心态,凸显主体,张扬个性,大大解放其创造性。教师角色已经由知识的传授者转向为学生潜能的唤醒者、学生知识结构的促进者,这种教学是互动互惠的。⑤ 从评价模式的单一转向评价模式的多元化。传统教学的评价标准就是学生的学业成绩,而现代教学评价则开始关注个别差异,帮助学生认识自我,建立自信。人本主义教学观尤其重视学生在学习过程中的自我评价和自我改进，使评价成为学生学会反思、发现自我、欣赏别人的过程。

人本主义教学观作为一种先进的教育思想对我国的教育教学具有积极的借鉴意义，当前正在实施的素质教育实质上就是人本主义在我国教育领域的应用。素质教育的目的就是充分开发学生的潜能使其得到发展和优化，全面塑造学生的各种优良品质，提高学生的整体素质。素质教育也要求尊重学生个体差异，要求面向全体学生，关心每一个学生的成长与发展，培养学生的完整人格。

在实际的教学中，人本主义教学也容易引起一些问题。人本主义的教学观强调"以学生为中心"，让学生在整个学习领域自己去认识那些对他们的生活有意义的知识，从而自由选择，使得很少有人会去主动学习虽然枯燥但对学生今后发展不可缺少的知识，使学生不仅不能很好地发展，而且还会给社会和个人带来不良后果；容易使教师处于尴尬的位置，毕竟老师比学生更有经验，眼界更开阔，更能认清教育的需要，也更能知道哪些知识更有意义。人本主义教学只有在学生智力和社会发展达到一定的程度下才能有效，否则收效甚微甚至无效。当前仍在实行严密的应试教育体制，标准化考试日益严格，各种竞争更加激烈，这在很大程度上阻碍了人本主义教育的开展。

所幸的是，我们的教育工作者已经注意到存在的问题并开始为此努力，"研究性学习""情境教育""促进教学法"就是人本主义在这种环境下的探索成果。只要我们坚持用人本主义价值取向来指导教育实践，不断摸索不断总结，我们的教育教学改革就会越来越好。

（四）反思性教学理念

反思性教学是指教学主体借助行动研究不断探究与解决自身和教学目的以及教学工具等方面的问题，将"学会教学"与"学会学习"统一起来，努力提升教学实践合理性，使自己成为学者型教师的过程。这个定义揭示了反思性教学的主要特征。

1. 立足教学实际创造性解决问题

这个特点的形成得益于行动研究进入反思性教学。所谓行动研究，诚如卡尔（W. Carr）和凯米斯（S. Kemmis）所说"是社会实践者为提高自己的实践的合理性与正当性，增进对实践及其得以进行的情境的理解而采取的自我反思探究的一种形式",其模型是"计划—行动—观察—反思"。按照行动研究的要求,反思性教学要组成研究小组(通常由教师、教学理论专家和教育管理者等组成),研究小组要帮助教师发现教学问题(个别教师拥有的或普遍存在的),提出假说,并通过教学实践检验假说,直至解决问题。由于问题来源于实际,通常没有现成的答案,因此其解决办法往往有一定的创造性。达到这些标准的反思性教学是规范的反思性教学,与仅凭个人经验反思的教学(仍属于经验性教学范畴)有如下不同:其一,是一种群体的研究性活动。也就是说,尽管从课堂上看,反思性教学也由某个教师执教,但从课前准备到课后分析这个完整过程看,它是行动研究小组借助群体反思开展的研究活动,而经验性教学中的反思通常是教师个体的行为。其二,有实验或实践检验过程,也就是说,反思性教学的反思不仅是内隐的思维活动,而且是外显的实践行为,这样才能确保反思的结果得到检验,并使反思性教学越来越具有合理性。而经验性教学中的反思往往是个体内隐的,而且其结果通常不会用实验或实践检验,因此有可能出现将原本对的反思成错的或将原本错的反思成对的情况,也就是说,难以保证反思的合理性。当然,反思性教学非但不排斥经验性教学中的反思,反而会加以改造与利用。

2. "两个学会"加速师生共同发展

两个学会即"学会教学"与"学会学习"。学会教学是要求教师的,而学会学习是针对学生的。后者早已为人们所熟悉,其意义不仅有技术方面的,而且有人格方面的。前者虽是新概念,但其含义与学会学习有类似之处,即要求教师把教学过程作为"学习教学"的过程。这意味着教师要善于向自己的经历学习,不仅能吃一堑、长一智,而且要经一事、长几智,逐步成为学者型教师。在这种意义上,反思性教学力图将"教学相长"与"名师出高徒"由观念变成现实,也就是让教师在教学中学习教学,先成"名师(学者型教师)"再带出高徒。因此在反思性教学的视界里,学会教学是直接目的,学会学习是终极目的。反思性教学工作者坚信:只有不断学会教学的教师,才能培养出不断学会学习的学生。为了学会教学,教师不得不从学生的学会学习的角度去思考,最终实现两个学会的统一。可见,反思性教学不仅关心学生的发展,同时关心教师的发展,与往昔仅仅关心学生发展的教学颇不相同。

3. 在探索中提升教学实践合理性

对教学实践合理性的永无止境的追求,是反思性教学的使命。肩负着这种使命的教师(反思型教师)有明显不同于经验性教学(亦称常规性教学,即按照教材或上级的要求等按部就班进行的教学)的教师的个性特征,他们不仅"完成"教学任务,而且总是千方百计地追求"更好地"完成教学任务。仅求"完成"教学任务的经验型教师,通常只想了解自己教学的结果,喜欢问"怎么样"。反思型教师不仅想知道自己教学的结果,而且会对结果及有关原因进行思考,总是问"为什么"。这种追问(问"为什么")帮助教师增强问题意识,永不停歇地追求教学的更高层次的合理性。比较而言,同是执教10年的教师,经验型教师大多是将一年的教学程序重复了10遍,而反思型教师总是在批判前一年的基础上进行新的探索,走完不断进步的10年。因此,在经过一定的实证性研究后,不少倡导反思性教学的人强调"当人们努力追求合理性,并确证观念与行动,以形成对现象的新的理解和欣赏时,就要激励教师进行反思性教学"。支撑这种追求的是教师的职业道德感或良心。也就是说,没有较高的职业道德水准的教师,除非因教学上的失误迫于外界压力,否则一般不会自觉反思或较少反思自己的教学行为。对于拥有合格师资(教师具有相应的思想修养、科技知识与教学能力等素质)的学校来说,要进一步提高教学质量,增强教师的道德感似乎比继续提高教师的文化水平和教学技能等更为重要,所以必须"激励学校教师——去思考他们正在做的和他们为什么做"。

综上所述,反思至少有经验性的与科学性的之分。经验性反思是个体对经历过的事情的反省性"回顾",是内隐的心理活动,其主要弊病是可能导致新的不合理性。科学性反思虽有内隐的心理活动,但延伸到实践领域,是发现问题、提出假说、通过实践(验)检验的完整过程,客观上保证了反思的合理性质。同时,反思是反思性教学的必要条件,但不是充分条件。反思性教学与有反思的经验性教学不同,是借助行动研究的群体反思的教学,是以发展教师为直接目的的教学,是不断追求教学实践合理性的教学。

（五）建构主义教学理念

建构主义作为认知学习理论的新发展，是目前西方日渐流行的学习理论。它强调学生的巨大潜能，认为教学要把学生现有的知识经验作为新知识的生长点，引导他们从原有的知识经验中"生长"出新的知识经验。它认为，学习是在社会文化背景下，通过人际间的协作活动而实现的意义建构的过程。以下从知识观、学习观、学生观、师生角色的定位及其作用、学习环境和教学原则等六个方面对建构主义教学理念作出扼要的归纳。

1. 建构主义的知识观

（1）知识不是对现实的纯粹客观的反映，任何一种传载知识的符号系统也不是绝对真实的表征。它只不过是人们对客观世界的一种解释、假设或假说，它不是问题的最终答案，它必将随着人们认识程度的深入而不断地变革、升华和改写，出现新的解释和假设。

（2）知识并不能绝对准确无误地概括世界的法则，提供对任何活动或问题解决都适用的方法。在具体的问题解决中，知识是不可能一用就准、一用就灵的，而是需要针对具体问题的情境对原有知识进行再加工和再创造。

（3）知识不可能以实体的形式存在于个体之外，尽管通过语言赋予了知识一定的外在形式，并且获得了较为普遍的认同，但这并不意味着学习者对这种知识有同样的理解。真正的理解只能是由学习者自身基于自己的经验背景而建构起来的，取决于特定情境下的学习活动过程。反之，则不叫理解，而叫死记硬背或生吞活剥，是被动的复制式的学习。

显然，这种知识观是对传统课程和教学理论的巨大挑战。按照建构主义看来，课本知识只是一种关于某种现象的较为可靠的解释或假设，并不是解释现实世界的"绝对参照"。某一社会发展阶段的科学知识固然包含真理性，但是并不意味着终极答案，随着社会的发展，肯定还会有更真实的解释。更为重要的是，任何知识在为个体接收之前，对个体来说是没有什么意义的，也无权威性可言。所以，教学不能把知识作为预先决定了的东西教给学生，不要以我们对知识的理解方式来作为让学生接收的理由，用社会性的权威去压服学生。学生对知识的接收,只能由他自己来建构完成,以他们自己的经验为背景,来分析知识的合理性。在现实的学习过程中,学生不仅要理解新知识,而且要对新知识进行分析、检验和批判。

2. 建构主义的学习观

(1)学习不是由教师把知识简单地传递给学生,而是由学生自己建构知识的过程。学生不是简单被动地接收信息,而是主动地建构知识的意义,这种建构是无法由他人来代替的。

(2)学习不是被动接收信息刺激,而是主动地建构意义,是根据自己的经验背景,对外部信息进行主动地选择、加工和处理,从而获得自己的意义。外部信息本身没有什么意义,意义是学习者通过新旧知识经验间的反复的、双向的相互作用过程而建构成的。因此,学习不是像行为主义所描述的"刺激—反应"那样。

(3)学习意义的获得,是每个学习者以自己原有的知识经验为基础,对新信息重新认识和编码,建构自己的理解的过程。在这一过程中,学习者原有的知识经验因为新知识经验的进入而发生调整和改变。

(4)同化和顺应,是学习者认知结构发展变化的两种途径或方式。同化,是指学习者把外在的信息纳入到已有的认知结构,以丰富和加强已有的思维倾向和行为模式。顺应是指学习者已有的认知结构与新的外在信息产生冲突,引发原有认知结构的调整或变化,从而建立新的认知结构。同化是认知结构的量变,而顺应则是认知结构的质变。学习不是简单的信息累积,更重要的是新旧知识经验的冲突,以及由此而引发的认知结构的重组。学习过程不是简单的信息输入、存储和提取,是新旧知识经验之间双向的相互作用过程,也就是学习者与学习环境之间互动的过程。

3. 建构主义的学生观

(1)建构主义强调,学习者并不是空着脑袋进入学习情景中的。在日常生活和以往各种形式的学习中,他们已经形成了有关的知识经验,他们对任何事情都有自己的看法。即使有些问题学习者从来没有接触过,没有现成的经验可以借鉴,但是当问题呈现在他们面前时,他们还是会基于以往的经验,依靠他们的认知能力,形成对问题的解释,提出他们的假设。

（2）教学不能无视学习者的已有知识经验，简单强硬地从外部对学习者实施知识的"填灌"，而应当把学习者原有的知识经验作为新知识的生长点，引导学习者从原有的知识经验中，生长新的知识经验。教学不是知识的传递，而是知识的处理和转换。教师不单是知识的呈现者，更不是知识权威的象征，而应该重视学生自己对各种现象的理解，倾听他们时下的看法，思考他们这些想法的由来，并以此为据，引导学生丰富或调整自己的解释。基于此，教学显然不是由教师简单去告诉学生就可以奏效和完事的。

（3）教师与学生、学生与学生之间需要共同针对某些问题进行探索，并在探索的过程中相互交流和质疑，了解彼此的想法。由于经验背景的差异的不可避免，学习者对问题的看法和理解经常是千差万别的。其实，在学生的共同体中，这些差异本身就是一种宝贵的现象资源。建构主义虽然非常重视个体的自我发展，但是它也不否认外部引导，亦即教师的影响作用。

4. 师生角色的定位及其作用

建构主义的学习观和学生观，决定了建构主义新颖的教学观，这种主张主要具体表现在教师和学生的角色及其作用的巨大改变上。建构主义提倡在教师指导下以学习者为中心，既强调学习者的认知主体作用，又不忽视教师的主导作用，教师是意义建构的帮助者、促进者，而不是知识的提供者和灌输者。学生是学习信息加工的主体，是意义建构的主动者，而不是知识的被动接收者和被填灌的对象。

（1）教师的角色是学生建构知识的忠实支持者。

——教师的作用从传统的传递知识的权威转变为学生学习的辅导者，成为学生学习的高级伙伴或合作者。

——教师应该给学生提供复杂的真实问题。他们不仅必须开发或发现这些问题，而且必须认识到复杂问题有多种答案，激励学生对问题解决的多重观点，这显然是与创造性的教学活动宗旨相吻合的。

——教师必须创设一种良好的学习环境，学生在这种环境中可以通过实验、独立探究、合作学习等方式来展开他们的学习。

——教师必须保证学习活动和学习内容保持平衡。

——教师必须提供学生元认知工具（所谓元认知，又称反审认知、反省思维,是对认知的认知,也就是对认知活动和认知策略的自我意识和自我调控)和心理测量工具,培养学生评判性的认知加工策略,以及自己建构知识和理解的心理模式。

——教师应认识教学目标,包括认知目标和情感目标。教学是逐步减少外部控制、增加学生自我控制学习的过程。

(2)教师要成为学生建构知识的积极帮助者和引导者,应当在以下几方面发挥主导作用。

——激发学生的学习兴趣,引发和保持学生的学习动机。

——通过创设符合教学内容要求的情境和提示新旧知识之间联系的线索,帮助学生建构当前所学知识的意义。

——为使学生的意义建构更为有效,教师应尽可能组织协作学习,展开讨论和交流,并对协作学习过程进行引导,使之朝有利于意义建构的方向发展。这些引导的方法主要有:提出适当的问题,引导学生思考和讨论;在讨论中设法把问题逐步引向深入,以加深学生对所学内容的理解;启发和诱导学生自己去发现规律,自己去纠正和补充错误或片面的认识,逐步培养学生自主学习的能力和习惯。

(3)学生的角色是教学活动的积极参与者和知识的积极建构者。

——建构主义要求学生面对认知复杂的真实世界的情境,并在复杂的真实情境中完成任务,因而,学生需要采取一种新的学习风格、新的认知加工策略,形成自己是知识与理解的建构者的心理模式。

——建构主义教学比传统教学要求学生承担更多的管理自己学习的机会;教师应该注意使机会永远处于维果斯基提出的"学生最近发展区",并为学生提供一定的辅导。

学生要成为有意义的主动建构者,要求学生在学习过程中,从以下几个方面发挥主体作用。

——要用探索法和发现法去建构知识的意义。

——在建构意义的过程中要求学生主动去搜集和分析有关的信息资料,对所学的问题提出各种假设并努力加以验证。

——要善于把当前学习内容尽量与自己已有的知识经验联系起来,并对这种联系加以认真思考。联系和思考是意义建构的关键,它最好的效果是与协商过程结合起来。

5. 建构主义的学习环境

建构主义认为,学习者的知识是在一定的情境下,借助于他人的帮助,如人与人之间的协作、交流、利用必要的信息等,通过意义的建构而获得的。理想的学习环境应当包括情境、协作、交流和意义建构四个部分。意义的建构是教学活动的最终目标,一切都要围绕这种最终目标来进行。学习者是学习的主体,教师是意义建构的促进者和引导者,主要是激发学生的学习动机,引导和帮助学生的意义建构。以前由于受信息技术系统的限制,这种学习环境很难实现,这也是制约建构主义影响力的主要客观条件。现在以多媒体计算机为核心的信息传播系统,有利于创设包含这四种要素的理想的学习环境。这也是建构主义为什么又再次为世人瞩目的原因之一。

（1）建构主义认为,学习环境中的情境必须有利于学习者对所学内容的意义建构。在教学设计中,创设有利于学习者建构意义的情境是最重要的环节或方面。

（2）协作应该贯穿于整个学习活动过程中。教师与学生之间、学生与学生之间的协作,对学习资料的搜集与分析、假设的提出与验证、学习进程的自我反馈和学习结果的评价以及意义的最终建构都有十分重要的作用。协作在一定的意义上是协商的意思,协商主要有自我协商和相互协商。自我协商是指自己和自己反复商量什么是比较合理的;相互协商是指学习小组内部之间的商榷、讨论和辩论。

（3）交流是协作过程中最基本的方式或环节。比如学习小组成员之间必须通过交流来商讨如何完成规定的学习任务,达到意义建构的目标,怎样更多地获得教师或他人的指导和帮助等等。其实,协作学习的过程就是交流的过程,在这个过程中,每个学习者的想法都为整个学习群体所共享。交流对于推进每个学习者的学习进程,是至关重要的手段。

（4）意义建构是教学过程的最终目标。其建构的意义是指事物的性质、规律以及事物之间的内在联系。在学习过程中帮助学生建构意义就是要帮助学生对当前学习的内容所反映事物的性质、规律以及该事物与其他事物之间的内在联系达到较深刻的理解。

这种理解在大脑中的长期存在形式就是"图式",也就是关于当前所学内容的认知结构。同时,也建构出富有个性化色彩和创见性的意义——对于许多学科,特别是人文学科来说,应该鼓励学习者建构出他自己独特的意义,形成他自己的独特"认知结构"。比如语文中的作文教学,在一定的情境教学下,是不应该得到相同的意义建构的,否则就是一种莫大的悲哀。现在作文教学中的"集体失语症"现象,就是长期以来强调统一格式和腔调的恶果。

但是,教师的帮助和引导是至关重要的,否则,学习者不免要茫然无措,费时低效,教学也就失去了其固有的本质意义。

6. 建构主义的教学原则

(1) 把所有的学习任务都置于为了能够更有效地适应世界的学习中。

(2) 教学目标应该与学生学习环境中的目标相符合;教师确定的问题应该使学生感到是他们本人的问题。

(3) 设计真实的任务。真实的活动是学习环境的重要特征。就是应该在课堂教学中使用真实的任务和日常的活动或实践整合多重的内容或技能。

(4) 设计能够反映学生在学习结束后就从事有效行动的复杂环境。

(5) 给予学生解决问题的自主权。教师应该刺激学生的思维,激发他们自己解决问题。

(6) 设计支持和激发学生思维的学习环境。

(7) 鼓励学生在社会背景中检测自己的观点。

(8) 支持学生对所学内容与学习过程的反思,发展学生的自我控制的技能,使其成为独立的学习者。

(六) 后现代教学理念

近十年来,我国教育界对后现代课程理念的研究颇多,但对后现代教学理念的专题研究却较少。从已有研究材料看,后现代主义教育理论家并没有对其教学理念进行过专门的、系统的阐述。后现代教学理念散见于后现代主义教育理论家的言论和著作中,其中一些教学理念对我国基础教育新课程教学具有重要影响。

1. 解构与反思：教学范式

现代教学主张采用结构化前进式教学范式，如斯金纳等人的程序教学范式、布卢姆等人的掌握学习教学范式等。后现代教学理念则对现代教学范式进行"解构"，主张"教无定法"，灵活多变地进行教学。后现代教学理念认为，传统的形式、概念、准则不再被人们理所当然地接受，规律并非不可更改和不以人的意志转移。

后现代教学理念对现代教学上的二元对立进行"解构"，反对教学活动规则化和刻板地运用精确的模式，主张打破陈规，从实际出发，灵活多变地教学。这种教学规范的转型，正是当前我国基础教育新课程所倡导的教学新理念。

后现代教学理念的另一种教学范式是反思。反思是指对个体探索活动的反向思考，它通过回顾历程、总结经验、反复推敲和质疑问难，达到对问题的醒悟、理解和深化。反思性教学由美国的舍恩（D. Sthon）提出并将其定义为：师生一起实现"反省性思维（探究思维）"的教学。

现代教学理念以引导学生掌握知识技能、向学科新领域探索为教学的中心任务，所以重视教学的结构和顺序，采用小步子前进式教学。后现代教学理念则以学生理解、醒悟和经验积累为教学的中心任务，所以强调反思性教学。

反思性教学在国际上十分流行，如舍恩倡导在以案例为对象的反思性思考中把握原理；舍恩和日本的佐藤学还要求教师成为"反思性实践家"。20世纪80年代中期"活动过程的反思"和"反思性实践家"的概念得到了教育家和教师的大力赞赏。我国熊川武教授对后现代反思性教学理念进行了研究，并在上海等地对反思性教学范式进行了实验探索。

2. 互动与建构：教学过程

关于对教学过程中师生活动的认识，传统教学理念认为，教学过程主要是教师教的过程；现代教学理念认为，教学过程是教师主导与学生主体相统一的活动过程；后现代教学理念认为，教学过程主要是学生主动学习和建构的过程。建构主义也是一种后现代主义。建构主义将学习过程描述为两种互动建构的类型：一是个体与环境的互动建构；二是个体与自身的互动建构。在后现代主义看来，这两种模型也适合于教学过程。

(1) 从个体与环境的互动建构看,学生是建构的主体。多尔(William E. DOll, Jr.)认为,在教学过程中,知识不是人脑对客观事物或外部环境的机械反映,而是由外部客观刺激和主体认知结构相互作用不断建构的结果。学习是学生通过自主活动对知识意义的主动建构过程。这一后现代教学理念与我国基础教育新课程所倡导的教学过程要"关心学生的学习兴趣和经验""让学生主动参与""注重培养学生的独立性和自主性,引导学生质疑、调查、探究,在实践中学习,促进学生在教师指导下主动地、富有个性地学习"等精神是基本一致的。

(2) 从个体与自身的互动建构看,教学的主要任务是"意义的建构"或"不同意义的创生"。后现代教学理念认为,教学的主要任务不是特定信息的传输,而是意义的创生。因此,教学过程应由"传授—接受"转变为"阐释—理解—建构",教师和学生在阐释、理解教学文本时对其意义进行建构。从学生的角度说,在阅读文本时,由于学生的背景、兴趣、需要和理解不同,所以同一段文字对不同的学生可能会产生或建构不同的意义。

此外,在解决问题的过程中,学生自主地理解知识、建构意义时,常借助于一定的"情境""概念框架",并进行"随机访问"。我国基础教育新课程主张发挥学生的主体性,依据学生的经验和现实生活设计课程与教学,注重培养学生综合实践能力和社会责任感,发展学生自我建构的能力;主张超越"书本世界",以"生活世界"为教学的范围,尊重学生的人格,关注学生的生命世界和个体差异;主张学生依据自己的经验在教学活动中创新和发展教学内容;认为掌握书本知识不是最终的、全部的教学目的,掌握知识的过程也是学生发展的途径和媒介。这些新理念与后现代互动建构的教学理念有相似之处。

3. "去中心":教学行为

后现代教学理念中所谓的"去中心",就是反对以教师的教学行为为中心,不主张教师权威和教学控制。可以从以下五个方面对其进行理解。

(1) 去掉教师在教学中的权威。教师与学生在人格上是平等的关系,所以要互相尊重。多尔认为,不应要求学生接受教师的权威,而应要求学生与教师共同参与探究。教师要乐于面对学生提出的质疑,并与学生一起反思,达到心照不宣的理解。教师与学生在教学中要平等沟通、交往与合作。

(2) 教师的部分教学作用由计算机代替。后现代教学理念主要从现代科学技术,特别是从计算机技术的发展方面去探讨教师作用所发生的重要变化,认为现在教师的部分作用可以由计算机代替。因为知识可以转译成计算机语言,所以部分教学可以由机器来完成的。计算机是教学对话、反思、研讨的媒体和手段。我国基础教育新课程提倡课程教学与信息技术整合,实现教学时空开放性、教学资源网络化、资源形态超文本,因此,也要求正确认识在网络环境下教师在教学中的作用。

(3) 教师在教学中的主要任务是协助学生"转化智慧"。后现代教学理念要求教师在教学中,在关注学生个性发展的同时,还要协助学生实现智慧的转化,协助学生认清各种意识形态、权利与知识之间的关系,以便培养他们的批判能力,最终解放自己。"教师要充分发挥学生学习与发展的能动性和创造性,培养学生的聪明才智",这一理念比较接近我国基础教育新课程注重学生个性和多元智能发展的理念。

(4) 教师在教学中的地位是"平等中的首席"。作为"平等中的首席",教师的作用没有被抛弃,而是得以重新构建,从外在于学生的情境转向与情境共存。权威也转入情境之中,教师是内在于情境的领导者,而不是外在的专制者。我国基础教育新课程的实施,也要求教师角色转变:教师是学生学习的指导者、辅助者、服务者、合作者,也是课程的建构者和教学的研究者。其中"指导者"就有"平等中的首席"之意。

(5) 教师是教育生态圈中的"管理员"。后现代教学理念关注课堂生态,并从教育生态学的角度剖析教师的地位,认为教室是一个知识的生态圈,也是一个权利的生态圈,教师是看守这个生态圈的"管理员"。学生在这个生态圈中接受教师提供的信息,同时在与教师对话的过程中增强其沟通能力及读写能力。我国在基础教育新课程背景下关于教学环境的理念是:主张教师关注课堂生命活力,把班级还给学生,让班级充满成长信息;营造信息化、生活化、人文关怀的教学氛围;创设自主探索、自主建构、自主操作实践的生动活泼的教学环境,并充分发挥"教学共同体"的协同和陶冶作用。这一理念与后现代主义关于教学生态圈的理念近似。

4. 对话与阐释：教学方法

罗蒂（R. Rorty）提出了对话理论，要求对话者平等、开放、富有创造性、具有多元价值观。派纳（William F. Pinar）、史密斯、多尔等则将对话理论运用于教学实践，使对话成为后现代主义基本的教学方法。

（1）对话是课程也是教学方法。在后现代教学理念视野下，对话既是课程也是课程实施过程的教学方法。在教学过程中，人们把认识对象作为解释的文本，通过解释者之间的对话达成对事物的共识，所以说，教学就是教师与学生通过不断对话而探索未知领域的过程。

（2）教师和学生都是平等的对话主体。后现代教学理念认为，教师和学生是对话的交互主体，倡导教师和学生发展平等的对话关系，通过对话，"学生的老师"和"老师的学生"之类的概念不存在了。在对话过程中，教师时而作为一个教育者，时而作为一个与学生一样聆听教诲的求知者，学生也可以作为教育者；教师和学生共同对求知过程负责。在后现代教学理念中，沟通、理解、解释、意义这些词均扎根于交互主体性、对话性和交谈之中。

（3）教学对话的结构。后现代教学理念中探讨对话教学法的结构是从课堂教学中师生的语言交流的特征开始的。美国的弗兰德斯（N. A. Flanders）认为，课堂教学中的师生语言互动行为（对话）分为教师的发言、学生的发言和沉寂或混乱三类，教师的发言是支配教学沟通的前提。贝拉克（A. Bellack）将教学对话的结构分为三个基本单位，即"诱导—应答—反应"。梅汉（H. Mehan）以此为依据提出"教师主导—学生应答—教师评价"这一教学对话结构。后现代教学理念关于教学对话结构的分析，对探讨教学对话科学运用的操作步骤有一定的价值。

（4）教学对话的要求。后现代教学理念关于教学对话的要求，大致可归纳为六点。第一，对话是思想和语言的交流。多尔认为，对话总是与思想或观念的融合并蒂而生，"在对话中我们希望融合与转变，我们转变了就是超越了自己而接受了不同的观点"，在一两个真正的对话中，最关键的是"通过转变自己成为另一个自己"而"达成理解"。第二，在对话教学中，既要学会表达，又要学会倾听。第三，对话的目的是使教师和学生尊重、理解人性,因此要鼓励教师尊重学生的人性差异。第四,要鼓励学生与语言艺术、数学、科学和社会学的文本进行对话。通过对话式教学,教师对文化和信息进行解释,"就像一溪流水,既流过生活,又是生活的源泉"。第五,"后现代教学法公开地进入游戏世界,借此与青少年跳起对话式舞蹈"。第六,在对话中,教师不仅将新的信息技术当作"工具"加以利用,而且着力于创造性地发挥信息技术的作用。

后现代教学的理念对话是建立在师生双主体平等、自由互动的基础上,以"沟通""理解""意义建构"为目的的具有多元价值观的教学方法。后现代教学理念重视双主体平等互动、对话结构的分析、对话中的语言运用、思想观点的融合、达成理解、尊重人性及其个别差异、与教学文本"对话"、在游戏中进行教学对话、对话教学与信息技术的整合等观点,有其独特之处,对基础教育新课程教学方法改革有较大参考价值。

后现代教学理念极力主张的另一种教学方法是阐释。史密斯在《全球化与后现代教育学》一书中,详细地论述了阐释教学方法。史密斯指出,阐释教学法要求教师担当起文化"讲解人",而不仅仅是传授者、辅助者,或干事的角色。它不断寻求新的解释,将学生带入对真理的日益深入的理解中。它特别强调如下四点。

第一,在教学中教师只作解释不作判断和结论。阐释教学法要求教师只对事物和现象作解释,不作任何价值判断,由学生自己去理解和体会;教师不作结论,由学生发挥自己的想象力;打破传统教条主义的规范,"旨在教会学生怎样阅读,怎样避免刻板地理解文本,怎样辨别这些文本中的意义得以表现出来的方式",教会学生如何将自己的生活经历置于更为全面的文化背景中去解读,因而要求教师具备解释艺术的修养。

第二,在教学中追求师生自由。阐释教学的目的"不在于对事物作另一番解释,而在于追求人的自由"。教学是教师与学生在"思考"这面旗帜之下进行"聚会"的活动,这种"思考"拒绝以某个先在目的而结束人与人之间的相互作用。这里,后现代教学理念把"先在目的"看成是制约师生自由讨论的缰绳。

第三,创造性。阐释是一种创造性活动。阐释教学的目的是培养学生的创新精神,"发展学生的想象力"。"创造性是人性的基本方面",

如果教学中没有真理的创生,如果课堂不是寻求真理、发现真理、分享真理的首要地方,那么,教学就难以称为生活。派纳指出,教师一定要"在教学上既要有创意,又要因材施教,认真负责,尽自己最大的努力使学生在智力上和社会心理上有所发展"。另外,对事物解释的多样性、求异性也是一种创造性。

第四,理解性。多尔认为,在阐释教学中存在一个迷人的想象王国,在那里没有人拥有真理,而每个人都有权力要求被理解。阐释学揭示的是人类精神活动中的"理解"。阐释学最初将自己看作关于理解和解释文本意义的哲学。它通过对作者、文本和读者的意义关系的研究,弄清传统对理解的影响,阐明理解原文意义,以及读者自我理解的互动关系。阐释教学法是阐释学在教学上的具体运用,因此理解是阐释教学法的关键。后现代阐释教学法还将游戏描述为理解的基本方式。

必须指出,后现代阐释教学法并非指教师在课堂上系统讲解。阐释教学法以对话为基础,以师生之间的平等互动和沟通为前提,旨在充分发挥学生的主体作用,调动学生学习的主动性、积极性,启迪学生进行意义建构和创生。它还重视教学过程的引导,包括引导学生自己解读教学文本,理解其意义。阐释教学法是对传统讲授法和现代讲解法的超越,是教师讲授方式的转型。

5. 过程与主体:教学评价取向

自泰勒以来,现代教学注重目标取向评价。这种评价取向将教学计划或教学效果与预定的教学目标联系起来,根据教学结果的达标程度来判断教学价值。而过程取向评价重视过程本身的价值;主体取向评价则强调评价主体对自己行为的"反省意识与能力",价值多元、尊重差异为其主要特征。后现代教学理念对教学评价提出了独特的见解,认为世界是多元的,每个学习者都是独一无二的个体,教学不能用绝对统一的尺度去衡量学生的学习水平,因而否定"元叙述"。同时,在教学过程中不能把学习者视为单纯的知识接受者,而更应看作是知识的探索者和发现者。因此,教学评价不仅要注重学生学习知识的结果,更要注重学生分析问题、解决问题和探索真理的活动过程。

档案袋评价法是后现代过程取向评价的一种方法,它是针对现代标准化考试的弊端提出来的。后现代教学理念反对用标准化考试的方式来评价学生和研究教学问题。派纳在其学术报告"什么是课程理论"中多次抨击标准化考试的弊端,主张考试必须改革,他说:"可以较少依赖标准化考试,而更多地采用档案袋和其他收集学生作业的方法,并由具有各种不同兴趣的个人,包括家长、社区领导,以及教师和其他学生构成的委员会来进行评价"。鲍里奇(Borich)指出,档案袋评价的内容包括三个方面,即"在一特定学科领域阐明学习者的水平、长时期成绩以及重要成果"。档案袋评价法的首要工作是建立教学档案。

自传式个体评价法是后现代主体取向评价的重要方法。之所以主张采用自传式个体评价法,是因为"自传是教学与研究之间的媒介"。这种方法的提出是从文学研究方法中得到启发的。这种方法可分如下四个阶段:① 以传记方式来解析个人经验,即文本分析;② 放入历史文化和社会的脉络中,来了解和评价自己的知识结构;③ 通过他人对自己的反应来认识和评价自己的认知水平;④ 对他人生活情形、认知结构及心理因素的了解和评价。

我国基础教育新课程的实施提倡多元评价,重视开发过程评价、发展性评价。然而,我国教育工作者与学生的比例相当悬殊,要客观并科学地"建档"非常困难。评价时,学生之间横向比较也很难操作,需花大量人力、物力和时间。因此,档案袋评价法和自传式个体评价法目前在我国的可行性还需要进一步探讨。

后现代教学理念并非全盘否定现代教学,而是在反思和继承现代教学的基础上有所超越:① 现代教学主张结构式、前进式教学范式,而后现代教学则主张随机应变和反思式;② 现代教学强调教学过程是特殊的认识过程,在重视教师指导下学生掌握知识、积极探究和发现的同时,突出智力发展;后现代教学强调教学过程是师生交往、沟通的过程,在重视学生主动获得知识经验、主动探究和发现新问题的同时,突出意义建构;③ 现代教学行为以教师为主导,学生为主体,后现代教学行为"去中心",双主体平等、交互转换;④ 现代教学方法注重讲授、谈话、提问、讨论,后现代教学方法注重对话与阐释;⑤ 现代教学评价注重目标取向,后现代教学评价注重过程取向和主体取向。在学习化社会和教育全球化时代,在教学个性化、活动化以及关注学生生命世界与社会生活世界有机整合的大趋势下,后现代教学理念凸显了与时俱进的特征。

此外,后现代教学理念关于教学目标也可以培养"符合学生自己的特质的人";教学内容上的超文本,并在交往、互动、沟通中创生;主张消解教学中教师的"话语霸权";教学过程中,教师要"关注边缘";教学中提高主体间性,充分发挥主体性等教学理念也有一定的参考价值。

但后现代教学理念在一些方面过于偏激,如其反对教学结构化、程序化,主张教学开放性、无序性、随意性、无节制性,实际上只承认教学存在着不确定状态,而否定教学也存在着确定性和稳定性,否定教学客观存在的本质和规律,从而否定教学的规范性。其否定系统的学科知识教学亦不可取。其提出的超越现代教学规范的教学理念过于宽泛,边界模糊,不容易理解和把握。

（七）生成性教学理念

生成性教学是教师在教学过程中以真诚的态度和为学生发展服务的心向与学生就相关课题进行平等对话,并根据自己对学生的课堂行为表现、感受、兴趣与需要等作出的及时价值判断,对教学行为与思路进行机智性调整,以使教学对话深入持久地进行下去的教学形态。概而言之,它是一种教师根据课堂中的互动状态及时调整教学思路和教学行为的教学形态。生成性教学是一种需要规则但在适当的时候又敢于放弃规则的教学;是一种遵循规律但又不局限于规律的教学;是一种关注学生也关注教师的教学。其主要旨意在于通过充分发挥教师在教学过程中的能动性、创造性让学生获得生动活泼的个性发展,它具有非线性、具体性、多元性、差异性、互动性、突现性和创造性等特征。

生成性教学的基本理念如下。

1. 生成性教学关注表现性目标

表现性目标是由美国课程学家艾斯纳（E. W. Eisner）提出的一种教学目标取向,它是指每一个学生在与具体教育情境的种种际遇中产生的个性化表现。自泰勒以来,教学性目标一直是教学的灵魂,并以该目标的最终达成度作为教学价值的主体。它不关注学生在教学过程中的表现,只关注最终的学习结果在多大程度上达到了预设的目标。而表现性目标不同,它不明确规定学生在学习完成后所应达到的结果,而只指明学生将要遭遇的情境、将要处理的问题和将要从事的活动,强调学生在学习中个性化的表现和个人意义的获得。生成性教学由于取消了教学条规对教学过程的限制，让师生的主体性、创造性和个体性得到了充分的展现，因而必定有许多的行为无法预知，学生获得的发展也不可能与教学性目标一一对应，所以表现性目标受到关注理所当然。表现性目标强调学生与情境的互动，强调学生在学习过程中对新的智力工具的发明，强调创造性地解决问题的思路与方法，其基本理念与生成性教学有着广泛的一致性。在瑞吉欧的教育中，教学目标主要就是表现性目标，它所设计的每一个方案主题仅仅为孩子设立了一个表现性目标，给予孩子一个境遇——需要解决的问题或任务，但并未预设他们都要达到的统一结果和行为。当然，生成性教学关注表现性目标并不是对教学性目标一概斥之，而是在承认教学性目标的前提下使表现性目标凸现出来。

2. 生成性教学关注具体的教学过程

传统教学关注的是教学结果，也即教学目标的达成状况或学习任务的完成情况，而对教学目标是如何达成的，则略去不管。生成性教学则更为关注教学过程，它认为，教学的核心不是目标的达成，而是学生的发展，而学生的发展是在具体教学过程中实现的。"教育一词首先被认为是一种过程"，教学当然也是过程。从某种意义上来说，教学过程就是学生的一种特殊的生活过程，学生过什么样的生活就会获得什么样的发展。如果教学过程是单一的，学生只能获得片面的发展；如果教学过程是丰富的，学生就会获得生动的发展。教学与过程不可分离，不存在没有过程的教学，过程不仅是教学存在的方式，更是教学存在本身。传统的教学也有过程，但由于它过于重视教学的预设目的的达成，将教学过程变成了教学计划的刻板展示过程，使得教学过程丰富的意义生成和价值延展被遮蔽甚至被压制了。

生成性教学对教学过程的关注，实际上是对教学过程中创造的关注，对学生发展的关注。从某种意义上说，生成性教学的过程是教学中各因素积极互动的过程，是学生素质的生成过程。这一过程既有确定性、因果性、预成性、可预测性、可控性，也有不确定性、非因果性、生成性、不可预测性、不可控性。传统教学的错误不在于重视了前者，而在于否定了后者；生成性教学重视后者，但并不以后者来掩盖前者，而是力图将二者统协起来。过程的展开不是凭空进行的,而是在特殊境遇中实现的。传统教学忽视教学行为与教学境遇的互动,使原本丰富复杂的教学过程成了预先设计的教学思路运演,使教学过程成了教学流程。生成性教学则不同,它认为教学设计仅仅是对教学过程的一种宏观规划,在具体的教学过程中,教师应根据境遇的不同对教学思路作适应性修改。也就是说,生成性教学的教学过程是不能提前完全预设的。预设的只能是一个大概思路,而对教学中具体的行为表现则不能预设,也不应该预设,否则教学过程的丰富性就会被扼杀殆尽,学生丰富的发展过程也就成了没有生机的流程。

3. 生成性教学关注教学事件

由于生成性教学关注教学过程,所以教学事件必然在其关注的视野之内。所谓教学事件,主要是指在教学过程中出现的事前没有预料到的生成性事件,也就是教学偶发事件。这种教学事件虽得不到传统教学规律的支持,但它在教学过程中确实地存在着。在传统教学中,由于受本质主义思维方式和线性思维方式的影响,教学过程是不允许有超出教学设计中规定的行为出现的,否则就有可能被认为是教学事故。在这种思维模式下,教师害怕课堂教学中出现自己预先没有预料到的事件,万一出现了意外事件,就运用所谓的教学机智去搪塞。其实在教学现实中,偶发事件是必然的,没有偶发事件的教学才是偶然。既然如此,与其将精力花在设法阻止意外事件(最终也是毫无结果)上,还不如将精力花在如何利用此类事件上。偶发事件并不是教学过程中的意外,而是教学过程的常态和必然,只不过它出现的规律不易被把握,并且又没有固定的处理套路,所以在传统教学中,教学中的偶发事件受到了歧视。在生成性教学中,要求教师正视教学事件,对其不能压制,而应正视和利用。它将意外事件看作是教学过程中生成的一种有益的教学资源。教学中的意外事件,有的确实具有破坏性,但绝大多数只要处理得当就有教育性;即使是有破坏性的教学事件,也应设法跨过去而不是逃避。

同样,在教学中出现的各种困难与干扰常给预设的教学带来障碍,使得教学效果大打折扣,但传统教学理论通常将这种现象归咎于教师的笨拙、环境的糟糕、学生的愚拙,所以此类现象是教学工作中的大忌。

在生成性教学中,教师的含义就是不断地留意学生的变化与反应,捕捉偶发的教育契机与智慧火花,并对学生的反应作出积极的回应。在生成性教学中,教师对学生发展的影响就比他预料的要多,学生也会以无法预料的方式触动教师,这会促使教师采取进一步的教育性行动而不是去完成事先规定的行动。

4. 生成教学关注互动性的教学方法

在灌输式的教学中,学生成了教师的他者,成了一个物化的存在物,也即知识容器。在这种教学中,常用的教学方法就是单向传递,课堂成了教师唱独角戏的舞台,教室成了学生学习的炼狱。教师常常采用控制性的手段,力图使学生所有的表现都处在自己的掌控之中,害怕出现无法控制的局面。学生除了记住了一定的死知识外,很少有真正的发展。由于教学思维方式的转换,生成性教学认为教学不再是单一的"教—受"过程,而是教学中多因素互动的过程。生成性教学因互动才存在,所以在教学过程中应采用互动性的方法促使其进一步的存在与完善。互动,既是生成性教学的表现——在生成性教学中,存在着大量的多边互动,也是生成性教学的原因——因为互动,所以才有新的信息、资源的生成。在生成性教学中,互动性的教学方法,如谈话、讨论、共同探究等方式备受青睐。互动,创造了一种新型的关系。在互动中,不仅师生关系由"我—他"变成了"我—你"的关系,而且学生与文本、教师与文本的关系也由"我—他"变成了"我—你"的关系。

在教学中要恰当运用互动性教学方法,必须以对话的理念贯穿始终。对话是互动性教学方法的思想基础。对话不是简单地指教学过程中师生之间的会话、语言交流,而是指师生以平等的关系、开放的心态、谦虚的态度来交换彼此的思想,探讨对文本的理解。对话的目的主要不是为了知识的传递,也不仅仅是达成共识,而更多的是视野的拓展、精神的会通、人格的交流。理解不仅是接纳,而且更多的是心胸的宽容与豁达、思想的广博与精深。对话是一种精神,它以尊重个人主体性为前提,以达到个性化的创造性理解为目的,它要求对话者应有民主开放的姿态、深厚宽广的胸怀以及独立多元的价值观。所以在运用互动性的教学方法时,要时刻注意以对话的理念来统领教学。

5. 生成性教学关注教学过程的附加价值

教学的附加价值主要是指教学中意外事件给学生带来的发展价值。在传统教学中，人们多半认为，意外事件的出现只能损害教学过程和学生的发展。但由于生成性教学将教学意外当作必然，所以对意外事件的价值的利用也理所当然。教学中意外事件的价值相当于教育人类学中的非连续性事件的价值。在教育人类学中，非连续性事件主要有威胁生命的重大危机、突发的对新的更高级生活的向往、使人摆脱无所事事状态的号召和告诫，以及对今后起决定作用的遭遇等。当然，我们不敢说教学中的意外事件对学生的发展具有决定性意义，也不能说所有的教学意外事件对学生的发展都具有积极价值，但我们不能否认它在教学过程中必然会出现，也不能否认正确地处理这类事件对学生的发展具有重大的价值。很多调皮学生的成长转向都是教师正确处理意外事件导致的结果。这种由教学的意外事件带来的价值便是教学的附加价值。之所以是"附加"的，一是因为它是由意外事件带来的，二是因为它处在传统教学价值规划之外。虽曰"附加价值"，但其功效未必比正规价值小。所以生成性教学不仅应关注正规价值，也应关注附加价值，更应开发教学的附加价值。

五、我国新课程改革背景下课堂教学现象的教学理念分析

我国于 2001 年开始正式实施了新中国成立以来第八次基础教育课程改革，颁发了《基础教育课程改革纲要（试行）》等一系列政策文件，初步构建了符合时代要求、具有中国特色的基础教育课程体系。新课程关注学生作为"整体的人"的发展，主张统整学生的生活世界与科学世界，寻求学生主体对知识的建构，倡导创建富有个性的学校文化，在教学中"主张教学与课程整合，强调互动的师生关系，强调构建素质教育课程教学目标体系，强调构建充满生命力的课堂教学运行体系，倡导转变学生的学习方式"。在此背景下，基础教育课堂教学发生着持续的变化，新的教学理念与教学行为应运而生。

在新课程理念的引导下，不论是普通教育还是职业教育，都在积极探索课堂教学的改革，出现了很多新的气象。但是，当我们深入到每一堂课的教学中时，就会从很多现象、细节中发现在教学理念这个哲学层

次上的欠缺,而且这种欠缺如果得不到及时纠正和弥补,就会越来越严重地消解教师改革课堂教学的热情和效果,甚至把教师拉回到原来的教学状态。以下试举几例说明。

【案例1】"剩下的时间"

如果我们留心,会发现下面这样一种现象。

一节课即将结束,设计的教学任务已经完成,还有几分钟的时间才下课,教师会这样说:"还剩下几分钟,同学们自己看看书。"或者说:"剩下的时间同学们自己看看书。"

我们来反思一下这"剩下的时间"。

是谁剩下的?当然是教师。教师要教的内容教完后剩下的几分钟便给了学生,让他们在仅剩的几分钟里看看书。可问题是,学生应该是课堂学习的主体,这么说来,学生岂不成了课堂的配角?教师的教育理念便从这小小的细节中暴露无遗:课堂是教师讲的地方,而不是学生学的地方。

"剩下"是什么意思呢?那应该是多出的、多余的、计划之外的、可以随意处理的、可以不用精心设计和利用的。所以才会有"自己看看书",没有明确的学习要求。如果真正树立了教学生学的教学理念,时间还会剩下吗?这仍然是教师观念的问题:缺乏教学生学的意识。

我们常说"教学,教学,就是教学生学",学是目的,教是手段。可是,很多教师仍然没有在本质上理解教学的内涵,学生的学仍然没有被放在根本目的位置上,而是教的附属品。作为一名教师,如果不从意识形态的高度树立教学生学的理念,那么,他的课堂教学改革必然只是细节的、局部的、暂时的。

由此,还可以联系到教师课堂教学中的一些其他的常见话语,如:

——给我背过。

——上一节课我们讲了……

——这节课的内容讲完了……

——这节课同学们配合得很好。

……

在这里,任务是教师完成的,课是用来讲的,学生是配合教师而存在的。问题都出在教师的观念意识上。现象反映的是本质:没有学生主体的意识,没有学生学这个根本目的。因此,树立正确的观念意识,以一定的教育理念作为指导,是我们搞好课堂教学改革的前提。否则,学得到表象,学不来实质,新课程改革也不可能真正在课堂中得到落实。

【案例2】 虚饰的教学环节

一堂课,是由大大小小的教学环节组成的,而每一个教学环节都是用来落实和达成教学目标的,因此,每一个教学环节必须具有真正的教学意义。下面是两位教师在人教版《语文》高一上册《一碗清汤荞麦面》中的教学实录。

实录一

教师:在母亲身上,有哪些值得我们学习的优秀品质呢?请同学们结合课文中的细节描写讨论一下。

(学生讨论后)教师:讨论好了吗?同学们一起说。

学生齐答:勇敢、坚强、慈爱、坚韧、善良、自强不息、温柔细腻。

实录二

教师:为什么每次吃面都是母子三人?下面我们分角色朗读第三次吃面的情景,然后回答问题。

学生分角色朗读。

教师:爸爸为什么没来?他们为何如此困难?母子三人之间感情怎样?下面就这些问题分组讨论。

从教学环节的设计看,这两段实录中都有问题引导,有分组,有讨论,有回答,看上去都是学生活动很充分的教学环节。问题在哪里呢?第一段实录中,对于一个开放性的问题,学生的回答竟然是异口同声。不用说,上课之前,教师把问题和答案都给了学生,实际上课中只是走了走形式。第二段实录中,引导学生讨论探究的问题看上去很丰富,但这些问题都不具备思维价值,没必要就此展开分组讨论。因此,这里的教学环节看似以学生为主体,充分体现学生的自主学习,实际却是有过程,有环节,但却不具备实质的教学意义。类似的现象大量存在于课堂中。

如教师布置给学生一个学习活动,却没有对学生提出明确的要求和任务。例如:"下面同学们自己读课文。"读哪几段?朗读还是默读?读几遍?读多长时间?读的时候要思考什么问题?读完之后要完成怎样的任务?对任务完成的要求与标准是什么?对于这些问题,教师没有明确的要求和规定,因此,学生的读书活动就没有明确目标和任务,也就不会有好的效果。

再如教师给学生提出了问题和要求,但是在学生完成规定的教学活动(如看书、看视频资料、分组讨论等)之后,教师却没有提问、检查和落实。如果这样,那就说明教师设计的问题和提出的要求仅仅是虚饰的形式,不是用来引导学生学的,而仅仅是自己教的一种方式。

所有这些现象,都体现了教师教学理念的欠缺,没有真正把学生的学作为教学的根本目的。这样设计出来的教学环节是服从于教师的教的,对于学生的学却往往是低效甚至是无效的。古人论及教师对学生的作用时说,"不在全盘授予,而在相机诱导"。认识到这一点的教师,才能成为真正的善教者,课堂才能真正成为学生学习的场所。

【案例3】 "累赘"的多媒体

随着信息技术的迅速发展,多媒体在课堂教学中的应用越来越广泛,它已成为课堂教学中不可或缺的一个要素。作为一种新的教学媒体和手段,在尝试应用的时期自然免不了会有各种各样的问题。

例如,在教学《一碗清汤荞麦面》时,教师先引导学生分析了母子三人的形象,然后从老板夫妇身上感受当时的社会环境,并引导学生学习老板夫妇的职业道德和职业精神。这时,教师说:"下面我们来播放一首歌曲,歌曲的名字叫《北国之春》,让我们在歌声中和文中人物一起体会母子三人走出困境后的喜悦之情。"播放的时候,教师还打着拍子说:"会唱的同学和我一起唱。"结果,学生都不会唱,教师唱了几句之后也放弃了。播放到歌曲的第二节,教师关掉了播放器,说:"因为时间的关系,我们就听到这里。"

先不说教师要求的"和文中人物一起体会母子三人走出困境后的喜悦之情"到底是什么意思,但就多媒体的运用而言,就存在两个问题。一是内容的选择上,《北国之春》和《一碗清汤荞麦面》中母子三人的成功没有什么相通之处,既然与教学内容无关,就是游离在教学内容之外的累赘多余的东西。二是因为时间的关系中途停止了歌曲的播放,既然能中途放弃,就不是教学中必不可少的东西,可见这个教学环节不具备实际的教学意义。这两种现象,本质上反映的依然是教师的教学理念问题,是一种典型的弃"学"留"教"。

多媒体是用来辅助教学的。既然如此,使用的时候就首先应该具备这样的理念:多媒体作为一种教学手段,选择和使用的依据只能是看能否辅助和促进学生的学习,应该有用才用,无关的不用,当用则用,不当用不用,而不应该是为了其他的原因拿来做样子。

所有这些现象,归根结底,都是因为没有参透多媒体在课堂中应用的实质:为什么用？达到怎样的效果？怎样用？如果没有正确的理念,教学中的运用就会出现偏差,不但不能辅助教学,反而会分散学生的注意力,浪费教学时间,偏离教学内容,消减教学效果。正因为多媒体的使用中存在的这一系列的问题,有的人就认为用多媒体就是搞形式,是不务实的表现。使用多媒体和务实是两个概念。不用多媒体不等于务实,用了不等于是搞形式,关键要看使用多媒体后起到的效果。例如,补放课件的现象。按理,课件的使用必须与教师的教、学生的学同步,不能各行其是,否则课件就是多余的。出现这种情况,不管是什么原因,都说明一个问题,就是课件没有有机地成为课堂教学的一部分,而是游离在教学之外。板子不能打在多媒体身上,而是使用的人应该反省。

当然,这其中也存在一个使用不熟练的问题。如果教师对多媒体操作的技术不熟练,课件的使用就成为教师教学过程中的一个负担。这时,教师的注意力就会集中在课件的技术操作上,反而影响自己的注意力分配,被多媒体所束缚。因此,只有对多媒体的使用操作熟练到如同一个中国人使用筷子一样,多媒体才成为得心应手的工具,否则,再好的课件也只能成为一种累赘和负担。

钱理群教授曾经说过:"在人类的教育体系中,哲学本来是一个最基本的东西,它是引导人们怎样认识世界、认识人类,怎样跟人类有史以来的文化精神财富沟通的知识。"又说:"对语文教材及教学方法的批评,必须以特定的教育理念作为支持。"的确,课堂教学改革首先要从理念开始。只有让先进的教育教学理念扎根于教师的精神血液中,才会滋养出充满生命力的课堂教学之花。

六、教学理念向教学行为的转化

教学理念是教学行为的先导,教师的教学行为是受教学观念支配的。在教学活动中,教师往往根据其观念做出一定的判断和决策,并进而落实到具体教学行为上,通过行为和观念的一致来影响教学效果。但是,在教学实践中可以看到,许多先进的课程教学理念并未顺利地转化为教师们的教学行为。这启示人们,教学理念与教学行为之间是有差异的,教学理念向教学行为的转化不是一件顺理成章的事情。

有研究者认为:教学理念与教学行为之间"不是一对一的直接转化关系,它们相互转化的过程必须经过非常复杂的中介环节和因素,而这种复杂关系的形成是由教学理论的分类和教学能力的分层所决定的"。从二者之间的关系分析入手,可以进一步探讨教学理念向教学能力的转化所需要的条件和途径。

在我国新课程改革背景下,也有研究者根据已有相关研究,归纳了影响教学理念向教学行为转化的主要因素,以及转化的过程、路径与策略,进而提出对这一课题的思考与展望。

还有研究者就"教学理念与教学行为的有效对接"问题,从理念的内化、教学实践、教学反思以及理念与行为之间的纠偏等四个方面分析了教学理念向教学行为转化的具体策略。以下从影响因素和转化策略两个方面加以介绍。

(一)教学理念向教学行为转化的影响因素

教学理念难以转化为教学行为是由多种因素造成的。按照普遍性和差异性,影响教学理念向教学行为转化的因素可以分为共性因素和个性因素。所谓共性因素,是指对所有教师都会产生影响,并且教师个体难以改变的外在因素,如社会环境、文化传统、外部评价、生活状态等;所谓个性因素,是指直接制约教学观念向教学行为转变的教师个体所具有的个性特征,如改革意识、教学习惯、教学思维、教学经验等。

按照存在样态,影响教学理念向教学行为转化的因素可分为外部因素和内部因素。

外部因素主要有以下几个方面。① 教师培训不力。近年来的教师培训存在针对性不强、形式单一的倾向。不少地区的教师培训一般是听专家报告或下发相关材料，组织参培教师阅读相关文章，然后做试卷、写反思。参培教师主要是从学习材料中寻找答案，或上网下载相关文章当作自己的反思文章。② 校外支持不足。新课程改革作为一项复杂的教育活动，其顺利实施必须获得校外专家学者的支持。实际上，专家学者都有自己的工作，很难深入中小学一线指导教师的行为转变，大多是做一场报告，阐释理念和原则，难以产生实质性影响。③ 评价改革滞后。评价改革尤其是考试改革是落实课程改革的重要配套措施。社会与上级教育行政部门如何评价学校，学校如何评价教师，教师如何评价学生，都制约着课程改革政策落实的程度。在"升学率至上"的今天，教师干得再好，只要考试成绩上不去就一票否决，如此，教师不会有太大心思和精力去琢磨教学行为的转变。④ 教师压力过大。新课程倡导对话教学、活动教学、自主探究式教学等教学方式，忽略了这些教学方式一般适用于小班化教学，在较大班级中采用这些方式势必会增加教师的备课时间，消耗教师更多精力，最重要的是未必真正有效。此外，教师尤其是农村教师的收入偏低，这也在一定程度上影响了教师参与课程改革的积极性。⑤ 文化氛围的影响。历次课程改革实践表明，教师的教学行为受其所处文化氛围的影响。在一个因循守旧、各行其是、惯于安逸、缺乏进取的文化氛围中，教师的教学态度和教学行为很容易被环境所同化，习惯于日复一日地重复相同的劳作，对教学实践不作纵向与横向的比较分析，缺乏改革意识、批判精神和反思行为。

内部因素主要有以下几个方面。① 传统观念的影响。传统观念根深蒂固的教师通常认为，教育是"百年树人"的事业，教育改革只能成功，不能失败。要想在教学领域搞改革、出成绩，最稳妥的做法就是向专家学习，向权威学习，专家权威就是标准，就是真理，因此，不敢超越权威、超越经验而挑战自我。② 思维定式的影响。思维定式是一把"双刃剑"，它可以促进问题的解决，但也会妨碍问题的顺利解决或影响问题解决的质量。具有一定工作经历的教师大都难以摆脱思维定式的影响,在教学实践中时常会不由自主地依循常规,故步自封,思维程式化。③ 教师学习观的影响。要不断实现教学理念向教学行为的转化,教师的学习观必须与时俱进,只有在不断的理论学习中,才能为新的教学行为的生成提供背景知识和能力支持。而不注重学习尤其不把学习当作职业习惯的教师,就不会有源头活水,表现为要么不思进取,得过且过,要么被动学习,难以生效。

(二)教学理念向教学行为的转化策略

1. 教学理念的内化——教学理念与教学行为有效对接的契机

教师所接受的教育观念是否能被教师真正理解并内化为其深层次的教学理念,是实现教学理念与行为有效对接的基本保障。教师对教学理念的内化需经历了解—理解—认同—内化的过程。起初,教师可能通过学习或他人讲解接触到一些教学理念,此阶段这些理念在教师的脑海中是零散的、模糊的,表现为一些孤立的名称或概念。教师对这些教学理念仅仅停留在了解的层面上,对教师实际的教学行为不会产生太大的直接影响。在此基础上通过进一步的学习与实践这些教学理念能够逐渐被教师理解与认同,此时教师对教学理念会有一个关于正确性、适用性的初步价值判断,这种判断与教师的内隐学习所获得的经验、教师专业知识以及教师的实践经验、教学效果和教学感悟等密切相关。有了初步的价值判断,教师在教学实践中会把那些他们认为有价值的观念潜移默化地运用到教育实践中去,并通过教育活动的开展不断调整教学理念的适用性,从而将适宜的教学理念逐渐内化到自身的理论体系中,成为教师内心真正信仰并会在其教育教学实践中使用和表现出来的实践性理论。教师只有把最初间接获得的教学理念最终内化为自身的实践性理论才能有效地发挥教学理念对教学行为的指导作用,才可能实现理念与行为的有效对接。

2. 寓教学理念于教学实践之中——教学理念与教学行为有效对接的桥梁

教师对教学理念的认同与内化仅仅是实现教学理念与教学行为对接的第一步,教师只有把内化了的教学理念自觉地、经常地运用到教学实践中去,才算实现了理念与行为的碰撞。教师把教学理念引入教学实践一般有两个途径。

(1) 通过学习、参照、模仿优秀教师对先进教学理念的运用来提高自己把握教学理念的能力和水平。一般而言,一种先进的、成熟的教学模式、策略、方法、技术,最先都是由极少数优秀的教师依据先进的教学理念,在实践中不断摸索、总结出来的。因而教师在接触到新的教学理念时,除了要积极地学习理念,本身还应当多关注其他教师特别是一些优秀教师在运用这些理念指导实践的过程中积累的经验以及已经获得的相对成熟有效的成果。教师可以从中获得启发,从而更好地解读、驾驭教学理念,改善教学活动。此外,系统的培训也是教师学习他人经验的重要途径。培训可以为教师输送信息与能量,教师积极参加培训一方面可以通过系统的学习帮助自身更快更准确地解读教学理念,另一方面培训也为教师之间的交流、切磋提供了一个有效的平台。通过与其他教师的交流有助于教师了解自身在对理念理解方面可能存在的偏差,在理念向行为转化的过程中可能存在的困难以及如何创设有效转化的条件等问题,从而为教师实现教学理念与教学行为的有效对接提供心理上的支持,认识上的深化,行为上的指导。

(2) 教师亲身体验、创造。优秀教师的先进经验是宝贵的财富,是教师必须学习与借鉴的,但每个教师面对的学生群体、教学环境不同,教师自身的教学风格、背景知识、教学感悟也都存在着差异,因而单纯依靠模仿、学习他人的经验是不够的,教师还必须根据自身的背景知识以及面对的具体学生客体进行亲身创造,以便把适宜自身的教学理念以适当的方式融入到日常教学之中,使之对教学活动发挥日益贴合的指导作用。教师对教学理念的运用主要体现在教学手段、教学形式、教学内容等方面。先进的教学理念往往与先进的技术密不可分。新课程改革中就明确提出要大力推进信息技术在教学过程中的普遍应用,促进信息技术与学科课程的整合,逐步实现教学内容的呈现方式、学生的学习方式、教师的教学方式和师生互动方式的变革,充分发挥信息技术的优势,为学生的学习和发展提供丰富多彩的教育环境和有力的学习工具。因而教师尽可能地选择一些与课堂教学内容相匹配的教学手段可以使课堂情境的真实性、趣味性、形象性得到提高,从而更好地激发和调动学生学习的积极性、参与性,这也是与新课程理念相呼应的,是教学理念与教学行为对接的体现。教学形式方面,教师应该在课堂教学活动中采用一些新颖的、有活力的教学组织形式,转变传统的、单一的"填鸭式"教学模式,如合作学习、探究式学习都是新课程改革倡导的学习方式,将这些理念融入课堂之中有利于创设能引导学生主动参与的教育环境,激发学生的学习积极性,同时也会收到事半功倍的教学效果。当然教学组织形式的选择必须与教学内容相适宜,教学内容是课堂的主旨内容,教师在备课、上课,以及课后作业各个环节都应该关注如何使教学内容符合课程标准的要求,体现学生身心发展的特点。教学内容的组织应多样、生动,有利于学生探究。如多设计一些有利于发挥学生积极主动性的问题,教学内容注意联系实际,关注学科知识间的融会贯通,注重培养学生的自主学习能力等。

3. 不断反思——教学理念与教学行为有效对接的助力器

教师在教学实践中不断尝试新的教学理念的应用,难免会碰到这样那样的问题,同时也会体验到成功的喜悦,无论是挫折还是成功,教师都需要对其进行反思以求取得更大的进步。美国著名学者Posner提出的教师成长公式"成长=经验+反思"正是强调了教学反思的重要性。教师可以通过自身、学生以及听课评课等多角度多途径对教学活动进行反思。伴随着一种新的教学理念的试用,教师需要经常问自己教学理念与具体的教学实践是否符合,运用方式、尺度是否恰当,结果是否满意等一系列的问题,并通过教后日记、反思日记等形式加以分析总结,最终对自身的教学形成有价值的系统的反思。此外,学生作为教学实践的客体对教学有着自己独到的见解,他们从自己的实际需要、兴趣出发,对教学方法、教学内容、教学活动等作出评价,使教师不仅能够更清楚地认识到自己教学上的优点和不足,而且能够更深入地了解学生的真实感受和需要,以便及时调整自己的教学方法和策略。教师之间经常相互听课和评课也是教师提高自身教学水平的一条重要途径。通过听其他教师的课不仅可以学习到他们好的教学方法、教学风格和教学经验,而且可以与自己的教学对照并发现自身在教学上存在的问题。评课的过程是深入思考的过程,是认真总结的过程,因而聪敏的教师应该认真听取他人对自己课的评价,借助他人的视角来更好地对自己的教学进行反思。

4. 纠偏——教学理念与教学行为有效对接的融合剂

一种新的教学理念要想真真切切地落实到教师的每一个教学行为上，融入师生学习的每一项活动，除了要求教师将教学理念内化到自己的理论体系中，并在教学实践中加以尝试外，还需要教师在反思自己的教学活动后，不断调整教学理念与教学行为的贴合度，以最终实现理念与行为的有效对接。教学实践具有一个完整的"目标—手段—效果"的结构，那么检验教学理念是否与教学实践相贴合也要从教学目标、教学手段、教学效果三方面进行考核。教学理念只有符合教学目标才能保证教学活动顺利有效地进行，所以教师必须适时调整教学理念与教学目标之间的吻合度，使教学理念寓于教学目标之中，通过教学目标体现教学理念。教师为了实现教学目标必须采用具体的教学手段，这就牵扯到了教学理念的具体操作性问题。教师在教学理念寓于教学实践之后，必须反思教学理念在具体操作过程中是否与大的教育环境相适宜，是否满足了学生的情感与需求，是否得到了切实有效的运用。最后，教学行为结束后，必然会产生实际的教学效果，教师可以从教学效果出发回顾整个教学过程，从中调整教学理念与教学行为对接的有效性。

任何一种关于教学的理念的设想，最终都要靠教师在教学实践中去实现，因而教学理念应来自于教学实践并最终回到教学实践中去，不断接受教学实践的检验，并在内化—实践—反思—纠偏—实践的循环系统中不断实现与教学实践的有效对接，从而推进教育教学活动的改革与发展。

参考文献

[1] 刘庆昌. 论教学理念及其形成. 山西大学学报(哲学社会科学版), 2010(6).

[2] 段作章. 教学理念的内涵与特点探析. 教育导刊, 2011(11).

[3] 段作章, 卢艳春. 教学理念向教学行为转化机制研究：进展与趋势. 教育理论与实践, 2012(7).

[4] 洪明, 许明. 当代西方教学理念的格局与趋势. 国外社会科学, 2003(3).

[5] 罗迪江, 黄木健. 教学理念的哲学渊源. 教学与管理, 2009(7).

[6] 崔允漷.有效教学:理念与策略.人民教育,2001(6).

[7] 廖青.对话教学的真实意蕴:一种教学理念.教育学术月刊,2009(10).

[8] 熊川武.论反思性教学.教育研究,2002(7).

[9] 钟志贤,徐洪建.建构主义教学思想揽要.中国电化教育,2000(2).

[10] 李方.后现代教学理念探微.教育研究,2004(11).

[11] 罗祖兵.生成性教学及其基本理念.课程·教材·教法,2006(10).

[12] 牟海珍.几种课堂教学现象的教学理念分析.教学与管理,2009(11).

[13] 蔡宝来,王会亭.教学理论与教学能力:关系、转化条件与途径.上海师范大学学报(哲学社会科学版),2012(1).

[14] 田业茹.教学理念与教学行为的有效对接.现代教育科学·普教研究,2011(2).

第二章 课堂教学学科分析

学科是学校进行课堂教学的基本依据。学科的产生与发展有着悠久的历史,学科发展的历程也是人类文明和文化发展的历程。学科教学是学校教育传承文明与培育新人的主要阵地。通过学科教学,学校不仅传授知识、训练技能,还陶冶心灵、塑造人格。课堂教学必须关注学科价值的最大实现,这有赖于对学科性质的正确认识。本章试图从学科角度来探讨课堂教学:首先通过梳理学科形成与发展的历程分析学科的本质与价值,其次介绍关于学科类型划分的相关观点,再次对当前我国中小学主要学科的学科性质进行探讨,最后就目前学科教学中存在的若干问题试作辨析。

一、从学科的形成与发展看学科本质与价值

(一)学科的形成与发展

根据《辞海》的解释,"学科"这个词包括两个义项。① 学术的分类,指一定科学领域或一门科学的分支。如自然科学中的物理学、生物学;社会科学中的史学、教育学等。② 教学的科目,学校教学内容的基本组成部分。其中,前者是将"学科"理解为科学门类,是对于知识的分类;后者则与学校教育有关,指的是学科教育学中的特定内容领域,或称学科教育。毫无疑问,学科是学科教育的内容与依据,二者相依相伴、浑然一体,但在课堂教学分析的视野中,显然后者才是我们要讨论

的对象。

对于学科教育的研究首先需要从其历史发展的角度来认识其本质。日本学者佐藤正夫在其著作《教学原理》中,对学科或课程的历史做了清晰的梳理,用以说明"今日的学科或课程,是在何种的社会要求,何种的教育学、教学论思想影响之下,以何种形式,形成并发展起来的,借以揭示它的本质"。他将学科形成与发展的历程大致分为十个时期来描述,即:① 传统学科的起源;② 文艺复兴与人文主义课程;③ 人文主义课程的衰落;④ 机械技术、自然科学的引进而导致的课程改造;⑤ 现代人文科课程的出现;⑥ 宗教、道德科的确立与公民科、社会科的出现;⑦ 体育的充实;⑧ 劳作在课程中的新作用与手工科的确立;⑨ 艺术学科(音乐、绘画)的复活;⑩ 今日学科课程论。

从课程的角度看,学科教育形成和发展的轨迹正与课程从无到有发展的轨迹相吻合。根据课程发展的历程,可以将学科的形成与发展分为四个时期来描述:传统学科建立时期、古典课程发展时期、课程近代化时期和课程现代化改革时期。

1. 传统学科的建立

课程形成的历史是比较新的,但构成课程基础的学科本身的历史却是古老的,可以追溯到古希腊罗马时代。更原初的起源则可以上溯到古代东方各国的神职学校和文士学校的学科(读、写、算、宗教仪式、占星术)的诞生。古代罗马的修辞学校设文法、修辞、逻辑学、算术、几何、天文、音乐等学科,这就是中世纪宗教学校里长期占统治地位的"七艺"。在继承这种传统形成起来的近世的学校里,初等教育阶段设宗教、语言、算术,中等教育阶段再加上修辞、文法、几何等,这些就成了基本的学科,即语言学科或数理学科。夸美纽斯等实科主义者倡导的理科、地理、历史一类的实用学科受到重视,是在19世纪后半叶以后。在小学,除了历来的3R's(读、写、算)之外加上了这些实用学科。在中学,除了古典语的学科外,还有近代外国语,再加上理科、地理、历史等作为新的学科开设起来。从这个意义上说,理科、地理、历史一类的学科叫做"附加学科"。18世纪以后的自然科学的发展,以及在此基础上的生产技术的进步,使得图画、劳作、音乐、体操、缝纫一类的技能性学科也同理科、地理、历史一样,被引进学校。这样就产生了第二附加学科。第二附加学科的系统组织受裴斯泰洛齐(J. H. Pestalozzi)的直观教学思想和福禄贝尔(F. W. Frobel)的活动主义教学思想的极大影响。

在我国古代,"诗书礼乐以造士"(《礼记》),"孔子以六艺教人"(《史记》)。汉以后,中经隋唐至宋,"四书"(《论语》《孟子》《大学》《中庸》)"五经"(《诗经》《尚书》《周易》《礼记》《春秋》)成了各级学校的主要的甚至唯一的课程。孔子的"六艺"(礼、乐、射、御、书、数)和"四文"(诗、书、礼、乐)说,是我国古代学校最原初的学科群形成的理论依据。

在西方,柏拉图(Plato)的学科课程论则是"七艺"的理论依据。"七艺"全称"七种自由艺术",是欧洲中世纪早期古希腊、罗马学校中所设立的一般文化课程的称呼。它包括文法、修辞学、逻辑学、算术、几何、天文、音乐。其中,文法、修辞学、逻辑学三科谓之"三艺",属文科课程,其余四科谓之"四艺",主要是理科课程。"三艺"不仅有助于学生掌握在公众面前进行雄辩的技术,而且也是提高儿童智力的有效手段。"四艺"中尤其注重算术、几何。数学不仅具有实用价值,而且是启迪智力的有效学科。天文是当时代表自然科学的唯一学科。然而,"四艺"的科学价值在古希腊的教育观中并未受到高度评价。直到16、17世纪,自然科学及其教学,在课程中还一直处于次要的地位。中世纪以后,"七艺"的内容不断得到丰富、发展,构成其内容的学科在不同时期是不尽相同的,重点学科也有所变化。

学科的形成与不同历史阶段、不同社会的教育目的密不可分。我国古代以儒家文化为核心的教育体系主张培养"士"(统治阶层),西方古希腊罗马时期则重视培养"哲人王""政治家""辩手"(强调学科哲学价值),由此而形成了东西方学科体系之间的差异。

2. 古典课程的发展

智育、体育、美育、德育四者均衡的课程的出现,是在14—16世纪的文艺复兴时代。

作为智力学科,依然是"三艺"占优先地位。在"三艺"中,文法又凌驾于逻辑学、修辞学之上,认为文法是逻辑学和修辞学的基础,而"四艺"的地位比希腊时代还要低。在文艺复兴的鼎盛期,以拉丁语、希腊语为中心的人文主义课程受到高度评价。但在文艺复兴以后,这种状况逐渐发生了变化。

直至19世纪,在课程中占支配地位的传统的人文主义还是胜于现实主义。不过,在德国的弗兰克(A. H. Francke)和黑克尔(J. J. Hecker)创办的"实科学校"和巴泽多(J. B. Basedow)创办的"泛爱学校"的课程中,引进了自然科学的内容。除"四艺"的天文学之外,新设了机械、地理、理科、图画等学科,使用了地球仪、显微镜、圆规一类的教具,尤其在实科学校,开辟了植物园,使用了船体模型、耕作器具、搅乳机等,试图摆脱传统的以教科书为中心的课程模式。

进入19世纪,出现了从功利主义观点出发,将科学引进课程的动向。随着科学技术的发展,文艺复兴时期曾在某种程度上受到轻视的数学,重新在课程中获得了地位。经过产业革命,从19世纪到20世纪,数学在一切学校课程中占有了一定的地位。

19世纪以后,民族主义和民主主义的进展冲决了课程中的古典主义或人文主义的垄断,同时,被称为"近代人文科"的新的学科,诸如现代国语、历史、地理等,被引进课程的倾向显著起来。

现代国语最初并未作为一门独立的学科开设,而仅仅是作为教学用语使用的。到了下一阶段,现代国语才引进课程。现代国语在课程中占有一定地位,是在民族主义勃兴的19世纪以后。19世纪之前,拉丁语在课程中占有牢固的地位,尤其是在基督教会和神圣罗马帝国,拉丁语是作为一般语言通用的。19世纪开始,国家本身被视为社会结合的中心,因而高度评价在各国人民的相互理解上起作用的国语的价值。这样,各国都通过本国语,让儿童学习国民文学、国民音乐、国民习俗,在发扬民族主义精神的同时,努力培养爱国精神。

同发扬爱国精神紧密相关的课程是历史。在19世纪,历史还是仅限于通过希腊、罗马的文学来学的。一般的历史尚未在课程中取得独立的地位。直到19世纪后半叶,基于民族主义和民主主义的强烈要求,历史脱离文学后才在课程中占有了独立的地位。赫尔巴特认为,历史和文学是人类知识的主要源泉,是同自然科学知识一起构成课程的基干的。

在法国大革命时期,尝试把公民生活的问题纳入课程,即把"伦理、道德"作为一门学科来设置。在美国,从19世纪到20世纪初,则在课程中设置了"公民科",但其内容仅限于行政组织的分析。公民科成为直接联系公民生活的学科,是第一次世界大战以后的事。

进入航海时代,在课程中出现了"地理"。早期的地理,不过是揭示土地的所在,说明疆域罢了。随着19世纪民族主义和工业化色彩的浓厚,地理也带有了研究人类生活与自然环境相关的人文地理的性质。这样,地理作为"近代人文科",在课程中获得了它的地位。

体育这门学科的形成,受到卢梭教育思想的巨大影响。卢梭汲取洛克(John Locke)的思想,强调锻炼身体的重要性。巴泽多的泛爱学校率先实践了卢梭的体育思想。德国的古兹穆茨(J. C. F. Gutsmuths)及其后继者则以赛跑、跳高跳远、攀登等由卢梭倡导的运动为中心,整顿了"体操"这门学科的内容。不同于古兹穆茨的自然主义观点,而以爱国主义观点倡导体育的是德国体育家杨(L. Jahn)。为了增强被拿破仑击败的普鲁士国民的体力,他鼓吹在校外锻炼的少年体操。在他看来,提高身体的适应力同提高国民的适应力是一回事。另外,杨主要着眼于发展人的自然能力而倡导体操,这一点不同于洛克的强健体魄的体育思想。民族主义、民主主义和产业革命的社会力量,把文艺复兴以来的传统的人文主义课程变革成了19—20世纪的近代课程。

进入19世纪,在学校课程中,艺术学科重新引起了人们的关注。19世纪初期的民族主义是以对于民谣的兴趣为基础培育起来的,在学校中唱民谣,被认为是提高爱国精神的有力手段。工业化促使学校的课程恢复了唱歌、图画一类的艺术学科。与此截然不同,从卢梭的浪漫主义的观点出发,出现了以音乐和美术作为发展儿童自发性冲动的重要渠道的倾向。把发展儿童与生俱来的能源视为教育本义的裴斯泰洛齐和福禄贝尔,就是这种倾向的代表。通过这些人的努力,艺术学科逐渐在课程中扎根。到了19世纪末,在美术工艺运动的影响下,图画超脱了象征主义与形式主义,发展为创作性的图画教育。进入20世纪,美国的新教育运动推进了课程中的创造性学科,同艺术制作并驾齐驱的艺术鉴赏,也成了课程的构成要素。与此同时,历来以唱歌为中心的音乐,同舞蹈、器乐结合起来了。

3. 课程近代化的新阶段

文艺复兴以来至19—20世纪是课程近代化的第一个阶段,近代课程的基本体系在这一阶段得以形成。课程近代化的第二个阶段,则是从20世纪初至30年代世界性的课程改造运动。

这个运动从变革传统的学校观——把学校视为各种知识、技能的授受机构——出发,探索并实践了新型的课程,这种课程要求同儿童的心理特征和社会要求相适应。德国的合科教学和美国的核心课程都是这种课程的代表。此外,在20世纪10年代末的美国形成的"课外活动"的概念,是这个时期课程改造的重要特色。进入20年代,在学科课程与课外课程相统一的基础上形成了崭新类型的课程。

可以说,美国在20世纪前半叶,学科课程是沿着统整的方向迈进的。从课程发展的谱系说,这是以杜威的经验主义为代表的学习者中心——生活学习的课程模式。与之相对立的则是教材中心——系统学习课程模式,它表现为要素主义,如苏联教育学强调的科学系统性的教学内容论,战后美国的从科学主义教育的观点出发的新课程。

4. 课程的现代化改革

从20世纪50年代末开始至60年代,出现了源于美国的理科课程改造的世界性的教育改革运动,它表现为两大潮流。

一是改革学校制度,以便最大限度地发掘尽可能多的儿童的智慧潜力,如增设学校,保障儿童具有起码的基础学力。另外,适应科技革命的要求,开设诸如工业课程、商业课程一类的多样化的职业课程。不过问题在于,通过这些课程所掌握的技术,实际上在学生就业之前就已经陈腐了。自动化时代需要学生毕业之后的再训练,从这个意义上说,在学校教育中开设适应毕业后的新状况的变化的课程,愈益受到重视。传统意义上的技术教育,逐渐丧失了它的意义,而普通技术教育乃至普通教育本身,得到了强调。因此,今后的学校教育,可以说已经不是业已存在的知识与技术的授受,而是要求进行"现在不存在的知识与技术的学习和教育"。这样就强调了学校教育与社会教育的统一,普通教育与职业教育的统一,专业教育与教养教育的统一,从而确立起统一的学校教育、社会教育、在职教育的新的教育体制,或者说确立"终身教育"的战略,便势在必行了。

二是改革课程,改变传统的课程模式,把现代的科学、技术、文化的成果更完整地、及时地反映在学科结构之中。将科学的新成果纳入传统学科体系，这是一直在做的工作。问题是像历来所做的那样，作局部性的改良，还是必须进行彻底的改造？在课程现代化的讨论中，也表现为这样两种观点：其一，压缩科学的古老层部分的内容，加强"新生层"，充实学科内容；其二，根本地改造学科课程，从学校教育的最初阶段开始，就要在教材中引进儿童也能理解的同现代科学息息相关的一般原理和思想。

20世纪60年代的世界性课程改革，不是一门学科，也不是仅限于一个国家的特殊问题，而是以科学技术的前所未有的发展为其特征的20世纪后半叶的教育改革的中心课题之一。时至今日，当今世界课程发展的方向也预示着学科教育的未来发展方向，包括课程的统整与开放、课程的国际化、课程的信息化，以及课程的综合化。

我国当前的基础教育课程与学科教学也同样反映出这样的发展方向。在课程改革的背景下，我国基础教育课程结构与形式的变革有着四种不同的思路。① 以学生素养的发展目标为依据。如上海格致中学依托"文化科学类、公民人格类、身心意志类、创意技艺类"课程体系，搭建了学生成长的"金字塔"；上海建平中学侧重于自立精神、共生意识、科学态度、人文情怀、领袖气质和兴趣特长的培养，确定了"心理健康和主体发展、艺术审美和休闲健身、人与自然和社会、科学知识和科学技能、中华文化、西方文化、社会实践、学科竞赛"八个学习领域，使课程服务于本校的培养目标。同时，这种模块课程的形式也开始渗透于学科课程，如上海建平中学的数学学科课程即包含了数学大师系列、数学实践与探究系列、数学文化系列。② 按照课程的价值功能进行划分。各类课程的功能应是综合而又各有侧重的，如基础型课程重在学生的全面发展与价值观的同质性生成；拓展型课程重在科学与人文素养的和谐发展；研究型课程重在进一步促进学生个性化发展。循此思路，华南师大附中将全部课程划分为"学科基础类、个性特长类、能力拓展类、实践体验类、开阔视野类"五类课程，并建立了"数学与自然科学、人文与社会科学、体育与艺术、社会实践"四个基本模块。③ 按照学习领域知识的整合进行重构。如北京中关村一小构建了包括"科技类、艺术类、体育类、社会实践类"等四类课程的校本课程体系。这是一个实现学科间整合、搭建"学科群"的思路。④ 基于对学校办学特色的体现,重组和改造国家课程。课程结构与形式的变革,促使我们从观念与行为层面,建立以强调人的发展、人的现实生活和实践,以及人的自主性和创造性为特征的新的课程价值取向。

(二) 学科的本质与价值

1. 学科的本质

什么是学科的本质?学科的本质是学科所固有的属性,它是所有学科所具有的共同特点。在这一认识背景下,研究者对学科的本质做了如下描述。

"学科是主体为了教育或发展需要,通过自身认知结构与客体结构(包括原结构和次级结构)的互动而形成的一种具有一定知识范畴的逻辑体系。这一定义抓住了学科的三个根本特征,即学科产生和发展的根本动力是为了满足人自身教育或发展的需要;学科产生发展的途径是主体的需要和认知结构与客体结构间的互动,一方面,主体用自身的尺度作用于客体,即对原客体进行分门别类的研究,或从已有的科学知识选取一定的知识,另一方面,客体又以自身的尺度去规范主体的作用,从而使主客体达到相对统一;学科的呈现方式是由一定知识范畴所组成的逻辑体系。这一定义可以适应一切学科,因为不同的学科总是主体在不同的需要的基础上通过自身不同的认知结构与客体结构的互动而产生的一种知识范畴的逻辑体系。"

进一步说,"学科是知识形态、活动形态和组织形态的统一体,是主体为了教育或发展的需要,通过自身认知结构与客体结构的互动而形成的一种既有利于知识的传授又有利于知识创新的组织体系。学科的知识形态是学科的核心,学科的活动形态是学科的基础,学科的组织形态是学科的表现形式,学科的活动形态和组织形态是与学科的知识形态这一本质属性有联系的非本质属性"。

具体到学校情境中,当我们用这样的观点来审视学校课程结构和学科教学形态时,对学科本质问题的认识便清晰起来。从学科产生与发展的历程来看,学科正是在社会的政治、生产、文化以及教育发展的推动下而产生和发展起来的,其中,教育与人的发展因素对学校情境中的学科发展起着决定性影响。在学校的课程教学体系中,课程体系的设置、学科内容的选择、教学活动的形态以及教学组织的形式必须与社会和学生的发展需求相适应。

无论对于一切学科还是不同学科而言,关于学科本质的认识都是至关重要的,这一点对于当前的课堂教学研究的意义尤为深刻。正如裴娣娜教授所言:"学科性质是研究课程建设首要的、奠基性的问题,是学科改革的逻辑起点。为了防止课程建设中的偏差,我们必须重新回到原点,回到学科,回到对'什么是数学''什么是语文'等问题的追问上。"

2. 学科的价值

从学科与社会、教育者、管理者和受教育者对学科需要之间的关系出发,学科至少有三个方面的价值。

第一,学科具有系统地创造知识的价值。这种价值表现为,学科有利于科学知识系统地发展。科学知识分化为系统的学科知识本身就是科学知识系统发展的标志,而且学科知识的进一步分化和发展又能促进科学知识的丰富和完善。对于受教育者来说,这一价值有助于他们系统地掌握知识并在一定的知识系统中去创造知识;对于管理者来说,这一价值可以有助于他们利用分科的系统知识进行科学的管理活动;对于社会来说,这一价值主要是有利于社会的进步,因为社会的进步主要是靠知识的增进来实现的。

第二,学科具有系统管理的价值。它表现为,有利于教育者和管理者系统、完整地从事教学管理活动。学科能保证教与学的系统性与完整性依赖于知识的系统性和完整性,以及整个教学工作的系统性和完整性。就前者而言,因为学科是根据科学知识的内在逻辑和教与学的认识逻辑形成的,按照这种逻辑而形成的学科本身就体现了系统性和完整性;至于后者,按学科所组织的教学,能使整个教学工作前后衔接、井然有序、系统完整;对于受教育者来说,学科可以有利于受教育者自我管理,他可以根据自己的需要,选择自己学习和研究的领域。

第三,学科具有全面育人的价值。这是因为,学科知识是人类智慧的结晶,是思想的体现和人格力量的外化。这样一种体现完整人格的知识具有全面育人的价值是毫无疑问的。这种价值对于社会来说,可以利用学科知识来培养自己所需要的人才;对于管理者来说,可以根据运用学科知识来更好地进行管理;对于受教育者来说,可以通过学科知识的学习而成为社会所需要的人。

二、学科类型及其特点

"类"指的是相似元素的集合。学科本身就是一种类的存在,是对具有相似特性的知识的分门别类。在知识的版图上,具有相似特性的知识形成了相对独立的知识"领地",也形成了不同类型的学科。因此,学科分类是伴随着知识的分化与融合而产生并发展起来的,以便于对知识进行保存、生产、传播与应用。显然,知识的分类是学科分类的前提,而学科分类是学科知识形态的存在形式,也是学科知识存在与发展的基本状态。

学科分类古已有之。诞生于春秋时期的六经(《诗》《书》《礼》《乐》《易》《春秋》)是中国传统学科分类的主导方式。而西方社会传统学科分类的主要方式却是成型于古希腊时期,正式确立于古罗马时期的七艺学科(文法、修辞、辩证法、音乐、几何、天文与数学)。前三科共称"三艺",奠定了日后人文学科的基础;而后四科合称"四艺",是现代科学学科的基础。现代意义上的学科分类,则是指18世纪末科学革命以来的学科重新分类以及相应的学科布局。科学革命以后,自然科学与社会科学分别从自然哲学与道德哲学中分化出来,而其他学科则并入人文学科之中。三大学科体系完全替代了传统学科,成为了现代意义上最早的学科分类。而在西方现代学科分类的传入过程中,学科三分对我国学科分类思想的影响也最为深远。在三分法中,人们通常认为社会科学是自然科学与人文科学相互交融所形成的综合性科学。

学科发展到今天,门类日益庞杂,形成了多种分类维度。如按学科产生的时间来划分,有传统学科和新兴学科;按学科的产生方式划分,有综合学科、横向学科、交叉学科、分支学科;按学科的存在样态划分,有当采学科、回采学科、预采学科等;从学科生成的方式划分,可以分为综合学科、横向学科、交叉学科和分支学科。在纵向上,形成了学科分类体系,通常分三个层次设置。以我国1997年颁布的《授予博士、硕士学位和培养研究生的学科、专业目录》为例,研究生学科专业按学科门类、一级学科与二级学科3个层次设置。其中,共设12个学科门类,分别为哲学、经济学、法学、教育学、文学、历史学、理学、工学、农学、医学、军事学与管理学,各学科门类下设一级学科,而一级学科又由若干二级学科构成。

探讨学校教学情境中的学科问题,需要对学科进行适当分类,并归纳出不同类型学科的共同特征。一般认为,基础教育阶段的学科基本包括三大类:人文学科,自然学科,艺术学科。文、理、艺学科在基础教育中呈现出"三足鼎立"的结构关系。这个结构关系不仅体现出知识的建构,也为学科教学在审美层面上搭建了很好的平台。

(一)人文学科的审美内核:激情与思想

在中小学,人文学科是个笼统的概念,主要包括语文、政治、历史、外语等科目。这类学科除教给学生专业知识外,往往还承担着对学生进行思想教育、情感陶冶的任务,是中小学美育的重要途径,更是彰显教育的人文性的重要阵地。

审美教育从某种角度说也就是情感教育。"没有情感,日常生活将是一种毫无生气、缺乏内在价值、缺乏道德意义、空虚乏味而又充满无穷无尽交易的生活。情感过程是个人与社会的交叉点,因为一切个人都必须通过他们在日常生活中感受和体验到的自我感和情感加入他们自己的社会。"情感教育是人文学科教学的主要目标之一,同时也是人文学科教学的优势所在。人文学科的教学材料本身就蕴含着丰富的情感,同时,在人文学科教学过程中,师生双方不可避免会受到教学内容的感染而产生相应的情感,会随着书中的人物、情节等或喜,或哀,或乐,或怒。在很大程度上,人文学科的整个教学过程就是培养学生健康丰富的情感的过程。因此,激情的生成与宣泄理所当然地成为人文学科教学的审美特色。当教师、学生、教学内容这三者的情感高度一致,形成具有相当冲击力的情感场效应时,就是人文学科教学的美好境界实现之时。

空洞虚假的情感是对情感本身的亵渎。丰厚的情感能力是建立在深刻的思想底蕴基础之上的。人文学科教学内容的实质是人类对自身发展的观照与反思所积淀的知识体系。或者说,在人文学科的教学内容中处处闪耀着古往今来先贤们的思想光辉,字里行间也总会透出对人类命运的焦虑与奋斗。人文学科的教学目的也主要是引导学生为人的个性、完整性、历史性而努力,致力于人性的生成、扩展和人性境界的提升,致力于引导学生通过多种途径讨论与反思人生的意义。可以说,这是在性质上人文学科与自然学科迥然不同的地方。作为一种充满思想与个性的人文知识,所期待的是学习者来自内心的疑问和关注,在教学方法上提倡"多元对话",人文知识才会"从无活力的知识变成有活力的知识,才能从专业的知识变成一般的知识,才能从我们记忆的负担变成滋养我们人类脆弱心灵、生命和人性的'维他命'"。

与思想性相呼应,人文学科教学还有一个显著特点:强调个人见解。这里不是指一般所说的个人偏见,而是指教学内容本身含有的主观色彩,比如作者观点、思想、情感等,同时也指教学过程中师生双方在理解人文学科的教学内容时都必然带有的个人观点或感受。这种主观性不仅不可避免,而且应该得到承认甚至加以鼓励。人文学科与自然学科不同,它不应该追求唯一结果,"答案是丰富多彩的"才是人文学科最美的景致。

人文学科教学在知识教学过程中也体现出特殊的美感——知识教学的螺旋性,这也是其区别于自然学科的又一个显著特点。人文学科知识往往具有一定的综合性,所以它要求在知识传授过程中应反复陈述主要的内容因素,在不同层次、各个要点上给学生多次提供训练机会,使知识教学呈螺旋上升的趋势。我们应遵循这一基本特点,不要追求"直线效果"而急于求成;但是,却不能因为有这个特点就认为人文学科教学可以不追求科学的逻辑力度。因为,没有逻辑的教学不可能是美的教学。而目前中小学人文学科在逻辑体系的建构上还相当薄弱,我们在阐述"螺旋性"时应更强调其"螺旋漩涡"的形成和链接,更强调"以点带面"的有序反复,更强调"点教学与延伸教学"的设计与操作效果,从而让学生能有效地理解人文思想、感受人文精神、懂得人文关怀,能真正陶醉在人文世界之中。

(二) 自然学科的审美特质:客观与理智

中小学的自然学科主要包括数学、物理、化学、生物、地理等,这些学科是构成中小学生科学知识体系的核心,是培养学生科学意识和科学精神的摇篮,是引导学生用美的规律去认识自然、探索物质世界奥妙的主要途径。毋庸置疑,自然学科的教学同样具有自身的审美特质。现实中某些数、理、化课堂里人为添加的一些与教学内容不相干的音乐或诗文等表现形式,绝不是自然学科教学本身的美。那种把其他教学的审美因素硬塞进自然学科教学之中的做法是幼稚而肤浅的。

中小学的数、理、化等课程正是揭示宇宙万物基本规律的学科,其中包含的定理或原理等内容都已经系统化和公式化,这种知识所体现的"真"就是科学性的基本含义,也是自然学科所具有的审美特质的基准。科学知识本身既是"真"的成果,也是"美"的结晶,它们往往在深层内容上能够提高学生的审美能力。自然学科反映着客观世界的构成及发展规律,它追求唯一的最准确的可以证明的答案,在自然学科领域容不得半点主观臆断和猜想,也不需要发表个人感受和体会。虽然在某个阶段可以而且应该"异想天开",但必须出示"证明"后方可真正"入场"。可以说,这种客观性正是自然学科的魅力所在。因此,其审美化教学设计与操作应引导学生学会用事实、用数据说话,感受概念、定理、公式、实验等客观规律所蕴含的逻辑力度和简明形式之美,引导学生在对客观世界的发现中体验迎面而来的神秘感、畏惧感、庄严感、神圣感、崇高感,并为之激情澎湃。

人们之所以从事科学研究活动是因为他们从中能感受到更大的满足,这种满足并非以实用为出发点,但追求本身却往往能意外获得实用的功效。整个科学史可以证明,有益于人类的大多数真正伟大的发现,并不是由实用愿望所推动的,而是由满足好奇的愿望所推动的。"当你领悟到一个出色公式时,你得到同听巴赫的乐曲一样的感情,在这两种感觉之间没有任何区别,除去如下一点,要从数学得到满足比起爱好音乐者的欣赏来,必须受到更多的训练。"这就需要教师在讲解科学知识的过程中,让学生体会自然学科教学所要求的客观严谨而形成的独特之美,有意识地培养学生的科学意识和科学精神,让学生体会追求科学规律的艰辛与快乐。

人文学科强调在丰富的情绪基础之上,形成美好的情感和情操。但自然学科则应在意志品质的基础上,重视对学生理智感的培养。"在一种科学、数学和技术气息日益弥漫的文化氛围中,科学素养使公民具有必需的理解能力和思维习惯,使他们能够紧跟世界发展的形势,大致知道自然和社会的运行情况,批判性地和独立地思考,对事件的不同解释加以辨认和权衡并提出协调方案,敏锐地处理那些有关证据、数字、模型、逻辑推理和不确定的问题。"很明显,能否形成科学素养与理智感的强弱紧密相关。所谓理智是指在自然学科的学习中所表现出来的冷静、沉着、不被自己情绪左右的心态,以及正确的认识、理解、思考、决断的能力。理智因素与意志品质直接相关,培养学生这方面的素质是中小学教育的重点也是难点。而目前自然学科的教学还缺乏这方面的自觉意识,在一定程度上影响了中小学生对理智之美的理解和感受,也影响了学生科学素养的形成。自然学科审美化教学设计与操作应抓住契机在点燃学生好奇心的同时设置恰当的难度,让学生体会运用智慧战胜困难、沉着机智解决问题、"跳一跳,摘到桃"的更为内在和深刻的美感。

自然学科的知识教学同样具有其独特的审美价值。就自然学科知识体系及学习自然学科知识的进程而言,它具有相当严密的逻辑程序。在学习时必须沿一定的逻辑线路由易到难逐步增加新的内容,基本上是一步一步的直线推进,这是学习自然学科时必须重视的一个特点。根据这个特点来进行审美化教学,就要着重研究"最佳线路"。也就是说应在教学目标的指引下,根据学生特点,花大力气整理、重组中小学各自然学科的知识体系,以利于选择适合不同学生的不同"捷径",让所有学生都能进入"科学美"的殿堂。正是基于自然学科学习具有的"直线性"特点,其教学过程就应着力创造一个简明和谐的美的境界,培养学生从大千世界纷繁复杂的现象中寻找其内在秩序,在既对立又统一的宇宙万物矛盾运动中感受科学发展的节奏,从而在这种简明和谐的境界中积累审美经验,训练睿智敏达的思维,造就具有洞察宇宙奥秘的智慧与改造物质世界能力的人才。

(三)艺术学科的审美指向:形象与直觉

艺术学科是人文学科的重要组成部分,但因为其特殊的学科价值,使之在基础教育"三足鼎立"的学科结构中获得了独立的地位。可以说,音乐、美术、体育等艺术类学科课程是中小学里最美的领域,这类课程的教学应该是美的集中体现。但是,由于长期以来忽略艺术的教育功能,不仅这类课程的设置在中小学课程体系中处于次要地位,就是这类课程的教学本身也不够注重学生审美能力的培养。因此,即使是艺术学科,其审美化教学依然是一个值得探讨的课题。

艺术家用各种物质材料塑造出丰富多彩的美的形象,给人们带来美丽与欢乐、震撼与思索。艺术学科的内容就是由这些形象和塑造这些形象的手段以及欣赏这些形象的方法等构成的。可以说,没有形象就无所谓艺术,也无所谓艺术学科。严格地说,艺术中的形象应该是一种意象,是一个"完整的、意蕴内在于其中的"感性世界。"'意象'是艺术的本体。不管是艺术创造的目的,艺术欣赏的对象,还是艺术品自身的同一性,都会归结到'意象'上来。对于艺术来说,意象统摄着一切:统摄着作为动机的心理意绪,统摄着作为题材的经验世界,统摄着作为媒介的物质载体,统摄着艺术家和欣赏者的感兴"。可见,意象是艺术本质的决定性因素。因此,作为艺术学科审美化教学的重要原则就是不能丢失了这个"意象",或者说,不能让艺术的本质被非艺术的教学所取代和掩盖。在教学设计与操作中要注意用各种媒体将艺术形象清晰、鲜明、生动地展现在学生面前,要努力使眼前之景与学生的心中之情自由地交流融会,这是艺术学科审美化教学的前提。

"慢慢走,欣赏啊!"每当看到朱光潜先生在《谈美》中的真诚告诫,我们总是会心地微笑。如果把这句话移植到艺术学科教学之中则有更为广泛的意义。首先,应该明白艺术家对社会生活的审美感受、审美理解是通过艺术形象而物态化的,对艺术形象的理解需要审美感知、审美联想和想象才能完成。而且这个"完成"不是一次性的,甚至可能"日观之日日新"。因此,在艺术学科教学中务必给学生足够的欣赏时空,使之"慢慢走,欣赏啊!"此外,对这些艺术作品的欣赏能力也不是天生的,它需要一定的文化背景、专业知识和人生阅历,而且还必须感受大量的艺术精品。在此基础上才能把握艺术欣赏活动的特点,也才能达到艺术欣赏的境界。因此,在对艺术学科教学进行审美化设计与操作时必须处理好知识传授、作品分析、欣赏体味等方面的关系,既不能没有目标地让学生盲目欣赏艺术作品,也不能只强调知识及分析,而忽略和淡化艺术欣赏活动的重要意义。

艺术形象是有血有肉有感情的,它以其形、色、声等直接诉诸人们的视听等审美感官。人们对美的事物通常都凭直觉去体验和感受,这种直觉力是非常重要的,它不仅出现在艺术审美活动的开始,而且贯穿整个活动过程。从某种意义上来说,艺术就是一门感觉的学问。因而培养学生艺术感觉特别是敏锐的直觉力就理所当然地成为艺术学科审美化教学的重头戏,换句话说,如果破坏了学生的审美直觉,艺术教学就是失败的。所谓直觉力实质上是一种审美意会或审美领悟的能力,是审美理解达到一定程度后的快速反应。它是"审美活动中,主体用某种感性的形式,对客体意蕴和审美活动意蕴的直接的整体的把握和领会。它是审美活动的理性因素,渗透在知觉和想象的整个过程中"。因此,重视直觉力的培养并不等于排斥理性在艺术审美中的意义,感性的深化离不开理性的引导,而理性的训练又正是为了使直觉感受到的美更真切、述说起来更生动准确、理解和评价也更全面深刻,从而形成更完整、更丰富、更激荡心灵的审美意象。

艺术欣赏活动必然会激发学生艺术表现和艺术创造的欲望,而任何表现和创造都离不开一定的技能。针对实际情况,适时适当地教给学生艺术方面的专门技术以帮助他们实现艺术表现和创造的愿望,也是艺术学科审美化教学的重要任务。这种技能训练最忌讳变成与审美欣赏无关的枯燥乏味的纯技术的重复。但现实中这种现象却很严重,以至于学生们面对这种可怕训练时,不得不将心中渴望艺术技能的窗口关闭。很明显,能否有效地处理好技能训练与美感体验的关系是艺术学科审美化教学水平高低的主要标志。

三、当前的学科性质与教学

我国中小学课程体系包括九年义务教育和普通高中两个阶段,开设学科包括语文、数学、外语、品德、历史、地理、社会、物理、化学、生物、美术、音乐、体育、信息技术等。在课程设置以及实施层面上,各门课程固有的学科属性是其重要依据。新课程实施以来,教育部陆续出台中小学各学科课程标准,为学科教学提供指导,对于学科性质的规定则是课标的重要组成内容,为各学科教学明确了方向。在以下内容中,将结合中小学各学科课程标准对中小学各学科的课程性质及其教学状况一一加以介绍。应该看到,对于学科性质的探讨仍然是未竟之事,应以发展的眼光来看待。

(一)语文学科性质与教学

《义务教育语文课程标准(2011年版)》指出:"语文课程是一门学

习语言文字运用的综合性、实践性课程。义务教育阶段的语文课程,应使学生初步学会运用祖国语言文字进行交流沟通,吸收古今中外优秀文化,提高思想文化修养,促进自身精神成长。工具性与人文性的统一,是语文课程的基本特点。"

《普通高中语文课程标准(实验稿)》规定:"语文是最重要的交际工具,是人类文化的重要组成部分。工具性与人文性的统一,是语文课程的基本特点。高中语文课程应进一步提高学生的语文素养,使学生具有较强的语文应用能力和一定的语文审美能力、探究能力,形成良好的思想道德素质和科学文化素质,为终身学习和有个性的发展奠定基础。"

语文性质问题是关乎语文教育工作"教什么""怎么教""为什么这样教"的核心问题,是指导语文教育工作的基础。语文性质问题也是我国学科性质上争论最为持久的一个问题。当前关于语文性质的争论主要存在七大"流派"。

(1) 工具说。

工具说认为语文是"进行思维和交流思想的工具,是学习文化知识和科学技术的工具,是进行各项工作的工具"。叶圣陶先生、吕叔湘先生和张志公先生都曾提出此观点,同时强调,语文工具是"活"的,是具有"思想"的工具,在工具学习与运用的过程中不能丢弃思想,要注意工具本身承载的意义。

(2) 人文说。

语文当中有许多文章都是文质兼美的,仅仅以工具而论无形之中忽视了语文本身所蕴含的意义。为了追寻语文"美"的境界,学术界也有诸多学者对语文的人文意义进行了探究,并从不同的角度提出了人文说的观点。

(3) 工具性与人文性的统一说。

关于语文性质的争论,还有一些学者主张"工具性与人文性的统一"是语文的本质。官方文件的表达也以"工具性与人文性的统一"为主流,2001年颁布的《全日制义务教育语文课程标准(实验稿)》和2003年颁布的《普通高中语文课程标准(实验稿)》中对语文性质的表述为:"语文是最重要的交际工具,是人类文化的重要组成部分。工具性与人文性的统一,是语文课程的基本特点。"

(4) 言语说。

这一观点主张将语言与言语分开,将语文教学等同于言语教学,认为言语性就是语文的本质属性。这种观点概括出了语文区别于其他学科的独特性,对于进一步认识语文教学有重要作用。

(5) 文化说。

文化说认为语文教育是一个文化的过程,具有文化的特性与功能。语文是文化的存在,语文就是文化。此观点从文化的角度探求语文的本质,是追求语文精神的代表,为解释语文提供了新的视角,为更好地理解语文提供了一个更为宽广的平台。

(6) 悬置说。

悬置说主张避开语文性质的问题,以"课程取向"的概念来开展语文教育研究,并提出了"层叠蕴含"的解释框架。

(7) 消解说。

消解说主张不直接谈论语文课程性质,应该注重对语文教学目标的研究。该观点提出,语文学科性质不是唯一的,企图给语文学科进行唯一的定位可能是徒劳的。它认为语文学科性质问题要转化成语文课程理解问题。

从不同的角度来解释语文,呈现了学界对语文性质的多种理解。其实,探究语文的本质应该从语文本身出发。长久以来,语文一直是作为一门课程而存在的。从教育的角度切入,以课程论为基点来探究语文性质应该是最接近语文本质的一种视角。例如,学者田本娜从小学语文学科的角度,分析了具体学科的性质与功能。她认为,根据语言的性质和功能,小学语文应确定为:① 基础工具学科,是学生认知的基础工具;② 表情达意的工具学科,是发展学生思想、情感、文化素养的学科;③ 发展儿童心灵的学科,是发展儿童思维、智慧的学科。"工具性和人文性的统一"是当前对小学语文学科性质和特点的科学界定。

对语文学科性质的认识是指导语文教师进行语文教学的依据与基础。由此出发,才能形成对语文教学目标与任务的正确理解。有观点认为,语文教学主要做三件事:如何识、读、写"字",如何"理解",如何"表达"。语文课堂是一个"体验""表达""理解"交织循环的过程,语文教学要求教师首先必须进入阅读状态,深刻地理解文本所承载的"道",解决"教什么"的问题,然后才能考虑"如何教",把学生带进"阅读状态",关注学生的理解深度及其解释与论证,并作出判断与评价,使学生真正读懂每一篇课文。同时,教师应引导学生多角度关注作者是"如何表达"的,并引导学生学会表达。这样的观点对于我们理解和分析语文课堂教学有一定的指导意义。

【案例】

《夏》是一篇优美的散文,清新短小而又内涵丰富。作者梁衡用生动形象和富有表现力的语言,从动物、植物、色彩、旋律等方面写出了夏紧张、热烈和急促的特点,让读者产生身临其境之感。

对于生活在苏南地区的学生而言,对夏紧张、热烈和急促的特点是有生活体验的,但文章生动形象和富有表现力的语言对于七年级学生来讲还是需要重点学习的。

基于上述思考,我将这节课设计为"整体感知""探究品味""拓展延伸"三个板块,"整体感知"解决"写什么"的问题,"探究品味"解决"怎么写"和"为什么这样写"的问题,"拓展延伸"主要是在前两个板块的基础上,实现从课内向课外的延伸,特别是在"怎么写"和"为什么这样写"这两个问题上的延伸。

我在试教、比赛和观摩的一次次实践中,对各个环节的教学设计进行不断的变化和改进,力求在师生共生互学的课堂环境中,通过情感激发和语言品味,实现教学内容、教学过程和教学方法的高度融合,实现教师教学激情和学生学习兴趣的高度融合,最终让学生体验到那种令人陶醉的审美快感。

我带领学生学习课文第四自然段的这样一句话:

"你看田间那些挥镰的农民,弯着腰,流着汗,只是想着快割,快割;麦子上场了,又想着快打,快打。"

原设计:

师:这段文字写了什么内容?

生:这段文字写了夏天农民割麦、打麦。

师:农民割麦、打麦有什么特点?

生：农民辛苦、忙碌，一件事接着一件事。

师：从哪些地方可以看出来？

生：从"弯着腰"、"流着汗"、"快割"和"快打"这些地方可以看出来。

师：写农民割麦、打麦忙碌有什么作用？

生：表现了夏天的旋律是紧张的。

师：我们一起将这段文字读一遍，读出紧张的感觉来。

生：学生齐读。

后设计：

师：同学们，老师将课文第四段中的一句话稍微做了点修改，同学们自由地读一读，说说改文和原文有哪些变化。

原文 你看田间那些挥镰的农民，弯着腰，流着汗，只是想着快割，快割；麦子上场了，又想着快打，快打。

改文 你看田间那些弯着腰流着汗挥着镰的农民，只是想着快割；麦子上场了，只是想着快打。

生：第一处变化是老师将原文中"弯着腰，流着汗"并到了第一句话里面，连成了一句话，第二处变化是老师分别删去了一个"快割"和"快打"。

师：还有变化吗？

生1：老师还将原句中"又想着"改成了"只是想着"。

生2：我觉得改句删去了"快割"和"快打"后表达效果没有原句好。因为原句使用了反复的修辞手法，写出了农民劳动的紧张，表现了夏天紧张、急促的特点。

生3：我觉得原句"又想着"的表达效果好。因为"又"写出了农民伯伯们事情很多，一件事接着一件事，刚割完了麦子又打麦子，表现了夏天紧张的特点，而"只是"表达的是专心做一件事，没有原句效果好。

师：这位同学说得很精彩，他从词语使用的角度品味了语言的表达效果。还有一处变化，是原句还是改句的表达效果好呢？（没有学生举手）

师：没关系，我们一起将原句和改句再读一读，感受一下两个句子的表达效果。

生：老师，从刚才的诵读中，我感觉到原句读起来更加急促紧张一些，可能这就是短句的表达效果吧，改句在这方面不如原句。

师：这位同学的语感非常好，在诵读的过程中他感受到了不同句式的不同表达效果。

【解析】

原设计和后设计的不同之一在于原设计仅仅解决了"写什么"，而后设计不仅解决了"写什么"，更重要的是将重点放在了"怎么写"上。教师对教学内容进行了适当修改，设计了一个比较阅读，引导学生以反复诵读作为主要方法，从修辞方法、词语使用和句式等方面品味语言，发现课文中语言的妙处，从而获得高尚的情感体验。

语文课堂要有更浓的语文味，语文教师必须具有语文味。只有教师在教学语言的设计、上课表情的表现和内心情感的体验上体现了语文味，才能带领、引导学生品味语言体验情感，达到较高的审美体验，使语文课更加具有语文味。

让语文课多点语文味，需要语文老师正确理解新课程理念，准确把握语文学科本质，恰当使用语文教学手段，扎实提升自我语文素养。让语文课堂重现书声琅琅、笔声沙沙的景象，让课堂师生重现慷慨激昂、摇首顿足的情景，语文课本重现圈点勾画、眉批随记的符号，语文课就多了点语文味。

（二）数学学科性质与教学

近年来，研究者从哲学、文化学、社会学、学习科学、信息科学等不同视角，对学科教学本质问题进行了探讨。其中首推对数学学科本质的讨论，初步形成三种不同的理解。第一种，学生的数学学习是符号化的数学知识与生活实际经验相结合的学习。第二种，关注数学活动经验。以生活中的数学问题为中心，将数学和生活实际问题相结合，引导学生在"做"中学习数学、体验数学知识的内在联系性，并获得研究问题的方法和经验。第三种，强调创造性。认为数学是最普遍、最深刻、最富于创造性的学科，数学创新是科学创新的主动力。尽管观点各异，但从数学哲学方法论的角度分析，有几个基本的共识：① 立足数学本源；② 突出数学过程；③ 体现数学文化；④ 强调数学应用。对学科教育价值观的重新定位，有助于调整学科改革思路，也有助于不同观点、学说和流派的形成。

《全日制义务教育数学课程标准（修改稿）》指出："数学是研究数量关系和空间形式的科学。数学与人类的活动息息相关，特别是随着计算机技术的飞速发展，数学更加广泛应用于社会生产和日常生活的各个方面。数学作为对客观现象抽象概括而逐渐形成的科学语言与工具，不仅是自然科学和技术科学的基础，而且在社会科学与人文科学中发挥着越来越大的作用。数学是人类文化的重要组成部分，数学素养是现代社会每一个公民所必备的基本素养。数学教育作为促进学生全面发展教育的重要组成部分，一方面要使学生掌握现代生活和学习中所需要的数学知识与技能，一方面要充分发挥数学在培养人的科学推理和创新思维方面的功能。""义务教育阶段的数学课程具有公共基础的地位，要着眼于学生的整体素质的提高，促进学生全面、持续、和谐发展。课程设计要满足学生未来生活、工作和学习的需要，使学生掌握必需的数学基础知识和基本技能，发展学生抽象思维和推理能力，培养应用意识和创新意识，在情感态度价值观等方面都要得到发展；要符合数学科学本身的特点、体现数学科学的精神实质；要符合学生的认知规律和心理特征，有利于激发学生的学习兴趣；要在呈现作为知识与技能的数学结果的同时，重视学生已有的经验，让学生体验从实际背景中抽象出数学问题、构建数学模型、得到结果、解决问题的过程。"

《普通高中数学课程标准（实验）》规定："高中数学课程是义务教育后普通高级中学的一门主要课程，它包含了数学中最基本的内容，是培养公民素质的基础课程。高中数学课程对于认识数学与自然界、数学与人类社会的关系，认识数学的科学价值、文化价值，提高提出问题、分析和解决问题的能力，形成理性思维，发展智力和创新意识具有基础性的作用。高中数学课程有助于学生认识数学的应用价值，增强应用意识，形成解决简单实际问题的能力。高中数学课程是学习高中物理、化学、技术等课程和进一步学习的基础。同时，它为学生的终身发展，形成科学的世界观、价值观奠定基础，对提高全民族素质具有重要意义。"

【案例】

苏教版国标本小学数学教材第九册"生活中的负数"教学片段。

一、学习生活中的负数

1. 认识温度中的负数。

师：今天早晨有同学听天气预报了吗？今天的最高温度大约是几摄氏度？请大家来估计一下我们这时的室内温度大约是几摄氏度？想知道现在的气温吗？那么量气温一般要用什么仪器呢？（出示温度计）

(1) 读温度计上的刻度。

师：谁能读出温度计上的温度？

生：现在的温度是8℃。因为这里的一小格表示1℃，刻度线在刻度5上面3格，所以是8℃。

师：观察得真仔细！有不同的方法吗？

生：我看见刻度线在10的下面2格，所以是8℃。

师：老师有个疑问，这里有两个5、两个10，应该怎么看比较好呢？

生：应该先找到刻度0。

师：对，在0上面几格就是零上几度。

师：上次由于冷空气的影响，我们常熟的最低温度达到零下3摄氏度。零下3℃怎么在这个温度计上表示呢？（课件演示）这是几摄氏度？（0℃）零下3摄氏度怎么表示呢？（在0下面3格就是零下3℃）

(2) 学习例1。（出示书上例1的3幅图）

师：老师在网上搜集了三个城市在某一天的气温情况。先来看看南京气温。是几摄氏度？（板书：0℃）上海呢？（板书：4℃）你是怎么看的？

师：（强调）也就是说这个4℃是在0的上面，所以也可以说是零上4℃。（板书：零上）北京呢？（零下4摄氏度）你是怎么看的？

师：上海和北京的气温中都有一个4℃，有什么不同吗？

生：上海的气温是在零上4℃，而北京的气温是零下4℃。

(3) 师：（小结）比0℃高的气温是零上气温，比0℃低的气温是零下气温，而0℃是零上气温和零下气温的分界点，写时直接写0℃。为了区别清楚，记录时我们可以在零上温度前加一个正号，读作正4摄氏度；在零下气温前要先写一个负号，读作负4摄氏度。请同学们自己轻声读一读。（板书：−4℃　0℃　+4℃）

(4) 练习。你知道吗？出示：常熟一年中1月份最冷，平均气温2.7℃，最低气温－12.7℃（1931年）。

师：请大家轻声读一读。

师：从这段文字中，你了解到了什么信息？

生：常熟1月份的平均气温在零上2.7℃，最低气温在零下12.7℃。

师：想象一下，如果现在是－12.7℃，你的感觉是怎样的？

师：现在我们知道，气温是以0℃为分界点，零上气温可以用正几摄氏度表示，零下气温就用负几摄氏度表示。其实一个地方的气温除了跟当地的地理位置、环境有关，还跟海拔有关。

2. 认识海拔中的负数。

(1) 动态出示例2：介绍认识海拔。（出示）这是什么？（海平面）

师：（介绍）据我国最新测量，珠穆朗玛峰比海平面高8 844米。而吐鲁番盆地比海平面低155米。

师：我们能不能用上"海拔"两个字，把这两句话说得简单点？

生：珠穆朗玛峰的海拔为8 844米，吐鲁番盆地的海拔为负155米。

师：那么海拔是以什么为分界点的？

生：海拔是以海平面为分界点的。

师：海拔高度以海平面为分界点，比海平面高几米可以记作几米或正几米，比海平面低几米可以记作负几米。

(2) 练习。

① 用正数或负数表示下面的海拔高度。我们的家乡——常熟高于海平面2.5米左右；世界最低最咸的湖——死海低于海平面400米。

② 读一读，说一说。里海是世界最大的湖，水面的海拔高度是－28米；常熟虞山海拔高度是263米。

小结：看来用正负数表示时都有一个分界点，海拔以海平面为分界点，而温度以0℃为分界点。

3. 认识数轴上的负数。（略）

二、巩固练习

1. 回到生活：找一找。

师：现在我们认识了这么多的负数，那么在日常生活中，你见到过负数吗?

生1:我在姐姐的数学书上见到过。

生2:我在电视中的天气预报中看到过。

生3:我在电脑玩游戏时发现记录的分数有时是负数。

师:俗话说"耳听为虚,眼见为实",让我们跟着老师的摄像机镜头一起去找一找吧。如果你找到了负数,马上把它读出来,好吗?(楼梯:地下楼层-1;银行:取款记录-6 000元;证券:股票下跌幅度-2.5%)

2. 应用生活。

师:刚才我们在生活中找到了负数,接下来让我们成为小小记录员,把听到的信息用今天学到的知识又快又准地记录下来。

(1) 国家足球队在一次友谊赛中,第一场输一个球,第二场赢了一个球。

(2) 本学期我校四年级转入5名同学,五年级转出2名同学。

(3) "好吃来"小吃店3月份盈利5 000元,4月份却亏本200元。

师:请同桌两人各挑一题说说这里用正负数表示时的分界点是什么。

三、全课小结

师:既然大家的评价这么高,那么你今天有什么收获呢?

生1:我知道了负数在生活中的用处真大。

生2:只要善于观察、勤于思考,我们会发现数学就在我们的身边。

生3:我觉得负数和正数是相反的,在它们之间有一个分界点。

四、作业

师:有关负数的知识还多着呢,大家可以用查资料、网上学习、请教老师或家长的方法,对负数有一个更全面的理解。之后请你们完成一个课外作业:为负数写一个自我介绍信。

【解析】

"生活中的负数"这一堂课所蕴含的数学本质是什么?本课授课教师的定位是:让学生在生活情境中理解并掌握正负数的本质含义,理解正负数的分界点以及它们之间的联系,掌握正负数表达方法。

如果在课堂上仅仅让学生讲出生活中负数的意义,那么这仅仅是对学生原有生活经验的一次重现和整理,对学生如何理解"负数"概念和在学习概念过程中对思维的训练都是不到位的。本课教学主要是从三个方面去努力达成这一教学本质的:一是问题的设计——突出本质;二是环节的衔接——扣住本质;三是练习的设计——寻找本质。

在新课程改革背景下,数学课堂必须要在体现新课程理念的同时还数学课以本来面貌,任何一种教学形式的组织都要为"如何让数学的本质烙印在学生的脑海中"服务。

(三) 品德学科性质与教学

新课程改革以来,我国的思想品德课程设置发生了变化,将品德课程按照不同的学习阶段进行分段设计。课改后的品德课程主要包括:小学低年级(一至二年级)开设《品德与生活》,小学中高年级(三至六年级)开设《品德与社会》,初中阶段(七至九年级)开设《思想品德》,高中阶段开设《思想政治》。根据学科课程标准,各阶段课程性质如下。

1. 品德与生活学科课程性质

"品德与生活课程是以儿童的生活为基础,以培养品德良好、乐于探究、热爱生活的儿童为目标的活动型综合课程。"课程具有生活性、开放性、活动性等基本特征。

2. 品德与社会学科课程性质

"品德与社会课程是在小学中高年级开设的一门以儿童社会生活为基础,促进学生良好品德形成和社会性发展的综合课程。本课程根据小学中高年级学生社会生活范围不断扩大的实际、认识了解社会和品德形成的需要,以儿童的社会生活为主线,将品德、行为规范和法制教育,爱国主义、集体主义和社会主义教育,国情、历史和文化教育,地理和环境教育等有机融合,引导学生通过与自己生活密切相关的社会环境、社会活动和社会关系的交互作用,不断丰富和发展自己的经验、情感、能力、知识,加深对自我、对他人、对社会的认识和理解,并在此基础上养成良好的行为习惯,形成基本的道德观、价值观和初步的道德判断能力,为他们成长为具备参与现代社会生活能力的社会主义合格公民奠定基础。"

3. 思想品德学科课程性质

"本课程是以初中生生活为基础、以促进初中生思想品德健康发展为目的的一门综合性的必修课程。主要有以下特性。

（1）思想性。

以马克思列宁主义、毛泽东思想、邓小平理论、'三个代表'重要思想以及科学发展观为指导，根据学生身心发展特点，分阶段分层次，对初中生进行爱祖国、爱人民、爱劳动、爱科学、爱社会主义教育，帮助青少年树立正确的世界观、人生观和价值观。

（2）人文性。

尊重学生学习与发展规律，体现青少年文化特点，用初中生喜闻乐见的方式组织课程内容、实施教学；用优秀的人类文化和民族精神陶冶学生心灵，用社会主义核心价值体系引领学生发展，提升学生的人文素养和社会责任感。

（3）实践性。

从初中生的生活实际出发，将初中生逐步扩展的生活作为课程建设与实施的基础；注重与社会实践的联系，引导学生自主参与丰富多样的活动，在认识、体验与践行中促进正确思想观念和良好道德品质的形成和发展。

（4）综合性。

以认识自我、我与他人和集体、我与国家和社会为主线，对道德、心理健康、法律和国情等多方面的学习内容进行有机整合；与初中生的社会生活、学校生活和家庭生活紧密联系，是对学生在这些领域中的体验、认识和遇到的问题所进行的梳理、加工和提炼。"

4. 思想政治学科课程性质

"思想政治课以马克思列宁主义、毛泽东思想、邓小平理论和'三个代表'重要思想为指导，以社会主义物质文明、政治文明、精神文明建设常识为基本内容；引导学生紧密结合与自己息息相关的经济、政治、文化生活，经历学习和社会实践的过程，领悟马克思主义的基本观点和方法，弘扬民族精神，扩展国际视野，树立建设中国特色社会主义的共同理想；初步形成正确的世界观、人生观、价值观，切实提高参与现代社会生活的能力，为他们的终身发展，奠定思想政治素质的基础。"

"思想政治课的教学，与初中思想品德课相互衔接，与时事政策教育相互补充，与人文、社会学习领域其他科目的教学相互支撑，与学校其他各项德育工作相互配合,实现思想政治教育的目标。"

从现实来看,品德学科的教学效果长期以来不尽如人意,主要存在教学目标不切实际、教学内容脱离生活、教学过程缺乏情感、教学评价单一无效等问题,研究者将之归结为品德教学的"失真"倾向。应该说,这些问题的出现或难以解决与学科性质的模糊有着直接的联系。以小学品德学科为例,有研究者对其学科性质提出四点疑问:是文化科还是活动科?是单一科还是综合科?是工具科还是价值科?是时空科还是生命科?这样的疑问在教学中必须加以深思明辨。

【案例】 思想品德教学要"归真"

"失真"现状剖析

学生日记一:大年初二,我们去乡下外婆家拜年。在车站,挤满了等车的人。等了大概有半个多小时,中巴车终于来了,大家蜂拥而上,差点把车门都挤破了……

学生日记二:昨晚,爸爸和妈妈又吵架了。因为,妈妈整个下午都在打麻将,输了一百多元钱。

学生日记三:我正洗自己换下的衣服,心想妈妈一定会高兴地表扬我。可妈妈见了,沉着脸说:"衣服我会洗的,你只要把自己的书读好就行了。"

……

透过学生的这些日记,留给我们的思考是沉重的。许多教师面对上述学生的生活真实,会发出无奈的感慨——我们的教学如何回归学生的生活?这些生活中的不和谐音符,使我们思想品德教学在"回归生活"的旅途中陷入了两难的困境。这两种倾向表现在教学中,就造成了思想品德教学的"失真"。

纵观我们的思想品德课堂,形式化、表演化的东西还比较多。教师牵着学生,学生迎合着老师,把思想品德教学异化为了道德情景剧。离开了课堂,"道德情景剧"自然就落幕了。

教学过程要真,首先要允许学生充分展露真实的思想。例如在《自觉遵守公共秩序》一课,一位教师就让学生在"上学迟到"与"拥挤上车"之间做一个选择。班上大多数学生选择了后者。结果,该教师的脸沉了下来,"语重心长"地说:"同学们,我们要向书上的那位小同学学习,要向班里这些自觉遵守公共秩序的同学学习,不管在什么时候,不管在什么地方,我们都要想到,我们是一个少先队员,我们要自觉遵守公共秩序,对吗?"这样的教学,学生不能偏离教师预定的轨道,只能让学生逐渐成为"迎合的大多数"。其次,要让学生展现真实的行为。如一位教师在执教《当老师不在的时候》一课前,他特意通知学生,有急事离开一会儿,请大家先自习。然后根据学生的表现,让学生进行自我评价。学生面对自己的实际行为进行剖析,使教育落到了实处。

【解析】

思想品德教学"失真"的后果无须赘言。"如何让思想品德教学'归真'"是每一个思想品德教师和所有德育工作者应关注的重要课题之一。思想品德教学的"归真"要求每一个思想品德教师必须以促进学生的健康和谐成长为己任,思想品德教学要根植于学生生活,不断创新优化,让学生的德性和灵性在生活的田园中健康发展,和谐成长。

(四) 历史学科性质与教学

基础教育阶段的历史学科,包括初中和高中两个阶段。根据学科课程标准,历史学科课程性质如下。

1. 初中历史学科课程性质

历史课程是人文社会科学中的一门基础课程,对学生的全面发展和终身发展有着重要的意义。义务教育阶段7~9年级的历史课程在基础教育中占有重要的地位,主要具有以下特性。

(1) 思想性。

坚持用唯物史观阐释历史的发展与变化,使学生认同中华民族的优秀文化传统,增强爱国主义情感,坚定社会主义信念,拓展国际视野,逐步树立正确的世界观和人生观。

(2) 基础性。

根据学生的心理特征和认知水平,以普及历史常识为主,引领学生掌握基本的、重要的历史知识和技能,逐步形成正确的历史意识,为学生进一步学习与发展打下基础。

(3) 人文性。

以人类优秀的历史文化陶冶学生的心灵,帮助学生客观地认识历史,正确理解人与社会、人与自然的关系,提高人文素养,逐步形成正确的价值取向和积极向上的人生态度,适应社会发展的需要。

(4) 综合性。

注重人类历史不同领域发展的关联性,注重历史与现实的关系,使学生逐步学会综合运用所学知识和方法对历史和社会进行全面的认识。

2. 高中历史学科课程性质

普通高中历史课程,是用历史唯物主义观点阐释人类历史发展进程和规律,进一步培养和提高学生的历史意识、文化素质和人文素养,促进学生全面发展的一门基础课程。

普通高中历史课程从不同的角度揭示人类历史发展的基本过程,通过重大历史事件、人物、现象展现人类发展进程中丰富的历史文化遗产。通过高中历史课程的学习,能使学生了解人类社会发展的基本脉络,总结历史经验教训,继承优秀的文化遗产,弘扬民族精神;学会用马克思主义科学的历史观分析问题、解决问题;学习从历史的角度去了解和思考人与人、人与社会、人与自然的关系,进而关注中华民族以及全人类的历史命运。通过高中历史课程的学习,培养学生健全的人格,促进个性的健康发展。

与以往的历史教学相比,历史学科新课程标准突出了以下几个特点:强调以人为本;注重过程;突出实践性、社会性、时代性。这正是基于历史学科性质的认识而凸显出的教学必然要求。在这样的背景下,针对历史教学的现实问题,研究者从不同角度提出了各自的教学主张,如:充分发挥历史教学的德育功能;注重文史结合;加强审美教育;涵育人文精神;渗透情感教育;发挥历史教学的社会功能;等等。这些主张在一定程度上反映了历史学科的本质属性,对于历史学科价值的关注应是值得肯定的。

(五) 地理学科性质与教学

1. 初中阶段地理学科课程性质

《义务教育地理课程标准(2011年版)》中对初中阶段地理学科课

程性质的规定如下。

义务教育地理课程是一门兼有自然学科和社会学科性质的基础课程,具有以下几个特征。第一,区域性。义务教育地理课程内容以区域地理为主,展现各区域的自然与人文特点,阐明不同区域的地理概况、发展差异及区际联系。第二,综合性。地理环境是地球表层各种自然和人文要素相互联系、相互作用而成的复杂系统。义务教育地理课程初步揭示自然环境各要素之间、自然环境与人类活动之间的复杂关系,从不同角度反映地理环境的综合性。第三,思想性。地理课程突出当今社会面临的人口、资源、环境和发展问题,阐明科学的人口观、资源观、环境观和可持续发展的观念,富含热爱家乡、热爱祖国、关注全球以及可持续发展思想的教育内容。第四,生活性。地理课程内容紧密联系生活实际,突出反映学生生活中经常遇到的地理现象和可能遇到的地理问题,有助于提升学生的生活质量和生存能力。第五,实践性。地理课程含有丰富的实践内容,包括图表绘制、学具制作、实验、演示、野外观察、社会调查和乡土地理考察等,是一门实践性很强的课程。

2. 高中阶段地理学科课程性质

《普通高中地理课程标准(实验)》对普通高中阶段地理学科课程性质规定如下。

地理学是研究地理环境以及人类活动与地理环境相互关系的科学。它具有两个显著特点。第一,综合性。地理环境由大气圈、水圈、岩石圈、生物圈等圈层构成,是地球表层各种自然要素、人文要素有机结合而成的复杂系统。地理学兼有自然科学性质与社会科学性质。第二,地域性。地理学不仅研究地理事物的空间分布和空间结构,而且阐明地理事物的空间差异和空间联系,并致力于揭示地理事物空间运动、空间变化的规律。地理学在现代科学体系中占有重要地位,在解决当代人口、资源、环境和发展等问题中具有重要作用。高中地理课程与九年义务教育阶段地理课程相衔接,是高中阶段学生学习地球科学、认识人类活动与地理环境的关系、初步掌握地理学习和地理研究方法、树立可持续发展观念的一门基础课程,跨人文与社会、科学两个学习领域,由必修课程与选修课程组成。

相较以往的地理教学而言,义务教育阶段的地理课程标准在明确和凸显地理学科性质的同时,体现出以下特点:突出"能力立意",强调生活经验,注重地理信息素养培养,贯穿可持续发展思想,自然与人文相结合,体现现代地理学思想。高中地理新课程的教学则强调:应在地理基础知识教学的基础上,高度关注地理学科核心能力和地理观点的培养。其中,地理空间格局的敏锐觉察力,对地理过程的分析、想象与简单预测能力,地理信息加工能力,运用地理解决实际问题的能力是构成地理学科"核心能力"的主要要素;人地协调观点和空间观点是基础地理教育阶段地理观点培养的重心所在。

(六) 物理学科性质与教学

1. 初中阶段物理学科课程性质

《义务教育物理课程标准(2011年版)》中规定初中阶段物理学科课程性质如下。

义务教育物理课程应综合反映人类在探索物质、相互作用和运动规律等过程中的成果。物理学不仅含有人类探索大自然的知识成果,而且含有探索者的科学思想、科学方法、科学态度和科学精神等。

义务教育物理课程作为科学教育的组成部分,是以提高全体学生科学素养为目标的自然科学基础课程。此阶段的物理课程不仅应注重科学知识的传授和技能的训练,而且应注重对学生学习兴趣、探究能力、创新意识以及科学态度、科学精神等方面的培养。

义务教育物理课程是一门注重实验的自然科学基础课程。此阶段的物理课程应注意让学生经历实验探究过程,学习科学知识和科学探究方法,提高分析问题及解决问题的能力。

义务教育物理课程应注重与生产、生活实际及时代发展的联系。此阶段的物理课程应关注学生的认知特点,加强课程内容与学生生活、现代社会和科技发展的联系,关注技术应用带来的社会进步和问题,培养学生的社会责任感和正确的世界观。

2. 高中阶段物理学科课程性质

《普通高中物理课程标准(实验)》中规定普通高中阶段物理学科课程性质如下。

高中物理是普通高中科学学习领域的一门基础课程,与九年义务教育物理或科学课程相衔接,旨在进一步提高学生的科学素养。

高中物理课程有助于学生继续学习基本的物理知识与技能；体验科学探究过程，了解科学研究方法；增强创新意识和实践能力，发展探索自然、理解自然的兴趣与热情；认识物理学对科技进步以及文化、经济和社会发展的影响；为终身发展，形成科学世界观和科学价值观打下基础。

（七）化学学科性质与教学

1. 初中阶段化学学科课程性质

《义务教育化学课程标准（2011年版）》中规定初中阶段化学学科课程性质如下。

义务教育阶段的化学课程是科学教育的重要组成部分，应体现基础性。要给学生提供未来发展所需要的最基础的化学知识和技能，使学生从化学的角度初步认识物质世界，提高学生运用化学知识和科学方法分析、解决简单问题的能力，为学生的发展奠定必要的基础。

化学是一门以实验为基础的学科，在教学中创设以实验为主的科学探究活动，有助于激发学生对科学的兴趣，引导学生在观察、实验和交流讨论中学习化学知识，提高学生的科学探究能力。

化学科学的发展为人类创造了巨大的物质财富，在教学中应密切联系生产、生活实际，引导学生初步认识化学与环境、化学与资源、化学与人类健康的关系，逐步树立科学发展观，领悟科学探究的方法，增强对自然和社会的责任感，在实践中不断培养学生的创新意识，使其在面临和处理与化学有关的社会问题时能做出更理智、更科学的思考和判断。

2. 高中阶段化学学科课程性质

《普通高中化学课程标准（实验）》中规定普通高中阶段化学学科课程性质如下。

普通高中化学课程是与九年义务教育阶段化学或科学课程相衔接的基础教育课程。课程强调学生的主体性，在保证基础的前提下为学生提供多样的、可选择的课程模块，为学生未来的发展打下良好的基础。

高中化学课程，有助于学生主动构建自身发展所需的化学基础知识和基本技能，增进对物质世界的认识，进一步了解化学学科的特点；有利于学生体验科学探究的过程，学习科学研究的基本方法，加深对科学本质的认识，发展创新精神和实践能力；有利于学生形成科学的自然观和严谨求实的科学态度,更深刻地认识科学、技术和社会之间的相互关系,树立可持续发展的思想。

(八) 生物学科性质与教学

1. 初中阶段生物学科课程性质

《义务教育生物学课程标准(2011年版)》中规定初中阶段生物学科课程性质如下。

生物科学是自然科学中的基础学科之一,是研究生命现象和生命活动规律的一门科学。它是农林、医药卫生、环境保护及其他有关应用科学的基础。生物科学经历了从现象到本质、从定性到定量的发展过程,并与工程技术相结合,对社会、经济和人类生活产生越来越大的影响。生物科学有着与其他自然科学相同的性质。它不仅是一个结论丰富的知识体系,也包括了人类认识自然现象和规律的一些特有的思维方式和探究过程。生物科学的发展需要许多人的共同努力和不断探索。这些是生物学课程性质的重要决定因素。

义务教育阶段的生物学课程是自然科学领域的学科课程,其精要是展示生物科学的基本内容,反映自然科学的本质。它既要让学生获得基础的生物学知识,又要让学生领悟生物学家在研究过程中所持有的观点以及解决问题的思路和方法。生物学课程期待学生主动地参与学习过程,在亲历提出问题、获取信息、寻找证据、检验假设、发现规律等过程中习得生物学知识,养成理性思维的习惯,形成积极的科学态度,发展终身学习的能力。学习生物学课程是每个未来公民不可或缺的教育经历,其学习成果是公民素养的基本组成。义务教育阶段的生物学课程是国家统一规定的、以提高学生生物科学素养为主要目的的学科课程,是科学教育的重要领域之一。

2. 高中阶段生物学科课程性质

《普通高中生物课程标准(实验)》中规定普通高中阶段生物学科课程性质如下。

生物科学是自然科学中的一门基础学科,是研究生命现象和生命活动规律的科学。它是农业科学、医药科学、环境科学及其他有关科学和技术的基础。生物科学的研究经历了从现象到本质、从定性到定量的发展过程。当今,它在微观和宏观两个方面的发展都非常迅速,并且与信息技术和工程技术的结合日益紧密,正在对社会、经济和人类生活产生越来越大的影响。

高中生物课程是普通高中科学学习领域中的一个科目。高中生物课程将在义务教育基础上,进一步提高学生的生物科学素养。尤其是发展学生的科学探究能力,帮助学生理解生物科学、技术和社会的相互关系,增强学生对自然和社会的责任感,促进学生形成正确的世界观和价值观。

(九) 美术学科性质与教学
1. 义务教育阶段美术学科课程性质

《义务教育美术课程标准(2011年版)》中规定九年义务教育阶段美术学科课程性质如下。

美术课程具有人文性质,是学校进行美育的主要途径,是九年义务教育阶段全体学生必修的艺术课程,在实施素质教育的过程中具有不可替代的作用。九年义务教育阶段美术课程的价值主要体现在以下几个方面。

(1) 陶冶学生的情操,提高审美能力。

现代社会科学技术的高速发展,需要人的丰富而高尚的情感与之平衡。因为情感性是美术的一个基本品质,也是美术学习活动的一个基本特征,所以美术课程能陶冶学生的高尚情操,提高审美能力,增强对自然和生活的热爱及责任感,并培养他们尊重和保护自然环境的态度以及创造美好生活的愿望与能力。

(2) 引导学生参与文化的传承和交流。

美术是人类文化最早和最重要的载体之一,运用美术形式传递情感和思想是整个人类历史中的一种重要的文化行为。在现代社会中,随着信息化进程的加快,图像作为一种有效而生动的信息载体,越来越广泛地出现在人们的生活中。通过对美术课程的学习,有助于学生熟悉美术的媒材和形式,理解和运用视觉语言,更多地介入信息交流,共享人类社会的文化资源,积极参与文化的传承,并对文化的发展作出自己的贡献。

(3) 发展学生的感知能力和形象思维能力。

感知觉是思维的必然前提。形象思维是一种重要的思维方式。在学校体系中,大多数课程都是建立在抽象符号的基础上,而美术课程则更多地让学生接触实际事物和具体环境,有利于发展学生的感知能力,从而向思维提供丰富的营养。美术课程能逐步培养学生的形象思维能力,提高学生的综合思维水平。

(4) 形成学生的创新精神和技术意识。

在知识经济时代,创新精神是社会成员最重要的心理品质之一。美术教学过程的情趣性、表现活动的自由性和评价标准的多样性,提供了创造活动最适宜的环境。通过美术课程培养的创造精神,将会对学生未来的工作和生活产生积极的影响。

技术性活动是人类社会的一种最基本的实践活动,而美术课程向学生提供了技术性活动的基本方法,有助于培养学生勇于实践和善于实践的心理品质。

(5) 促进学生的个性形成和全面发展。

尊重和保护人的个性是现代社会的基本特征。在美术学习过程中,对美术学习内容和方式的选择,必然受到学生个性的影响,所以美术课程是最尊重学生个性的课程之一。美术课程在引导学生形成社会共同的价值观的同时,也努力保护和发展学生的个性。

人的全面发展是人类努力追求的教育理想,美术课程不仅作为美育的一个重要门类促进这一理想的实现,而且,美术课程本身就包含情感与理性的因素、脑力与体力的因素,所以在促进人的全面发展方面,其作用是独特的。

2. 高中阶段美术学科课程性质

《普通高中美术课程标准(实验)》中规定普通高中阶段美术学科课程性质如下。

普通高中美术课程是艺术学习领域中的必修课程之一。普通高中美术课程既与义务教育阶段的美术课程相衔接,又具有自己的特点,是高一层次的美术课程。普通高中美术课程具有人文学科的特征,能够帮助学生实现下列价值。

(1) 陶冶审美情操,提高生活品质。

美术是一种视觉艺术,在发展学生的视知觉,获得以视觉为主的审美体验,陶冶审美情操,提高生活品质等方面,具有其他学科难以替代的作用。

普通高中美术课程能够提高学生对自然物、人造物形态美的认识，提高对美术作品的内容、材料、形式、风格的多样性的认识，使学生体验美术与生活的关系，陶冶审美情操，提高生活品质。

（2）传承文化艺术，弘扬人文精神。

我国的美术有着悠久的历史和辉煌的成就，与其他国家和民族的美术共同构成世界美术的多元化。美术是人类文化的重要组成部分，美术课程具有传承文化艺术的功能。

普通高中美术课程能使学生较为全面地了解美术与自我、美术与自然、美术与社会等方面的关系，引导学生热爱祖国，理解文化艺术，弘扬人文精神。

（3）激发创新精神，增强实践能力。

美术实践是一种创造性的活动，在激发人的创新精神，发展动手能力和开发潜能等方面具有独特的作用。

普通高中美术课程能使学生在美术活动中充分发挥个性和想象、思考、判断等能力，接触各种工具、材料、操作方式和表现形式，得到其他学科难以获得的各种体验。这种融鉴赏与创作为一体的学习活动，对发挥个性、激发创新精神、增强实践能力是十分有益的。

（4）调节心理状态，促进身心健康。

美术实践作为一种情感表达活动，能使人获得成功感和自信心，具有促进人际交流，释放紧张或消极情绪，增强身心健康的作用。

普通高中美术课程能使学生在美术活动中直接抒发各种情绪，缓解心理压力；获得成功体验，增强自信，升华情感；促进交流，沟通人际关系，从而形成良好的身心状态与社会适应能力。

（5）拓宽发展空间，助益人生规划。

美术渗透于社会生活、生产的各个领域，在美化生活、提高物质产品的文化品质等方面具有重要的应用价值。因此，各行各业的人都需要具有一定的美术素养。

普通高中美术课程既能为学生提供不同的美术基础知识和技能，培育学生终身爱好美术的情感，发展美术方面的能力，也能为他们未来从事美术职业或其他职业拓宽发展空间。

（十）音乐学科性质与教学

1. 义务教育阶段音乐学科课程性质

《义务教育音乐课程标准（2011年版）》中规定义务教育阶段音乐学科课程性质如下。

音乐课程是九年义务教育阶段面向全体学生的一门必修课，音乐课程性质主要体现在以下三个方面。

（1）人文性。

音乐是文化的重要组成部分，是人类宝贵的精神文化遗产和智慧结晶。无论从文化中的音乐，还是从音乐中的文化视角出发，音乐课程中的艺术作品和音乐活动，皆注入了不同文化身份的创作者、表演者、传播者和参与者的思想情感和文化主张，是不同国家、不同民族、不同时代文化发展脉络以及民族性格、民族情感和民族精神的展现，具有鲜明而深刻的人文性。

（2）审美性。

"以美育人"的教育思想与我国的教育、文化传统一脉相承，是培养德智体美全面发展的社会主义建设者和接班人的教育方针的有机组成部分。通过音乐教育培养和提高学生感受美、表现美、鉴赏美、创造美的能力，陶冶情操，发展个性，启迪智慧，丰富和发展形象思维，激发创新意识和创造能力，全面提升学生的素质。

（3）实践性。

音乐音响不具有语义的确定性和事物形态的具象性。音乐课程各领域的教学只有通过聆听、演唱、探究、综合性艺术表演和音乐编创等多种实践形式才能得以实施。学生在亲身参与这些实践活动过程中，获得对音乐的直接经验和丰富的情感体验，为掌握音乐相关知识和技能、领悟音乐内涵、提高音乐素养打下良好的基础。

2. 高中阶段音乐学科课程性质

《普通高中音乐课程标准（实验）》中规定普通高中阶段音乐学科课程性质如下。

普通高中音乐课程与九年义务教育阶段的音乐或艺术课程相衔接，是高中阶段实施美育的重要途径，是面向全体学生的必修课程。

在普通高中音乐课程中，通过鉴赏与表现音乐，及其他艺术形式的审美活动，使学生充分体验音乐的美和蕴涵于其中的丰富情感，为音乐所表达的真善美境界所吸引、所陶醉，进而产生强烈的情绪反应和情感体验。音乐音响材料的非概念性、非具象性特征，为学生体验、理解和创造音乐提供了广阔的空间，能够激活学生的表现欲望和创作冲动，使学生在主动参与中展现他们的个性和创造才能。丰富多样的音乐实践活动，有助于培养学生共同参与的群体意识和相互尊重的合作精神，使学生的团队意识与共处能力得到锻炼和发展。音乐是人类文化传承的重要载体，学习历史悠久、博大精深的中国民族音乐，有助于学生了解和热爱祖国的文化；学习丰富多彩的世界各民族音乐，拓展音乐文化视野，有益于学生对不同文化的理解与尊重。因此，高中音乐课程对于促进学生全面的、有个性的发展，具有不可替代的作用。

（十一）体育学科性质与教学

1. 义务教育阶段体育与健康课程性质

《义务教育体育与健康课程标准（2011年版）》中规定义务教育阶段体育与健康课程性质如下。

体育与健康课程是一门以身体练习为主要手段、以增进中小学生健康为主要目的的必修课程，是学校课程体系的重要组成部分，是实施素质教育和培养德智体美全面发展人才不可缺少的重要途径。它是对原有的体育课程进行深化改革，突出健康目标的一门课程。

2. 高中阶段体育与健康课程性质

《普通高中体育与健康课程标准（实验）》中规定普通高中阶段体育与健康课程性质如下。

高中体育与健康课程是一门以身体练习为主要手段，以体育与健康知识、技能和方法为主要学习内容，以增进高中学生健康为主要目的的必修课程，它具有鲜明的基础性、实践性和综合性，是高中课程体系的重要组成部分，是实施素质教育和培养德智体美全面发展人才不可缺少的重要途径。

高中体育与健康课程具有鲜明的基础性，它是在九年义务教育基础上进一步提高学生体育文化和健康素养，为学生终身锻炼身体和保持健康奠定基础的课程。本课程强调学生根据自身的特点，掌握适应终身体育和健康生活需要的基础知识、基本技能和方法；提高自主学习体育与健康知识和方法的能力；形成敢于迎接挑战的积极态度和坚强的意志品质；具有适应未来发展需要的健康体魄；初步具备规划健康人生的能力。

高中体育与健康课程具有鲜明的实践性，它是一门以身体练习为主要手段的课程。本课程关注学生在全面发展体能、提高健康水平的基础上，通过对运动项目的选择和学习，培养运动爱好和专长，掌握科学锻炼身体的方法，提高体育实践能力，养成坚持体育锻炼的习惯，形成健康的生活方式。

高中体育与健康课程具有鲜明的综合性，它强调课程的多种内容、多种功能和多种价值的整合，是以体育为主，同时融合健康教育内容的一门课程。本课程在关注学生学习体育与健康知识、技能和方法的同时，充分发挥课程的教育功能，高度重视提高学生的健康水平，促进学生的身心协调发展，培养学生的集体主义、爱国主义和社会主义的精神。

（十二）信息技术学科性质与教学

1. 义务教育阶段信息技术课程性质

《义务教育信息技术课程标准（2011年版）》中规定义务教育阶段信息技术课程定位如下。

中小学信息技术课程是为了适应技术迅猛发展的信息时代对人才培养提出的新要求而设置的必修课程，是以培养学生的信息素养和信息技术操作能力为主要目标，以操作性、实践性和探究性（创新性）为特征的指定学习领域。在国家规定的必修课程领域外，各省、市、自治区在保证最低要求的基础上，在课程内容、培养目标、课时安排等方面有一定的自主权。

《标准》同时指出，义务教育阶段信息技术课程的总体价值在于：

义务教育阶段信息技术教育的有效实施可以提高学生利用信息技术有效开展各学科学习和探究活动、积极参与社会实践、主动进行终身学习的能力；可以拓展学生适应现代社会生活所需的信息技术技能，巩固信息素养和技术创新意识；对于培养国家建设和国际竞争所需的信息技术人才、提高全社会的科技文化水平具有非常重要的奠基作用。

2. 高中阶段信息技术课程性质

《普通高中信息技术课程标准（实验）》中规定普通高中阶段信息技术课程定位如下。

信息技术既是一个独立的学科分支，又是所有学科发展的基础。信息技术既是一个重要的技术分支，又已经深化为改造人类生产与生活方式的基本手段。信息技术因信息交流需要而产生和发展，信息技术的进步又扩展了信息交流的时间与空间。文化形成和发展的最本质要求是交流，随着信息技术越来越广泛地渗透到教育、经济和政治等领域，席卷全球的信息文化业已形成，并推动着全社会的"文化重塑"，推动着社会的发展。

从社会发展的现实出发，在普通高中设立信息技术科目，为培养适应信息社会未来公民奠定基础，是我国在全球性信息化建设竞争进程中，抓住机遇，赶上世界发展的步伐，抢占制高点的必要保证。

高中信息技术课程以提升学生的信息素养为根本目的。信息技术课程不仅使学生掌握基本的信息技术技能，形成个性化发展，还要使学生学会运用信息技术促进交流与合作，拓展视野，勇于创新，提高思考与决策水平，形成解决实际问题的能力和终身学习的能力，明确信息社会公民的权利与义务、伦理与法规，形成与信息社会相适应的价值观与责任感，为适应未来学习型社会提供必要保证。

高中信息技术课程的性质表现如下。

（1）基础性。

高中信息技术课程的基础性表现在，它是信息技术在各个学科中应用乃至全部教育活动的基础，是学生在今后工作与生活中有效解决问题的基础，是学生在未来学习型社会中自我发展、持续发展的基础。

（2）综合性。

高中信息技术课程的综合性表现在，其内容既包括信息技术的基础知识，信息技术的基本操作等技能性知识，也包括应用信息技术解决实际问题的方法，对信息技术过程、方法与结果评价的方法，信息技术在学习和生活中的应用，以及相关权利义务、伦理道德、法律法规等。

（3）人文性。

高中信息技术课程的人文性表现在，课程为实现人的全面发展而设置,既表现出基本的工具价值又表现出丰富的文化价值,既有恰当而充实的技术内涵,又体现科学精神,强化人文精神。

四、学科教学的相关问题

学科教学的含义在于,以学科为课堂教学组织的内容或形式依据从而开展教学。在当前的中小学课堂教学中,学科教学是教学活动的主要组成部分,明确不同学科的性质并据此开展教学是学科教学的内在要求。与此同时,学科教学作为学校教育活动的组成,也同样要服从和服务于实现学校教育整体的教育目的与培养目标。在这一过程中,处理好学科教学内部与外部种种关系的问题也即相应出现,具体表现在:伴随分科教学而来的学科统整(综合)问题,存在于学校教学现实中的"主科"与"副科"的关系问题,学科教学与德育、美育、创新能力培养等多种教育目标的关系问题,以及学科教学与信息技术的整合问题等。

(一)跨学科教学

从课程的角度看,所谓"学科"即是"旨在实现学校的教育目的,从科学、技术、艺术的人类文化遗产中选择儿童应当学习的内容,再从教学论的角度加以区分并系统地组织起来的课程的主要构成要素"。回顾近现代学校的历史,任何国家的学校课程都是一部学科课程自身的分化和扩充"学科外"教学领域的历史。伴随人类文化的发展,教育内容的复杂化和分化是显而易见的。学科可分类为"工具学科"(习得认识工具的学科——语文与数学),"实质学科"(加深生活环境认识的学科——理科与社会科),"表达学科"(音乐、美术、体育),"生活学科"或"技术学科"(习得生活技术的学科——家政、技术、保健)。这些学科群大体上是沿着上述顺序扩建起来,并形成当今学校课程扩充的基本面貌的。然而,这种学校课程都是以学科课程为中心分化成各门学科为基本特征的。这种分化并列主义课程在内容与方法上以各自专业领域的科学为背景,以"专业分化"为特征,并不考虑彼此之间的关联性。因此,学科课程的原点在于"分成众多的科目、各自独立授受"的分化课程。这种课程的弊端是"经验片断化"与"知识割裂化"。这种学科主义的分割性、非统整性阻碍了人格的和谐发展,违背了个性解放与自我实现的本来目的。在这样的情况下,课程统整(整合)或课程综合化便势所必然。

美国20世纪三四十年代"综合课程运动"的理论指导者之一霍普金斯（Hopkins）认为，要改变传统教育的弊端就得寻找一条使分科课程一步一步迈向综合课程的道路。在他看来，从分科课程到综合课程存在四个阶梯：① 相关课程，实质上是分科，但将彼此有关联的学科加以沟通，局部综合，这是初级的综合；② 广域课程，由相近的学科群组成一大学科；③ 核心课程，由核心学科和外围学科组成；④ 经验课程，主张完全依据学生的经验与活动加以统合。

跨学科教学是近年来在学校教学实践中实施较多的一种课程综合形式。跨学科教学是指以一个学科为中心，在这个学科中选择一个中心题目，围绕这个中心题目，运用不同学科的知识，展开对所指向的共同题目进行加工和设计教学。它要求必须从不同学科的角度来考虑学习内容。跨学科教学能够对于学生知识的获得、能力的开发和价值导向，特别是对学生个性开发起着积极促进作用。这三个维度之间彼此关系紧密，相互渗透和相互制约，在许多方面是相互重叠交叉的。

跨学科教学意味着不同学科知识的交叉和衔接，意味着多门学科在教和学的进程中融会贯通。跨学科教学体现在不同课程资源的组合、教学团队的合作、教师个人教学能力的整合等方面。跨学科教学的优点在于：它是打破学科壁垒、培养学生综合能力的教改利器，能够让学生对学校、对读书更感兴趣，使教师的教和学生的学更富有成效。跨学科教学为教学实践带来了诸多改变，同时也对传统教学提出了要求与挑战。目前而言，教材、教师与评价等方面的问题是制约跨学科教学顺利进行的主要因素，教学目标的讨论、内容的确定、教学材料的选择、教师的能力、教师间的合作以及教师负担的加重、课时计划设计的协调、成绩的评定等都可能成为跨学科教学实施中遇到的困难。跨学科教学以及课程统整的真正实现尚需时日。

【案例】 跨学科教学的魅力

这是初一《英语》Unit 20 Lesson 78"What's your favorite sport?"的教学内容。

教学目标

1. 在掌握单词的基础上,着重锻炼口语表达能力,学会"发出指令"这一教学项目,例如学会"Don't throw it like this."和"Throw it like that."以及"Can you...?"等句型。

2. 培养动手操作的能力。

3. 在师生交流学习的基础上,加深彼此之间的信任与情感。

设计理念

谈到英语课堂教学,许多教师往往就想到教学用书上的这个模式:Revision—Presentation—Practice—Workbook—Homework。对这个模式,教师和学生都已经习惯了,一般的课照此上也没什么问题。但我们如果所有的课都一个模式,学生就会感到枯燥无味,缺乏主动性,缺乏活力,逐渐就会厌烦。

如果希望学生积极主动地学习,我们就要让学生变被动地跟着教师学为主动地参与教学活动,就得找一种学生喜爱的、容易接受的教学方法。因此,我在教学中不断采取新的教学方法,让学生在教学过程中眼、耳、手并用。在这节课上,我就一改常规,上了一堂艺术英语课(手工制作课),收到了意想不到的效果。

教学过程

课前我告诉学生准备好纸、小刀、剪刀,下一节要上艺术英语课。

(利用学生们对手工课相当感兴趣的心理,激活学生学英语的活力。)

导入新课:我在讲桌上放了一些纸折的鸟、船、花、帽子、盒子、包等,通过这些实物复习前面学过的知识。"A:What's this/that? B:It's a/an... A:What are these/those? B:They are..."通过这些句子复习了 bird, boat, flower, hat, box, bag 等单词,然后我和学生一起练习对话。

　　T:Is this bird nice?

　　S:Yes, it is.

　　T:But I can't make it.

　　S:Don't worry. I can help you. Come here, please. Let me teach you. Do you want to go?

　　T:Yes, I want to go. Thank you.

S：Now, look at me, please.（学生拿出纸、小刀、剪刀、胶水）Make it like this. Don't make it like that.（学生一边教我做纸鸟，一边用英语告诉我）

　　T：Like this? Oh, I see. Make it like this. Now, I can make a bird.

　　这时我带着微笑把我做的鸟出示给学生，学生们为我鼓起了掌，我马上对教我的学生说："Thank you, my little teacher！"

　　这时，我听见班上有许多学生都在说："I can make it, too."大家都想表现，都跃跃欲试。我们千万别认为他们不守纪律，乱讲话，相反，这恰恰是课堂教学的高潮，是学生们主动参与教学，积极、愉快思考的表现。这时，应层层紧扣，因势利导，让他们创造性思维的火花不断迸发。于是我赶紧引导道："Some of you can make boats. Some of you can make boxes. Some of you can make birds. But some of you can't make them. Who can help them？"学生们纷纷举起手。

　　我一看大家的积极情绪已调动起来了，马上就把这节课的主动权交给他们。我告诉他们可以自由结合。整个教室热闹非凡，桌子打乱了，他们可以随便乱坐，身心也都彻底放松了，根本就没想到这是在上英语课。他们无拘无束，畅所欲言。

　　这一组在做飞机，他们在说："A：Can you make a plane? B：Sorry, I can't. A：Don't worry. I can help you. Make it like this. Don't make it like that. B：Now I can. It's easy."那一组在练习："A：Excuse me, what's that? B：It's a boat. Can you make it? A：Sorry, I can't. It's too hard. B：Please don't worry. Let me help you. Do it like this. A：Oh, I see. It's easy. Thank you. I want a go."

　　当学生分组在全班展示了自己的作品后，我趁热打铁，又拿出了事先准备好的简笔画图片，让他们操练"A：Can you…? B：Yes, I can."等句型。

课后反馈

　　整个课堂气氛活跃，学生感到这堂课非常新颖，动手动口，每个人都有事可干，学生们在新的课型中充分发挥了主体能动性，把这节课上得生动有趣，活而不乱。学生收获很大，几乎所有的人都掌握了"Can you...? Yes, I can.""It's easy.""It's hard."等句型,在轻松愉快中不知不觉地度过了40分钟。

(二)"主科"与"副科"之辨

课程是"学校教学的科目和进程",它规定着"以什么内容来培养学生,包括了对学生进行德育、智育、体育、美育和劳动技术教育的内容"。在我国制定颁布的现行课程标准中,对中小学的课程设置和教学设计等都做了具体安排。这些科目的设定是长期以来教育研究和教育实践相结合的成果,但受传统观念、考试指挥棒的牵引以及监督机制的缺失等因素的影响,中小学的学科课程被人为地分为"主科"和"副科",前者如语文、数学、外语、物理、化学,后者如音乐、体育、美术、历史、地理、生物;"主科"在教学行为中"集万般宠爱于一身","副科"则被"打入冷宫无人问",陷入可有可无、增删随意、被边缘化的境地,形成流弊至深至远的"副科"悖论。

翻开现代汉语词典,赫然有"副科"和"主课"之分。在词源学上,"副科"和"主课"分别被解释为"所学课程中的次要科目"和"学习的主要课程",据此可以把课程分为两类:即重要的和次要的。将学科分为主、副是主观臆断的,并没有理论依据和分类标准。这是因为,在我国"六三"课程标准中,初中和小学外语的总课时数是604节,体育的总课时数是744节。显然,体育的课时数多于外语的课时数,但很少有人把体育列为主科而把外语列为副科。这说明主、副科不是以课时数的多少为标准的。再者,主、副科也不是以是否为助考科目为判断标准的。以初中历史和生物为例,有的地方是中考必考科目,有的地方不是,如果以是否是必考科目作为判断标准,那么就得出历史和生物在甲地是主科、在乙地是副科的结论,显然这样的结论是荒谬的。因此,"副科"思想的存在就成为了悖论。

既然把课程分为主科、副科是认识上的偏误,那么,要引导人们走出这种认识误区,就必须回答两个问题:一是课程设置的价值判断是什么;二是所谓"副科"对于个人的成长和发展有何效用。尤其第二个问题是长期以来混淆人们视听、左右人们认识的原罪。从历史发展的角度来看,我国近代中小学的课程设置比较完备。民国初期颁布的《小学校令》规定,"高等小学校之教科目,为修身、国文、算术、本国历史、地理、理科、手工、图画、唱歌、体操",男子加课"农业",女子加课"裁缝",与我国现行初中课程类别毫无二致。为什么要设置这些课程?当时教育家们的理由是:历史能"使儿童知国体之大要,兼养成国民之志操",地理能"使儿童略知地球表面及人类生活之状态,本国国势之大要,以养成爱国之精神",手工能"使儿童制作简易物品,养成勤劳之习惯",等等。由此可见,历史、地理和手工这些所谓"副科"都是指向儿童政治品质、实践能力和人文素养的养成,是不可偏废或缺的。我国现行《基础教育课程改革纲要(试行)》中对此更是做了明确阐释。由此看来,对"副科"的重视和正名已经成为我国教育改革的价值追求。

　　课程设置与课时安排是一个十分严肃的问题。我国中小学阶段的课程安排应该是代表着目前这一领域的最高水平,各个学科的设置与教学水平都直接关系着学生素质的全面提高和未来发展。因此,针对目前"副科"的教学生态,必须在观念、制度、师资等诸方面予以跟进,给予"副科"应有的名分。首先,在观念更新上,应摆脱教育功利性,强化"全人教育"理念。其次,在管理层面上,教育部门要加强督查,增强课程开展的严肃性。第三,在制度设计上,要认真研究评价杠杆,形成科学机制。第四,在策略筹划上,要充分挖掘"副科"的价值因子,与"主科"整体联动,促进学生学科知识和能力的迁移。第五,打造一支数量足、质量优的教师队伍是去除"副科"悖论的治本、长远之举。

　　课程的设置与实施是教学工作的起点,在当前学科之间不断融合、贯通、互补的背景下,正视、提高"副科"的教学质量,摆脱、消除"副科"悖论的负面影响,需要各方关注和长期重视。观念解放是前提,教师队伍是关键,科学机制是保障。唯有这样,才能消除"副科"悖论的误导,让中小学的各门学科相互融合、相得益彰。

　　(三)学科教学与德育

【阅读材料】　北京市出台德育指导纲要　中小学27个学科要讲德育

　　日前,在北京市第二届中小学德育周上,中小学27个学科的德育指导纲要出台。今后即使是数学、物理这样的理科科目也必须在教学中体现德育思想。记者在中学德育纲要中发现,除了传统的爱国、团结、责任感等，学会人际交流、与人合作和个人情绪调整等"社会生存技能"成为德育的重要内容。同时，针对学生和家长间的代沟和关系紧张问题，纲要开出了"亲子药方"。"组织亲子角色扮演活动"将成为政治课的内容，教师将让学生扮演熟悉的甚至经历过的日常生活情景，思考如何面对关爱和报答养育之恩。还要制订"亲情计划"，让学生在父亲节、母亲节给父母制作礼物。此次德育周上，来自全市的近千名教师、教研人员、教育管理者围绕40余节优秀学科课程德育课例进行讨论。

(《北京晚报》2006年11月23日)

　　德育，也即道德教育。学校德育，一般来说是指学生在教师的教导下，以学习活动、社会实践、日常生活、人际交往为基础，同经过选择的人类文化，特别是一定的道德观念、政治意识、处世准则、行为规范相互作用，经过自己的感受、判断、体验，从而生成道德品质、人生观和社会理想的教育。从实践上说，在学科教学中进行德育古已有之。但是，真正从理论上提出来，并作为一条教育法则来确立，则始于德国教育家赫尔巴特。他提出教学的教育性概念，实质上就是现在的学科教学中的德育。新中国成立以来，一贯重视在学科教学中渗透德育工作。例如，《中共中央关于进一步加强和改进学校德育工作的若干意见》中明确指出："按照不同学科特点，促进各类学科与课程同德育的有机结合。"《中国教育改革和发展纲要》中明确指出："教师应当把德育贯穿和渗透到教育教学的全过程中，并以自己的楷模作用，促进学生的全面成长。"

　　在对学生实施德育的思想政治科教学、其他各科教学、班主任工作、团队工作、活动课及第二课堂、劳动课与社会实践、军训与国防教育等诸多途径中，学科教学的育人作用占有非常重要的地位。这是因为，各科教学在时间上占有绝对的优势，在教育的内容上又十分广泛。如果德育不深入到学科领域内，而是游离于课堂教学之外，游离于教师的教学业务之外，仅仅徘徊在课外、校外的各种教育活动中，就不仅会失去一个育人的主要渠道，而且丢掉了对学生有着潜移默化影响的隐性教育的有利时机，十分不利于德育目标的实现。

　　基于对学科教学德育价值的认识，"学科德育"的概念近年来受到普遍重视。所谓学科德育,就是指借助于科学的方法把德育内容和具体的学科知识糅合在一起,在讲授学科知识的同时,通过创设和利用科学知识所具有的德育情境,潜移默化地培养学生的高尚情操。学科德育的教育力量十分强大,它具有以下方面的特点:① 丰富的德育内容;② 隐蔽的德育方法和渗透的德育手段;③ 协同的德育过程;④ 综合的德育效果;⑤ 稳定而有保障的德育实施。通过在相关学科的教学活动中渗透其道德内容和价值观念,让德育的实施变得异常生动而富有趣味,减少了德育实施过程中的困难。目前,学科德育已经纳入我国教师专业发展标准之中。然而,我国中小学学科德育存在诸多问题亟待解决,难以发挥学科德育的实效性,不利于学生思想道德品质的形成和发展。这些问题主要包括:部分教师忽视学科德育,以及学科德育知识化、随意化、形式化、狭窄化、干瘪化、政治化,等等。

从学科教师的角度看,学科教师在知识教学与品德教育之间也面临着艰难的困惑与抉择,这也是新旧教育观念冲突下的必然产物。在旧有的教育观念下,学科教师的核心任务就是传授本学科的知识,由此而形成了"以知识为中心"的学科教学体系。而在新的教育理念下,学科教师的教育使命显然不只是"教知识",而是培养"健全的人"。因此,对于学科教师而言,知识教学与品德教育是不可分离的,学科教师应从自身的学科特点出发来积极参与到德育工作之中,共同实现培养"健全的人"的教育使命。这也是解决当下德育困境的一条重要途径。

学校独特的德育内涵和功能表明,学科教学本身应当具有深刻的德育内涵,而且应当成为学校德育的主阵地。学科教学应当是通过理解世界,通过做事,通过交往与合作,使学生获得意义的构造和行为方式的构造,进而更好地理解和通达世界,但是现有的专题德育实践、学科渗透以及知识教学模式使学校独特的德育内涵和功能基本丧失。当前要重建学科教学的德育内涵与方式,必须改变学科教学模式,提供开放式的、生活建构的、促进学生交往世界形成的学科教学形式,引导学生对世界的通达,让学生在学科教学形式中同时成为道德教育的主体,在相互交往的集体世界中进行自我道德教育。

(四)学科教学与美育

美育即审美教育,是审美主体以艺术和各种美的形式作为具体的媒介手段,通过展示审美对象丰富的价值意蕴,直接作用于受教育者的情感世界,从而潜移默化地塑造和优化人的心理结构,铸造完美人性的一种有组织、有目的而互动的教育活动。课堂教育是学校实施美育最主要的途径,学校美育只有渗透到各科教学之中,才能更有效地实施。

学科美育课,也称学科审美化教学。"审美化教学,指将所有的教学因素(诸如内容、方法、手段、评价、环境等)转化为审美对象,使整个教学成为内在逻辑美和外在形式美高度和谐统一、静态和动态和谐统一的整体,从而大幅度提高教学效率,减轻学生负担,使师生都充分获得身心愉悦的一种教学思想、理论和操作模式。"学科美育课的最大特点,就是课程与学科教学紧密结合,通过深入探寻学科内在的知识体系,借助每一学科具体的思维方式和学习方法,欣赏并探寻每一学科内在的科学结构美与内在逻辑美。在这个过程中激发学生对这一学科的求知欲望与兴趣,培养创新意识和创新能力。

通过学科教学来实施美育,教师不仅要挖掘教材中的审美因素,使学生通过学习,发现和认识各种形式的美,而且要善于在教学过程中设计有利于实施行为美的各种教学方式。

(1) 现身说法,指用"直接形象",如讲述者的经历、遭遇等,对人进行启迪或劝导的教学方法。这种方法主要是根据教学目的,请英雄模范人物或学生身边的榜样讲自己的经历,启发学生设身处地去体验自己会怎么办、该怎么办等。采取现身说法,应注意挖掘人物的心灵,讲清当时如此做的动机等,这样才能使学生对此产生肯定的态度,引起满意、愉快、羡慕的积极情绪,成为实现教育目的的内驱力。

(2) 参观采访,指为了达到某种教育目的,师生一起走出教室,去实地参观、现场采访,让生活中的"活典型"通过第一信号系统印入学生的脑海,从而产生情感体验的教学方式。

(3) 自主体验,指把学生置身于某种惬意、和谐的活动之中,让他们产生自我触动、自我激励、自我教育效应的教学方式。

(4) 辨析讨论,指让学生在教学活动中,通过对辨析题的激烈讨论,明确是非,分辨正误。辨析讨论的形式主要有:充分利用教材和课后习题中的材料进行行为辨析、正误判断;根据学生实际,教师增设一些具有针对性的辨析题,引导学生辨析;围绕教学中心,让学生自己设计一些辨析题,然后师生共同讨论。

(5) 价值判断,就是引导学生对人物道德行为产生的社会意义进行估价,引导学生从课文中寻找有关评价的语句并反复体会;引导学生联系自己的实际,说出自己的看法;设想文中榜样人物如果当时不这样做,甚至产生与之相反的行为表现时,会有怎样的结果。

(6) 道德评价,指引导学生按照一定的道德规范对自己或他人的行为进行善恶褒贬和评论。引导学生开展道德评价时,要注意从效果引向动机。一般来说,年级越低的学生越不注意从行为动机上去评价,要注意从他人引向自己。教学中常有这种现象,即评价他人的言行时,学生个个"跃跃欲试",而当用同样的规范评价自己时又变得"沉默寡言"了。而且年级越低学生评判事物所得出的结论越具有片面性。随着年级的升高,他们会逐渐注意区分主要与次要、必然与偶然等因素。要注意从一个引向一类,即引导学生由对具体人、具体事的评判上升到对一类人、一类事的评判,这是最概括、最深刻的情感体验。

由于审美对象不同、审美内容不同、审美角度不同,各学科美的表现形态也不同。在政治、语文、历史等学科中,反映出人类对社会美的认识过程;在自然(科学)、地理、生物等学科中,反映出人类对自然美的认识过程;在数学、物理、化学等学科中,反映出人类对科学美的认识过程;在音乐、美术、体育等学科中,反映出人类对艺术美的认识过程。正如蔡元培所言:"各门学科无不于智育作用之中,含有美育之元素,一经教师提醒,则学生自感有无穷之乐趣。"各门学科以美育人,才能杜绝"应试教育"重"知"(知识)轻"情"(情感)、"意"(意志)的现象,确保教学的科学性与思想性、艺术性、趣味性的结合,从而使学生乐学,促进学科知识的内化(吸收)、固化(巩固)和外化(应用),进而提高素质。

(五) 学科教学与信息技术应用

教育部在《基础教育课程改革纲要(试行)》中指出:"大力推进信息技术在教学过程中的普遍应用,促进信息技术与学科课程的整合,逐步实现教学内容的呈现方式、学生的学习方式、教师的教学方式和师生互动方式的变革,充分发挥信息技术优势,为学生的学习和发展提供丰富多彩的教学环境和有利的学习工具。"可见,目前把信息技术应用于学科教学中已成为一种共识。

信息技术应用于学科教学也就是人们普遍关注的所谓信息技术与学科教学的整合,即"通过在学科课程中有效地学习和应用信息技术,促进教学内容的呈现方式、学生的学习方式、教师的教学方式和师生互动方式的变革,为学生多样化学习(包括个别化学习、协作学习、主体化学习、探究学习等)创造环境,使信息技术真正成为学生自主学习的认知工具和教师丰富教学环境、扩充教学资源的创设工具"。这种整合主要是把信息技术作为一种手段,应用到学科教学中去,改进教和学的方式,从而来提高教学质量。毋庸置疑,这种整合对教学是有积极作用的。

信息技术与学科课程的整合不是简单的技术与学科课程的罗列和叠加,而是将信息技术与学科课程相互融合、互相渗透,最终成为一个有机整体。信息技术与学科课程整合的目的是减少知识体系的分割和学科间的隔离,把不同的知识体系连接起来。其实质是将信息技术有机地与课程结构、课程资源及课程实施等诸方面融合为一体,实现教学各因素、功能、目的上的自然过渡,从而促进学科课程在各个层面乃至课程整体上的变革。对信息技术课教师来说,进行课程整合的目的主要不是用信息技术去传授学科知识,而是侧重于教会学生用信息技术去获取学科知识的"方法",培养学生用信息技术进行学习、表达、交流、探究,最终形成习惯和技能。与信息技术课教师不同的是,学科教师运用信息技术的主要目的是改变教与学的方式,要始终围绕服务教学、提高质量这一中心。

自从信息技术渗入学校教育以来,其与学科课程的整合就成为一个从理论到实践均亟待探索的问题。观照教学实践,信息技术与学科课程整合因存在目标定位的失当、技术运用的僵化和学科特点的忽视等误区而使得其价值被遮蔽。有研究者指出,目前信息技术与学科教学的"整合"大致可分为低、中、高三个层次。低层次整合,即"工具辅助层次"。其特点是技术纯粹用于辅助工作。主要体现在技术层面和工具层面上,基本上没有介入教学中去。例如,运用技术搜集整理资料,进行备课和课堂演示,处理作业等,均属于这个层次。中等层次整合,主要表现为"多媒体灌输层次"。其特点是技术显示层面既形象、直观、真切、实在,又贴近生活,其技术在评估数据、信息收集、处理等方面的优势,已经不同程度地用于教学设计。但由于缺乏理论和思想的高度,因而只停留在形式的变革上,没有将技术的思想、观念融合到教学中去,教学思想和方法没有发生变革,教学方法仍以演示、灌输为主。高层次整合,主要表现为"共同思维层次"。其特点是技术已经与教学融为一体,"整合"已深入到教学和教育信息化的价值、思想和精神等层面,体现出科学的价值判断和持之以恒的教育信仰。高层次整合摆脱了"停留于技术、方法、方式和技术、工具、模式等层面的徘徊,遵循的是技术、工具、形式的逻辑,从而导致课堂教学异化"的"整合"形式。显然,高层次的整合才是信息技术与学科教学整合所真正需要和力求实现的整合层次。

针对信息技术与学科教学整合实践中存在的问题,许多研究者在教学实践层面提出了相应的整合策略。如以建构主义理论为指导,创建"主导—主体型"的教学结构;创设情境,激发学习兴趣;借助信息技术,突出教学重点和难点;将自主学习、合作探究相结合;以优质的教育信息资源为支撑;实施多元动态的教育评价方法;等等。

信息技术与学科教学优化整合的过程,是信息技术对教学改革和发展实施革命性影响的过程;是教师不断提高信息素养、适应信息化要求,改变思维方式、学习方式和工作方式的过程;是教师不断提高业务素养和教学水平的过程;是学生改变学习方式,生动、活泼、主动学习,不断发展思维能力的过程。"整合"是课堂教学信息化的必由之路,是实施教育现代化的重要推动力。

【案例】 "整合"不能失去学科特点

在一次观摩小学信息技术与课程整合的活动中,一位语文教师执教《竹子》一课。在其教学过程当中,有这样一个耗时较多的环节:屏幕上展示了许多关于竹子生长习性、外形特点、分布地区以及用途的视频图像和文字资料,让学生阅读交流以了解更多有关竹子的知识。看到这里,笔者不禁有些迷惑:这堂课到底是信息技术与自然学科的课程整合还是与语文学科的课程整合?或是"综合课"?(前面已述,应是语文课)这些内容有利于加深对课文思想感情的理解吗?这样的设计会加深学生对语文课的印象吗?是否会转移学生对语文学习的热情呢?笔者以为：这样的设计削弱了语文学科本身的特点，假若当时积极引入的是赞美竹子气节、歌颂竹子精神的诗文或典故，同时配以生动的图画，再鼓励学生通过网络发表自己的学后感参与讨论……那么或许不仅信息技术使用恰到好处，而且能够更加切实增强学生的语文能力吧！

那么，在课程整合中怎样上好语文课呢？以下是笔者在实际工作中所做的一些尝试。

一、课件促进知识的获取与保持

1. 将素材资源库与制作平台相结合

根据教学实际，充分利用现有条件下的教学软件，甚至相关的CD、VCD等资源，从中选取适合教学使用的内容编辑制作出实用的课件，以适应课堂教学情境的需要。

比如，新课标实验教科书《语文》二年级上册第4课《古诗两首》中第一首是《赠刘景文》，作者苏轼是宋代著名文学家、书画家。学完这首诗后，我又在"小学生必背古诗"等一系列相关古诗词教学软件中搜集了另外几首苏轼的诗集中展示给学生，以加深对这位大文豪的了解和认识；同时，又结合本单元"了解、热爱秋天，热爱大自然"的教学主题，我汇集了许多描写秋天的诗歌（其中有些还是学生自己的搜集成果）播放给学生，让他们朗诵、体会，以帮助学生更准确地理解课文表达的思想感情；此外，由于诗中描写到了残荷、菊花，还可找来描写相同事物的诗文播放给学生，体会不同时候事物不同的状态……更让学生喜闻乐见的是许多古诗被谱上曲子，变成了一首首动听的歌曲。学生们由读古诗、背古诗到唱古诗，更符合小学生的生理特点和兴趣爱好。在课堂教学中引入这些课件，图文结合，声形并茂，不但激发了学生热爱古诗、爱学古诗的感情，也能使他们更加自然深刻地了解古诗的特点。

再如上例中《竹子》一课，若让学生观看了视频或图片资料之后，启发他们结合竹子的外形特点、生长习性去朗诵古诗、体味诗情，帮助学生理解为什么由古至今人们都喜欢歌颂竹子——那是因为向往它无私（竹子空心）、正直、有气节的高尚情操啊！——那么，应更有利于提高学生的语文素养，而知识与技能、过程与方法、情感态度价值观的三维教学目标也无疑得到了更好的落实与体现。

2. 巧妙利用 Office 软件,化难为易,学好语文知识

现在用得较多的 Office2000 里有许多简单易学的软件,不仅可以帮助学生熟悉电脑技能,而且会给学科本身的教学带来意想不到的效果。例如 Word 是其中最基本、最常用的工具软件,它可以用来进行文字输入和文字编辑。在语文教学中,巧妙地使用 Word 软件,能够很好地实现学科课程与信息技术的整合,把语文课变得生动有趣。如在 Word 文档中输入词组短语,进行词语搭配练习;输入不完整句子,进行选词造句练习;输入生字,进行多角度归类练习;找出生字的部首,用不同颜色标记出来;输入课文,根据自己的理解进行改编;把自己最喜欢的句子用不同的字体区别于其他文字;进行应用文的写作练习……在文字输入练习中,让学生认识多种字体,也有利于激发学生学习书写汉字的积极性。当学生对 Word 文档的各项使用工具掌握得较熟练时,还可鼓励学生动手制作电子简报,不仅能够巩固生字、积累好词佳句,而且还能够训练他们的编辑排版的能力、筛选资料的能力、审美能力……

再如 PowerPoint,可以制作内容丰富、图像精美的系列幻灯片,在教学中,充分发挥该软件的优势,可以有效地培养学生的学习热情与创新能力。例如让学生在预习课文时将搜集到的写作背景、作者简介等资料以目录的形式制作成幻灯片,链接起来,再配上合适的图片;而在学习课文的时候,把讨论所得的结果以及仍旧存在的疑问按老师的要求或自己列表分类制作成幻灯片(讨论本身还可通过网络同步进行);学习课文之后,还可留有写"学习心得"的一页,所有这些内容彼此链接成系列幻灯片,最后还可与相关网页链接,拓展课文内容,使对一篇课文的学习由课内延伸到了课外……学生们或个人完成,或小组合作,通常会制作出体现个人不同理解、不同审美情趣的精美幻灯片。学生们学得主动、学有乐趣,不仅充分体现了学习主体作用,而且有效地培养了学生的创新精神、实践能力与合作精神。

二、网络培养学生的语文能力

进入网络时代后,网络环境为学生提供了信息丰富的知识库和资源库,网上资源的开发和利用也已成为当今必备的信息素质。

(1)网上资源具有信息量大、更新快等特点。如人教网的小学语

文教育资源、中国中小学教育教学网、广东教育资源网、中国园丁网、网上语文课堂、中国诗人网等等都可谓是一个个完整的中小学数字资源库,为我们提供了同步教学、课外阅读等多种资源,且处于动态的更新之中。通过下载优秀的案例、典故、游戏式的练习等,经过筛选加工,用于课堂教学,可有效地提高教学质量。

例如《我的"自白书"》一课是小学高年级语文教材中的一篇老课文,这首诗歌的写作背景与今天小学生的生活体验相距较远,在教学中如果强行说教,未必能收到良好的效果,只有让学生获得充分的情感积累,才能悟出诗中所要表达的思想感情。因此老师的首要任务就是提供大量的资料,创设利于学生理解课文内容的学习情境。一位教师在教学本课时确立了这样的学习方式:围绕问题,自查网站资料,观看视频资料,交流讨论,然后再学习课文。即使遇到课文的难点,由于学生事先获得了较充分的情感积累,再经老师稍加点拨,理解起来就容易多了。

(2)围绕主题,使用互联网搜集相关资料,利用 FrontPage 编辑制作学习网页,提高语文素养,培养语文实践能力。

除了教学资源网站,网络本身还蕴藏着更加丰富的资源。因此学习写景散文时,可浏览旅游方面的网站,找到课文描写的著名景点、逼真的图片、生动的视频,使学生犹如身临其境,从而帮助学生理解课文内容,也能够更加切身体会到作者观察的细致、用词的精妙。再如可通过查找记录名人志士丰功伟绩的网站(网页)来促进此类课文的学习;还可搜索关于历史故事、神话传说、名胜古迹、自然科学等各个方面的网上资源,再选择编辑并与同类的语文篇章、语言文字的学习层层链接起来做成专题学习网站(页)。在网页制作过程中,同学间可交流展示,或小组协作探究问题,不仅可加深对课文的理解,而且还拓宽了视野。

如学习新课程标准实验教材第四册教科书中《葡萄沟》一课时,可在互联网上查找到许多关于新疆吐鲁番葡萄沟的资料,有文字介绍、有大量图片。同学们进入互联网真的好似游览了一回葡萄沟一样,不用说印象更深刻,学起来也更带劲。尤其对于课文中的重点词语或较难理解的词语,如制作葡萄干的"阴房"是什么样子的,虽然课文中介绍说

"阴房修在山坡上,样子很像碉堡,四壁留着许多小孔,里面钉着许多木架子。成串的葡萄挂在架子上,利用流动的热空气,把水分蒸发掉,就成了葡萄干",但学生没有亲眼见过,单凭想象还是不好理解,学过之后印象也不会深刻。由于网上就有葡萄晒在阴房中的照片,问题一下子就简单明了了。再如理解课文中为什么用"五光十色"一词形容葡萄而不是用"五颜六色"一词,在欣赏了那些不同品种不同颜色的葡萄的视频、照片后,同学们自然就能理解到"五光十色"一词更写出了葡萄有光泽的可爱之处!

(3) 进行网络上的师生互动或生生交流,培养语文实践能力。网络的交互性增进了人与人之间互相学习的机会。即使是课余时间,教师也可利用电子邮件与学生进行交谈,共同探讨疑难问题。有条件的学校还可利用校园网上的留言板、WebQuest学习平台等等进行师生间、生生间的交流讨论,每个人的观点都可更加持久地被他人仔细阅读,从而更加有利于问题的探究。这种网上的信息交流不仅可以帮助学生复习巩固所学知识,而且有效地锻炼了他们的语文实践能力,同时也便于老师更加及时地了解学生的学习情况。

综上所述,"同样是利用多媒体资源进行可视化的教学,拿什么对象去进行可视化是一个更加深刻和重要的问题"。"同样是计算机应用,但脱离了教学目标本意的计算机应用,即便有多么生动,其教育价值必然反而降低,其教育效果反而失败。"信息技术与语文教学的整合,一方面激发了学生对语文学科的学习兴趣,另一方面也鞭策我们教师去进一步完善课堂教学,使教学设计更合理,使教学过程更科学,从而提高语文课堂教学的质量,使语文学科的教学目标落实得更扎实!同理,各门学科都应如此!

【解析】

信息技术作为新型的教学媒体,当它们与各学科的课程加以整合时,可为新型教学结构的创建提供理想的教学环境,从而有效地激发学生的学习兴趣,充分体现学生的主体作用。但信息技术既然是一种教学媒体,它作为一种辅助教学的"手段"被引入课堂,应当除了本身对学生的吸引力之外,更重要的是促进学生对该门学科本身的学习,从而达到一举多得、事半功倍的效果,而不是因为它的使用反而削弱了学科课程原本鲜明的个性。本课教师丰富的教学实践经验为信息技术与学科教学的整合提供了很好的范例。

(六)学科教学与创新

传统的教学,对知识的传授、"双基"的落实,对促进学生思维的发展,乃至对中国基础教育的发展等作出了很大的贡献,曾给也将继续给我们大量的宝贵经验和启迪。但是随着社会经济的发展,新观念、新知识的涌现,却也暴露诸多的弊端。现实已经告诉我们,传统教学最大的缺陷,就是缺乏对学生创新精神、创新能力的培养。因此,培养学生的创新能力已经落在我们肩上,它呼唤着全面推进素质教育,呼唤着学科教学的改革,呼唤着学科教学的创新实践。第三次全国教育工作会议,中共中央、国务院发布了《关于深化教育改革,全面推进素质教育的决定》,明确了培养创新精神和实践能力是素质教育的重点,这就确立了培养学生创新精神、创新能力是学校教育的主要任务。

传统教学的弊端,究其原因,不在教育自身,而在教育者的教育观念、教育方法的滞后。长期以来,我们的教学仍跳不出"书本",教师凭经验而教,学生靠教师而学。在教学的策略上,也过于简单化,考什么、教什么;教什么、考什么。多以"题海"替代学生的"习"和"行",以加重学生的负担为代价换取教学效果,以牺牲学生个性发展来实现教学目标,以同化人的个性的所谓统一规范来约束学生的思想和行为。这种倾向使学生处于被动,从而失去了学习的主动性,失去了学习的积极性,失去了鲜明的个性,最终就失去了创造力。培养创新能力,必须抛弃传统教学中压抑、挫伤人的创造潜能和个性的发挥,窒息人的创造意识形成的种种因素,倡导创新能力的培养并使之落实到教学过程中。

培养创新能力,需要改革教学方法,探索教学创新,向传统教学挑战。就教学过程而言,核心的观念是学习观和教学观。一是学习观的转变。传统教学更多是被动学习、承接性学习,对学生的要求是整齐划一的全面发展。教师教什么,学生学什么,学生成为知识的"接受器"。教学过程没有把学生学习的主动性、自主性很好地激发出来,即使是

"领教"的知识也不一定是"习得",并且很大程度上抑制学生潜在的创造潜能的发挥。全面发展是必需的,但传统教学往往使学生的个性不能得到充分的发展。教学创新所追求的就是要在教学过程中,使得学生变被动学习为主动学习,变承接性学习为自主性学习,在全面发展的基础上,还要引导学生开展研究性学习,使学生的个性得到充分发展。二是教学观的转变。传统教学重在传授,以教材、教师、课堂为中心,以教代学,教给知识重结论、轻过程,缺少教与学的互动,忽视学生充分的思维过程,使教学过程难以成为创新能力的培养过程。传统教学重经验、轻创新,教师凭经验教学,形成思维、行为定势,缺乏对自己的教和学生的学进行反思、研究、创新。传统教学还具有封闭性,只给学生"鱼"而未授予学生"渔",缺少师生之间的交流与合作的机会。教学创新所要体现的就是要变传授式教学为启发性教学,变经验教学为反思性教学,变封闭性教学为开放性教学。

在学科教学中培养学生的创新能力,首先要明确创新能力培养要点,包括问题意识的养成、创造性思维的训练、实践的感悟、成功的体验和创新人格的造就等。其次要掌握学科教学的思想方法,主要有:以"问题的探究解决"为教学的主线,以"发展学生创造性思维"为教学重点,以"培养学生主动学习、自主学习、发展性学习"为教学目的。第三,要探索师生互动的教学模式,即:创设问题情境,鼓励质疑问难;开放教学,诱发问题意识;指导培养,主动探究,发展创新思维能力;加强实践,提高创新能力。第四,要运用学科教学策略,包括:教学开放;博采众长;有的放矢。

学科教学创新还需要明确以下几点:第一,学科教学创新的关键在于教师。第二,学科教学创新必须面向全体学生。第三,学科教学创新必须张扬学生的主体意识。第四,学科教学创新要全面提升学生的整体素养。第五,学科教学创新要注重发展学生的个性品质。第六,学科教学创新要积极实现学科与社会的结合。第七,学科教学创新要探索科学合理的学生评价机制。第八,学科教学创新要做到一元与多元的统一。

参考文献

[1] [日]佐藤正夫著,钟启泉译.教学原理.北京:教育科学出版社,2001.

[2] 钟启泉.现代课程论(新版).上海:上海教育出版社,2006.

[3] 钟启泉.课程的逻辑.上海:华东师范大学出版社,2008.

[4] 钟启泉,李雁冰.课程设计基础.济南:山东教育出版社,2000.

[5] 裴娣娜.学校课程结构变革·学科教学本质探讨.中小学管理,2012(3).

[6] 孙绵涛.学科论.教育研究,2004(6).

[7] 孙绵涛,朱晓黎.关于学科本质的再认识.教育研究,2007(12).

[8] 王建华.学科的"社会学"研究.教育导刊,2007(9).

[9] 肖楠,杨连生.学科及其"两态"互动的本质.中国高教研究,2010(7).

[10] 翟亚军.学科分类及相关概念梳理.北京邮电大学学报(社会科学版),2010(2).

[11] 余立新.文、理、艺学科教学的审美差异.课程·教材·教法,2006(2).

[12] 刘静波.语文的本质是什么？——关于语文性质的论争.现代语文,2014(2).

[13] 田本娜.再论小学语文学科的性质与功能.课程·教材·教法,2002(7).

[14] 蔡春.语文教学刍议.中国教育学刊,2009(10).

[15] 谢雪岭.留住语文课的语文味.上海教育科研,2011(7).

[16] 顾培华.让数学的本质烙印在学生脑海中——"生活中的负数"案例与反思.教育科研论坛,2006(8).

[17] 姜毅.思想品德教学要"归真".教学与管理,2007(1).

[18] 杨克祺.小学品德学科性质刍议.小学德育,2010(20).

[19] 李玉玲,朱江.浅析历史课程标准.历史教学,2002(8).

[20] 李义志.充分发挥历史教学的德育功能.人民教育,1997(11).

[21] 李海涛.历史教学呼唤文史结合.历史教学,2005(10).

[22] 郑坤.历史教学加强审美教育的途径.河北师范大学学报(教

育科学版),2008(2).

[23] 刘萍.历史教学应涵育人文精神.山西财经大学学报,2002(11).

[24] 张祥君.历史教学中的情感教育探析.当代教育科学,2012(16).

[25] 许华.谈历史教学的社会功能.安徽史学,1995(2).

[26] 夏志芳,薛梅.对我国义务教育地理课程标准的思考.全球教育展望,2003(12).

[27] 袁孝亭,王向东.重视地理学科的核心能力与地理观点培养.课程·教材·教法,2003(10).

[28] 杜惠洁,[德]舒尔茨.德国跨学科教学理念与教学设计分析.全球教育展望.2005(8).

[29] 汤新华.跨学科教学:与美国校长、教师的对话.中小学管理,2009(11).

[30] 仪策欣.跨学科教学的魅力.人民教育,2002(7).

[31] 张松祥.我国中小学"副科"悖论的误导及其弊治.教育理论与实践,2013(11).

[32] 王道俊,郭文安.教育学.北京:人民教育出版社,2009.

[33] 郑湘晋.学科教学——德育渗透的载体.教育理论与实践,1998(6).

[34] 袁琳,赵丽霞.中小学学科德育存在的问题与优化策略.思想理论教育,2013(7).

[35] 叶飞.学科教师的困惑:在知识教学与品德教育之间.教育理论与实践,2011(6).

[36] 潘希武.重构学科教学的德育内涵与方式.教育学术月刊,2013(11).

[37] 张淑清.学科美育课:实现知识视点与审美视点的融合.人民教育,2014(2).

[38] 李永焱.人文学科美育的途径和方法.教育评论,1997(6).

[39] 王平.论学校教育以美育人.中国教育学刊,2004(5).

[40] 李登江.对信息技术与学科课程整合的思考.辽宁教育研究,2006(2).

[41] 孙灵.信息技术与学科课程的整合:误区及对策.内蒙古师范

大学学报(教育科学版),2014(4).

[42] 邓立言.信息技术与学科教学整合的三个层次.中国教育学刊,2014(4).

[43] 张婵清,王程越.信息技术与学科整合的实践策略分析.中国电化教育,2012(12).

[44] 许燕."整合"不能失去学科特点.中国电化教育,2003(8).

[45] 童天恩.普通高中学生创新能力培养与学科教学的思考.高等师范教育研究,2001(9).

[46] 华长慧.加快学科教学创新.人民教育,2003(1).

第三章 课堂教学内容分析

教学内容是课堂教学活动的基本要素之一,是课堂中师生进行教学活动的凭借。如何选择与组织教学内容是课堂教学研究的重要问题。本章以教学内容选择为切入点,主要探讨以下几个问题:何为教学内容、教学内容的生成来源、教学内容选择的问题和教学内容的有效选择。

一、何为教学内容

简单地讲,所谓教学内容,一般可以理解为为实现教学目标而要求学生系统学习从而内化的经验的总和。在此,经验包括间接经验(现成的知识)和直接经验。总的来说,人们对教学内容的考察,主要可以在三个层次上进行。一是学习领域。例如,根据 2003 年颁布的《普通高中课程方案(实验稿)》,当前我国普通高中的教学内容划分为语言与文学、数学、人文与社会、科学、技术、艺术、体育与健康、综合实践活动这八个领域。这是宏观层次。二是课程的门类,通常主要表现为科目,这是中观层次。三是某门特定课程中的具体内容,例如中小学语文课程所包含的具体内容,这是微观层次。

从人类教育与教学活动发展的历史角度看,教学内容包括:① 传授各门科学的知识素材;② 发展技巧和能力;③ 形成正确的世界观;④ 培养良好的社会道德态度。在构成这些教学内容的诸因素中,核心应当是传授各门科学的知识素材。因为技巧和能力,必须与应掌握的知识素材学习过程密切配合,才可以发展。世界观也是以所传授的各门科学知识素材为基础而逐渐形成的。良好的社会道德态度、性格,也是凭借指导掌握知识的学习活动方式才得以形成的。

在教学实践中,教学内容常易与课程内容、教材内容相混淆。传统上人们比较关注教材这一具体的课程材料,误以为教材内容就是课程内容、教学内容。教师理念上的混乱导致实践上的盲目,这是教师"教教材"这一现象的根源所在。实际上,在课程研究中,课程内容、教材内容、教学内容隶属不同的研究层面,分别拥有各自的研究范围和内容。课程内容一般指特定形态课程中学生需要学习的事实、概念、原理、技能、策略、方法、态度及价值观念等。课程内容的选择有三种基本取向:学科知识、当代社会生活经验、学习者的经验。因此,课程内容的选择是"根据特定的教育价值观及相应的课程目标,从学科知识、当代社会生活经验或学习者的经验中选择课程要素的过程"。学科中的课程内容往往以课程标准的形式规定下来,具有法定的地位,因而是相对稳定、不能轻易改变的。课程内容规定的是学科某一阶段共同的、统一的标准或要求,教学内容则是教师应对具体教学情境的,因而是具体的、个别的,并能体现差异。课程内容是一种抽象的存在,不能作为学生直接掌握的对象,教学内容是具体、生动并动态变化的,是教师和学生直接操作的对象。课程内容以书面的文字材料进行表述,教学内容则可以通过多种多样的文字和非文字手段进行表征,不仅包括形式各异的素材内容,也包括一些活动、方法、观念、实践操作等。值得注意的是,教师在教学过程中的创造所产生的作用和效果既可能是正面的,也可能是负面的。教学内容固然体现着教师教学的个性化和创造性,但追求特色和个性也必须以"标准"为前提。因此,教学内容无论怎样千变万化,都离不开课程标准这一法定的根本依据,都必须以课程标准为基本导向。"用什么教"实际上说的是教材内容,属于教材层面的概念,它包括一切有效的传递、体现课程内容和承载课程价值的文字与非文字材料。而教学内容是教师对课程的物化形式——教材这个中介进行的创造性的、个性的演绎。教材内容不是学生直接掌握的对象,而是师生教学活动的中介,教材因此也成为教师帮助学生实现课程学习目标的工具和跳板。需要指出的是,教材受制于课程内容,必须反映课程内容,但仅有课程内容"教材化"是不够的,教材内容还须"教学化"。教材内容不是素材的堆积,而必须经过方法化处理。这种"教学化"实质上是让教材"心理化",即遵从学生学习活动的心理逻辑,使教材更具"可教学性"。教材内容无论多么"教学化",它都不能自动地成为教学内容。教材内容是静态的,它是对教学内容的某种预设,而具体教学情境是复杂多变的,是动态的。这便引出了教材内容"教学化"的另一层含义,即教师在教学过程中根据具体的教学目标和教学情境对教材内容进行方法化处理,形成具体而有效的教学设计。教材内容进入教师的教学过程,经由教师的加工处理和"教学化"过程转变成为教学内容。教材(教材内容)是教学内容的一个成分,但不是全部。同教学过程的客观结构相适应的教学内容包括如下要素:① 对学生的引导与激发作用;② 同计划相应的素材内容;③ 不属于学科教材内容的掌握过程最优化的一般方法论建议、指导或指引;④ 教师的教育性价值判断与学生集体成员的接受或批判性指示;⑤ 与上述因素相应,教师的指导作用与学生的规范行为。教学内容不仅包括教材内容(素材内容),而且包括了引导作用、动机作用、方法论指示、价值判断、规范概念等。教材是教学内容的重要成分,但它不过是一种成分。由此看来,教学内容具备了教材内容所无法包含的内涵,它涉及教师的主观作用,因此隐藏着种种不确定性。从教师教学中的实践运作来看,同样的教材内容可以衍生多样的教学内容,而同样的教学内容可以通过不同的教材内容加以实现。同相对稳定的教材内容相比,教学内容呈现出一系列的可能性,因而是一个开放的系统。教学内容不仅是开放的还是动态的,教学过程是教师、学生、教材、环境诸因素交互作用的动态的过程,是一个"生态系统"。教师不必拘泥于教材内容,而应对教材内容进行加工改造,形成教学方案并付诸实施,在教学过程中动态生成教学内容。从既定的教材内容到通过教学设计形成教学方案,再到实施过程,其间经历层层变革,最终形成了教学内容,因此,教学内容是在教学过程中创造的。如果说教材内容是相对静态的、稳定的,教学内容则是现实而生动的,并处于动态变化之中。从教材内容到教学内容,这两者之间存在着一大片开阔地带,教师可以充分地进行再创造。但是,教师对教学内容的创造不是任意行为,要受到课程情境中各种因素的制约。最为重要的是,教学必须满足教学情境和学生的学习需要,学生不能被排斥在教学过程之外,他们的声音必须得到尊重和倾听。从这个意义上说,教学内容必须是"量身定做"的。我们应认识到,课程内容、教材内容、教学内容三者之间是相互联系和相互制约的,但它们可以相对独立地存在。辨明各自的研究范围和任务,可以帮助我们认清学科教育在课程、教材、教学不同层面上的问题。但是,由于它们之间的内在联系和制约关系,对于任何一个层面的研究都要联系其他层面,不能孤立进行。

在目标导向的教学论中,"教学内容"是与"教学目标"联系起来的。教学目标是预期的学生的学习结果,要达到教学目标或获得这些教学结果,学生需在一定教学措施支持与促进下,经历一定的学习加工过程,在这一过程中,学生要对相关的信息进行加工、贮存、转化等一系列操作,才能最终获得一定的学习结果。这里需要进行加工的相关信息就是教学内容。可见,教学内容是与教学目标有关的、在学习过程启动之前存在的信息。教学内容是针对或服务于教学目标的。客观世界中包含大量信息,但只有那些被选择出来并采取一定教学措施,经由学生的学习建构活动转化为学生学习结果的信息,才能被称为教学内容。

二、教学内容的生成来源

关于教学内容的基本来源,已有不少研究。一般认为,在教学内容的基本来源上,总的来说要处理好三个基本范畴的关系:经验、知识、学科。在此,"经验"是最为广泛的一个范畴,它既包括直接的经验(即那些确定性较低、稳定性较低、个人性较明显、情境性较明显并具有显著的过程性的经验),也包括间接的经验(即现成的知识),这两大类经验之间存在着多方面的区别,同时也有着内在的联系。"知识"是经验的一个重要组成部分,这个部分与经验中的直接经验相比,具有相对的确定性、稳定性、公共性(普遍性)、间接性。"学科"(此指学术学科)是专门化、系统化的知识,它总的来说比知识的范围要小,是知识中类别化较显著、组织较严密、普遍性程度较高的部分。这三个层次中的中间层次,即知识层次,大致包括学科知识和非学科知识两个部分。从根本上讲,教学内容的选择和组织需要现实地处理这三个范畴之间的关系。

具体而言,教学内容的生成来源有哪些呢?有研究者认为,教学内容的规定性要素包括资源、方法和主体三个维度,每一维度包括相应要素,共同形成系统。这些要素之间的不同匹配,都影响着教学内容的创生。因而,教学内容的生成来源包括资源、方法和主体这三个方面。

（一）资源

1. 教材

教材对教学内容的规定性主要表现在,教材是教学内容创生的法定、科学的、有一定实践验证的、承载重要社会经验与现代教育目的的素材。教材有法定使用依据,经过国家审定;有科学依据和实验基础,经过专家、教师长期探索;教材精选和组织了社会经验,承载着教育目的,反映着社会对人才培养的需要;教材有现实依据,针对前一轮教材使用中的弊端,解决已经存在的问题。任何离开教材的教学内容创生都是难以成立的,教材是教学内容的权威依靠,可以减少教学内容创生的随意性和盲目性。尽管有人说,有特级教师没有教材也能够教学而且教学很出色,但仔细考察后不难发现,那些特级教师已经吃透教材,胸有成竹。不管教师怎样用教材,教师必须用好教材。

2. 社区/校区、班组条件、社会习俗

社区/校区条件范围广泛,他们属于并影响学校/班组教学。不同社区/校区的政治环境、产业结构、生产水平形成不同的社会—心理氛围,影响教学内容创生的来源和范围。不同社区/校区有着不同的物质设施、教育实践基地、俱乐部、博物馆、科技馆等,分布有着一定的差异,城乡之间、东西部之间差别更为明显。这些差异形成教学内容落实过程中的复杂性,但的确又是教学内容发生作用的重要基础。

班组道德—精神氛围、社会—心理状况、班组学生学习准备水平、学生小组特点等等,有的通过学习动机间接影响学习内容,有的直接影响学习内容。新内容成功学习的前提是,以前所规定的水平已经达到,并以这一水平为基础产生积极学习。

尤其是,不同社区/校区吸引教师的力量差异客观存在。姑且不论教师质量差异对教学内容重组的影响,仅仅教师与课程类别的匹配就直接影响到教学内容落实的年级水平。如外语教学在发达社区/校区可能从小学三年级开始,有的地区甚至从学前段开始,但是在经济落后

区域,小学阶段没有外语教师,外语教学内容无从落实。教学内容开发,基于教学过程赖以存在的现实条件,创造性生成的过程有什么条件,就可能创生什么样的内容。此外,社区/校区传统习惯、民俗风尚、人物风情的特殊性,规定着人的伦理价值、情感—评价模式、思维方式,影响着学校教学内容的选择,尤其影响人文社会课程教学内容的创生。

3. 自然地理

不同学校处于不同的地理环境,享有不同特点的人与自然的关系,学生在具有特殊性的自然地理环境中,自然形成与当地自然地理相适应的概念。如,南方对台风的概念、北方对雪的概念。又如,北方"秋风落叶",到了南方一些地方则可能转换为"春落秋叶"。这些概念是学生学习内容的"前概念",影响到新概念的形成。不同自然地理环境产生不同气候特点、季节变换、时令规律,影响到教学内容的程序结构。

(二)方法

1. 教学策略

在特定教学环节,教学方法包括使用教学手段的方法,也可能成为教学内容。

教学方法本身也可能成为教学内容。在教学过程中,增加教学内容也是客观要求,并不取决于教师的主观愿望,因为我们采用了某些教学方法组织教学,而当这些方法不被学生掌握和运用时,教学也就无从展开。教学诗歌的过程中,教师采用阅读欣赏的方法,于是,关于诗歌阅读欣赏的方法就成为教学内容。或者,教师采用问题解决策略引导学生发现问题、分析并解决问题,那么,如何发现问题和提出问题的方法就成为教学内容。

教的方法依赖于学的方法,教学方法及其组合决定教学内容的变化和充实。也许正是因为这样,学习策略才成为时下一些学校的校本课程。然而,非常遗憾的是,这些策略一旦独立成为一门学科时,教学这些策略又变得异常棘手了。因为,原本这些策略或方法是伴随着教学内容的生成而产生,是在教学内容的变化过程中产生而又影响教学内容,推进教学过程的,如果独立将策略作为一门学科,在其教学过程中又需要从别的学科中寻求帮助,这样不管是对降低教学成本还是提升教学效益,都受到一定程度的影响。

2. 组织形式

班级教学决定教学内容的最基本范围和容量,小组教学决定各种不同类型和形式的活动内容,个人活动则决定个别化作业范围和水平。在实际课堂教学活动中,班级教学、小组教学与个人活动不一定单独存在,总是在不同程度上组合运用。这为教学内容创生拓展了更大的空间。

3. 物质手段

物质手段改变着教学内容的存在状态和表现形式,为教师创生教学内容提供机会和便利。物质手段本身及其使用方法可能成为教学内容。实验设施以及幻灯、投影的使用,包括在使用过程中如何注意安全,都是教学内容。在用毛笔书写的时代,"书法"也是作文教学的重要内容。在多媒体教室运用电脑写作,"学会使用电脑"也成为教学内容。信息技术作为教学的主要手段,本身也是教学内容。一些教学手段更替另一些教学手段的整个历史,就是教育内容局部变化的历史。教学内容变化也是如此。物质手段的使用方法更多时候与教学内容融为一体。

(三)主体

1. 教师

已有研究表明,教师使教学内容发生变化,这具有必然性。因为教师不得不考虑以下因素:不断发生着变化的社会需求;学生的班集体各有特色;班集体本身既会因学生学习成绩的变化,也会由于偶发的学习动机而经常发生变化;教师具有的教学手段是各不相同的。教师本人由于有自己的教学风格和自己的爱好,也不可避免地把自己的个性特点加进了学习过程。教师不可能详细地预见不同于教学过程的教学进程,这是因为,教师是教学过程的组织者和引导者,其使命就在于思考教学过程中各因素的作用,在教师完成使命的历程中,教师的知识基础、性格特点、兴趣爱好、价值观、社会经验、教学风格等都影响着教学内容的创生。

教师对教学内容的创生主要表现在他所从事的校本的课程开发活动或教室本位课程开发活动之中。在活动中,教师根据全班学生学习水平和教学过程的逻辑性,从整体上压缩、补充、重组教材预先规定的内容。首先表现在选择不同版本的教材,修改教材中落后于科技水平的知识,补充新知;其次,表现在教学设计中的"留白",教学过程中根据教学要求填补;再次,将复杂问题简单化、抽象知识形象化、学术知识生活化、结论过程化、复杂概念化整为零。

在教学内容的创生过程中,教师的教育观影响教师的教学目的,决定教学内容的设计与生成。有的教师不在乎自己想教给学生多少内容,而关心学生实际能够学到多少内容;也有教师关心学生怎么学胜过学什么;还有教师注重学生综合素养和实践能力培养,而非单纯的知识记忆。这些都对教学内容的处理影响深远。但总体上,好的教师总是依据学生的已有经验、知识基础,估计学生学习潜力,设计教学内容,促进有意义学习,而不仅仅根据教学任务硬性规定学生学习内容。

2. 学生

课程实施的终极目的是促进学生的学习与发展,而有效学习与发展发生的前提是教学内容的难度、水平、范围基于学生能够理解、接受和可能达到的程度。因此,教学内容创生总是受学生制约的。

瑞吉欧特别强调了儿童作为"资源人"的作用和价值。儿童并非只有自己的需要和兴趣,他们也拥有自己独特的经验和潜能;他们有自己的问题,也有自己的"理论";他们不仅希望得到,也希望给予。他们可以为课程的发展、为教学、为教师提供积极的帮助。

学生有自己的学习期望和理解,学生参与课程实施是缩小学生适应性与教学内容之间的差距、增进教学内容对学生适应性的重要路径。研究表明,即使是很小的儿童,也对课堂公平、学生评价等学校生活的重要方面有着比较成熟的看法,这些看法极大地影响了学生的学习动机。因此,教学内容设计要充分留意并吸收学生的看法,恰当处理内容,提高学生的学习动机水平。

学生参与课程实施,客观上也改变着教学内容。在实施综合实践活动课程的学校或班级,积极倡导研究性学习,使学生在课程教学过程中拥有一定的自主空间,在决定活动主题或研究课题、策划活动方案等领域有一定的话语权,激发学生主动学习愿望,提高活动水平。

实际上,综合实践活动课程实施、研究型课程推行以及建构主义教学等教学策略的普遍采用,使培养学生分析、综合、应用等高级思维技能成为教学的重要目的,也从课程实施角度要求学生扮演一个主动参与的角色,这是此类课程与教学策略的本质规定。近年来还有研究者呼吁,课程实施研究者有必要充分关注学生,并且尝试以多种形式将学生纳入新课程实施的研究之中。可以预料,随着学生参与课程实施的研究与实践例证的逐渐增加,学生影响教学内容创生的例证也必然增加。

3. 家长及行业人士

家长的教育观影响其参与学校教学过程的范围和程度,也影响着家庭中对孩子教育的方式、方法、水平。如在家庭教育过程中提前教授孩子课本内容,或改变学生认知的前提特性,或改变学生学习内容的动机与情感,都会对教学内容产生影响。因此,家庭学校协作设计教学内容,是教学研究的课题。

行业人士作为重要的课程资源,参与不同性质的教学过程之中,既是课程教学的客观要求,也是改变教学内容的重要力量。行业人士运用其专业智慧在教学过程中同师生的交往和对话,以自身独特的教育观对教学内容的创生从不同角度产生影响,这是教师不可替代的。

4. 交往方式

教学过程始终处于一种变化和运动的状态。交往方式在教学过程中不断发生转化,有教师与学生、学生与学生、教师与教师交往,有教师对小组的交往、学生在小组中的交往,有组与组之间的交往、组与班组的交往,有教师、学生个体与班组的交往。"道之所存,师之所存",学生、家长、社会行业人士可能成为教师,而教师、家长、社会行业人士也可能成为学生的学生。在综合实践活动课程教学过程中,交往范围拓展到社会,教师与社会行业人士、家长之间,学生与家长、社会行业人士、社会活动指导教师之间均产生交往。

学生都有特定的具体性,每个学生是不同的个体。不同学生对相同教学内容的理解是不同的,教学过程中出现学生的不同理解,往往不是学生个体直接产生的,而是在教学交往中渐进生成的。发生在课堂教学过程中的对话,是通过多级主体共同预设教学内容,而非直接通过教材之间的互动而实现的。

在互动中理解和建构教学内容,交往方式及其组合方式不同,教学内容的落实范围和程度也会发生变化,而且,交往活动本身也会改变预设教学内容,增加新的教学内容。在综合实践活动课程教学过程中,交往方式、交往时间、交往空间的变化,对教学内容创生的影响更胜于学科课程教学。

(四)要素系统

资源、方法、主体三维要素在教学过程中综合发生作用,形成教学内容创生规定性要素系统,为教学内容的设计与生成带来变异和新机。教师在考虑教学内容的过程中,不仅同主体维度中的学生、家长和社会行业人士对话,而且要仔细考证资源维与方法维中的各要素,寻找可能的交合"体"与"面",改变教材内容特征,创生适应特定教学情境、切合学生学习的最大利益的教学内容。

"三维"中,"主体"是关键;"主体"维中,教师是关键。在教学情境中,主体维中个人情感—意志冲突、偶发联想以及设想的转变,通过教与学动机水平影响教学内容的生成和变化。决定这些变化的,是教师的教育智慧。

综上所述,教学内容的生成来源包括资源、方法、主体三个维度及其相互作用而形成的要素系统。在课堂教学层面,不同要素的作用方式与影响大小都会对教学内容的最终确定起到直接或间接作用,从而显现出由不同的教学内容所决定的各异的课堂教学样貌。

三、教学内容选择的问题

概而述之,教学内容选择与组织的制约因素包括:① 逻辑制约因素,即教学内容必须具有相应于各门科学的体系与逻辑教学论的正确组织与结构;② 社会制约因素,即教学内容必须能够保障促进后代的知识、能力、态度的发展;③ 心理制约因素,即儿童的发展状态和心理特征、智能水准、倾向、潜力,都必须加以充分考虑,以此来选择、组织与这些心理发展特征适应的教学内容。无论是在课程内容层面,还是在教材内容和教学内容层面上,这三个方面的因素都同样需要加以考虑并得到满足。

具体到课堂教学层面,教学内容的选择由于受到多种因素的综合影响而显得复杂多样,课堂教学也因此显现出不同的样貌。在教学内容的选择上,通常有四种问题表现,即教学内容教材化、教学内容表面化、教学内容一味求全和教学内容选择不当。

（一）教学内容教材化

教学内容教材化，即教师对教学内容的处理相对僵化、封闭和静态化，以教材内容替代教学内容，无视学生需求和学科要求，教学价值因而无从体现。

【案例】 "教学内容"决定"教学方法"——两位老师"同课异构"《燕子》教学课例剖析

课文内容：一身乌黑光亮的羽毛，一对俊俏轻快的翅膀，加上剪刀似的尾巴，凑成了活泼机灵的小燕子。

李老师执教的《燕子》第一段

师：小燕子，真灵巧，拖着一把小剪刀。剪彩云，彩云飞，剪柳条，柳条摇。活泼可爱的小燕子从南方飞来了！我们来读读第一段，读读这只美丽的小燕子吧。

生：大声地朗读第一段。

师：这短短的一段话，你看到了一只怎样的小燕子？

生：我看到了一只美丽可爱的小燕子。

师：用你的朗读来表示这只美丽可爱的小燕子。（生读）

生：我看到了一只活泼机灵的小燕子。

师：用你的朗读来表示这只活泼机灵的小燕子。（生有感情地读）

师：你又从哪些词语感受到这是一只活泼机灵的小燕子？

（学生抓住"乌黑光亮""俊俏轻快""剪刀似的"等词语交流燕子的活泼机灵、美丽可爱。）

师：（出示"乌黑光亮、俊俏轻快、剪刀似的"）读一读这些词语，作者看到这样一只小燕子从南方飞来，心情怎样？

生：很高兴。

生：很兴奋。

生：很想赞美赞美这只小燕子。

师：是啊，这样一只美丽可爱、活泼机灵的小燕子从田野边飞过，从杨柳旁飞来，作者是多么兴奋，多么想赞美一番啊。谁再来赞美赞美？（指生读，全班有感情地读。）

黄老师执教的《燕子》第一段

师:作者是怎样把燕子各种不同的美描写出来,让我们感受到那么具体生动形象的呢?先看第一自然段的外形之美。(生齐读第一段)

师:我们平时只注意写了什么,很少注意它是怎么写的。现在你要用眼睛去发现作者是怎么写的!

生:用了"乌黑光亮""俊俏轻快""剪刀似的",还有"活泼机灵"这些词语写出了小燕子的外形特点。

师:他注意了这些描写小燕子外形的特点。

师:燕子身上的每一个部位都写了吗?

生:写了燕子的羽毛、翅膀,还写了尾巴,然后再是整体。

师:一只燕子还有头,有眼睛,有爪子,为什么不把这些也写下来呢?

生:他是抓住特点来写的,所以不是每样都写。

师:对啦!这就是抓住特点。(板书:抓住特点)

师:所以我们说,写一个事物,一只鸟,一个人,都要抓住它的特点来写。作者就是抓住了燕子的特点来写出它的美的。抓住了哪几个方面的特点啊?

生:羽毛,翅膀,尾巴。

师:我们来读一读这三个特点。

(生齐读)

师:作者抓住了燕子的特点写出了它的美。还用了什么方法写出了它的美?

生:我觉得还用上了一些形容燕子的词语来写美的。比如乌黑光亮啦,俊俏轻快啦这些词。

师:这位学生真有一双发现语言美的眼睛。你看,它的羽毛用了"乌黑光亮"来形容,如果写成"黑乎乎的羽毛",还美吗?(生摇头)

师:同样写黑,"黑乎乎"用在这里就不美了。"剪刀似的尾巴"美的,"树杈似的尾巴"美吗?(生摇头)

师:所以你不但要抓住特点,还要用优美的词语来形容、来描写,词语有多美,你描写的形象就有多美!(板书:用词优美)读一下。

生:用词优美。

师：所以，用优美的词语来形容、来描写非常重要。好，我们一起来读一读它抓住特点并用优美的词语所描写的燕子。（生齐读）

师：你还要注意这些词语的结构，字数都是差不多相等，结构都是相同的，所以读起来很有节奏，你看（师范读），朗朗上口，便于记忆，也便于背诵。你能背吗？

【解析】

同样的课文，两位老师采用的"教学内容"不同，教学效果截然不同。

李老师确定的"教学内容"是：理解这段话的内容，感悟"燕子"的美，体会作者对燕子的喜爱之情。"看到了一只怎样的小燕子""从哪些词语感受到"（理解感悟）和"作者看到这样一只小燕子从南方飞来，心情怎样"（情感体验）。教学徘徊在"跟着课文内容跑"的圈子里，试图通过引导学生对课文内容的理解、感悟、体会提高语文能力，走的是"带着学生感悟课文"的路子。至于课文是怎么写的，用什么方法写的却全然不顾。

黄老师的教学内容定位在：学习作者描写燕子美的"方法"。他不仅关注了语文内容，更关注语言形式和表达方法。一开始就以"表达形式"为切入口："你要用眼睛去发现作者是怎么写的！"学生通过朗读发现，燕子的美是通过"抓住特点"来表现的，教师就引导学生："写一个事物，一只鸟，一个人，都要抓住它的特点来写。"接下来黄老师引导学生继续寻找"还用了什么方法写出了它的美？"学生再次找到语言的秘密："用词优美"。黄老师作了提升：这些词语的结构，字数差不多，结构相同，读起来很有节奏。再让学生把这段话背诵下来，实现了真正的语文积累。显而易见，黄老师把阅读课的重心不只是停留于对课文的"理解和感悟"上，更注重"话语形式"，走的是"言语训练"的路子。

学习语文，包括学习形式（怎么说）和内容（说什么）两个方面。语文教学要同时兼顾话语的形式和话语的内容，到了中高年级则要逐步侧重"话语形式"。语文教学要始终着眼于语言文字怎样把人的情、意在作品中表现出来。阅读课无非是个"例子"，我们的教学要让学生知道课文"写了什么"，更要让他们懂得课文是"怎么写"的。在阅读教学上坚持像黄老师那样的引导，我们的学生在语文能力提升上将受益匪浅。

就目前而言,我们一线的许多语文教师还弄不清自己的语文课堂上应该教什么、正在教什么。"教学内容"(目标)是教学行为的指路灯,又是控制教学行为的方向盘。一堂语文课,如果教学内容有问题,那么教师的教学再精致、再精彩,课堂的气氛再热烈、再活跃,价值都极为有限;"教学内容"正确了、妥帖了,教学方法的选择空间其实是无限的,完全不必拘泥于教学方法的枝枝节节。

(二)教学内容表面化

教学内容表面化,通常表现为对教学媒体的滥用、一味求新求异和追求教学气氛,有花架子而无实质内容,不关注学科价值与教学理念,因而这样的教学也是低效甚至无效的。

【案例】

一位教师在自己的反思文章中写道:

我在《鸿门宴》的教学中讲到鸿门宴中的高潮部分时,本想打破传统的教学模式,体现新课程标准的全新理念,在没有事先布置的情况下,让学生将"项庄舞剑,意在沛公"和"樊哙闯帐"部分改编为课本剧,当场加以表演。设想十分合理恰当,但是没有想到在具体实施过程中的效果不尽如人意。我让四名男生分别饰演刘邦、项庄、项伯、樊哙。只见"项庄"的木剑舞来舞去,"项伯"张开双臂闪来闪去,学生群情高涨,叫好声响彻教室;"樊哙"大口喝水大块吃面包的夸张动作逗得全体同学捧腹大笑。整个活动持续了40分钟,此节课在学生的哄笑声中宣告结束。

这节课的具体效果可想而知。这种只关注课堂气氛的高涨热烈,忽视对课文本身的关注与挖掘的教学,无异于在做一种"无益之功",空有花架子而无实质内容。

【解析】

新课改以来,热热闹闹的课堂教学经常可见,很多老师以为这样的课堂就是新课改所倡导的"以学生为主体"的教学,似乎课堂安静下来就是低效的甚至无效的教学。却不知,这样的教学看似让学生"动"了起来,但"动"的结果是什么却不得而知了。新课改倡导教学行为与学习方式的转变,但教学的有效性不是在学生看似热闹实则空洞的学习过程中体现出来的,而是需要师生在知识、能力、情感等方面共同经历、分享与成长。徒具其形而无实质的教学内容是不能实现教学目的与要求的。

(三) 教学内容一味求全

教学内容一味求全,即教学预设目标与任务过于繁重,过于关注目标与任务的完成,而忽视了教学过程中的学生发展需求和学科本质要求,从而导致教学在实际上的一无所获。

【案例】 于永正评课

随着清脆的下课铃声,于永正老师带着他的弟子们开始评课。执教老师面带愧疚地说:"于老师,我设计的很多教学环节还没有来得及实施,还有一些该深入探究的地方我忘记了!""幸亏你忘记了!"于老师不但没有责怪,反而微笑着说。正当大家不解时,他语重心长地说:"一篇文本有大量丰富的信息,但在进行教学内容的选择时我们不能像牛进了菜园子,看看这里好,得探究,看看那里也好,得挖掘。一节课就40分钟,你'啃'得过来吗?"

【解析】

教学内容的选择恰当与否,直接影响着课堂效率的高低。教师在备课时对文本的解读可以全面而深入,但在教学内容的选择上却要精准和挑剔。"牛进了菜园子"这个比喻,正是对教师教学内容选择上的不加筛选、不做思考这一现象的生动描述。

(四) 教学内容选择不当

教学内容选择不当,即教学内容的选择缺乏科学性与客观性,不符合学生的实际知识水平、兴趣需要与可接受度,或者对教材及课标存在误读,不能保证所教内容的正确性。这往往是由于教师自身的知识欠缺与教学水平不高而导致的问题。

【案例】 语文课到底应该怎样教?

新课程改革以来,由于语文教师凭借自己主观上对语文教学内容的理解,再加上其对语文课程性质的人文性的不恰当的解读,使部分语文教师在教学实践中存在曲解语文教学内容的现象。譬如:学习《致橡树》,让学生讨论什么是真正的爱情;学习《心声》,让学生评价当前的教育制度存在的问题;学习《祝福》,让学生破案,找出杀害祥林嫂的凶手;学习《背影》,让学生找出父亲做得不对的地方;等等。在语文教师自以为是地开发与"创造"语文教学内容的同时,语文教育界还不停地传来"语文课愈来愈不会教"的声音。

【解析】

语文课到底应该怎样教?这一问题说到根本,实际上是语文课到底应该教什么的问题。教学内容的问题是不同学科教学中的共性问题,需要人们对于教学内容的学科性质、知识的理解等教学内容的背景问题具有清晰的认识。随着人们对知识性质的多重维度的认识,基于知识的"客观性"、"普遍性"、"明确性"、"个人性"和"简单性"建立起来的知识体系已出现了危机,与之相应的"个体化的"、"去静脉化的"、"抽象化的"和"简单化的"课堂教学模式也就不可避免地失去了其存在的合法性依据。鉴于此,当前课堂教学改革就必须在强调知识的建构性、情境性、默会性、社会性和复杂性的基础上展开,并力求在建构性学习环境的创设、学习共同体的建立、情境性教学、默会知识与复杂知识的教学等几个方面取得突破。

四、教学内容的有效选择

教学内容的有效选择,涉及两个必须解答的问题,即有效的教学内容具有什么特点,以及如何有效地选择教学内容。

(一)有效教学内容的特征

一般来说,有效的教学内容具有以下特点。

1. 整体性

教学内容的整体性是指教师所理解的和所教的内容与学生所学的内容是相吻合、相适应的,即教学内容(或课程)的设计者、实施者和使用者之间具有高度的契合。在课程权力中心逐渐下移的背景下,课程开发的主体不再仅仅是课程专家,课程开发的权力更多地赋予了教师、学生和家长等,课堂中的教学内容必然更多地体现出整体性特征。

2. 适切性

简而言之,适切的教学内容,就是文本的深浅程度刚好是儿童能努力解读透彻的;适切的教学内容,也就是授予的具体方法刚好是儿童能自如运用的策略性知识。有什么样难度的文本,就用什么样有用的方法,这就是最适合儿童的教学内容。从语文教学的角度看,研制适切的语文教学内容,可以从以下四个角度入手:① 从儿童的天性看雅俗;② 以儿童的悟性定深浅;③ 视儿童的耐性取多少;④ 就儿童的知性分先后。

3. 生成性

教学内容的生成性是指教学内容是随着课堂教学进行和展开的过程而产生和发生变化的。教学内容不应仅仅是课堂教学实施之前预设的、不可改变的知识和技能,更应是在教学过程中伴随着教师与学生的互动而产生和发展起来的。生成性的教学内容是灵动的、富有生命力的和具有发展可能的,是教师与学生生命成长的途径和结果。

4. 创造性

伴随教学内容的整体性、适切性和生成性而来的教学内容的另一重要特征便是创造性,它体现的是教学的生命力。创造性既是整体的、适切的、生成的教学的必然结果的反映,更是开展整体的、适切的、生成的教学的前提。

5. 个性化

教学的创造性必然要求教学的个性化,反之,个性化教学也是创造性教学的必然结果。个性化教学反映的是教师对于教学目标、教学内容、教学过程等的独特的思考与个人的风格,同时也反映出教学过程中的学生作为生命个体所具有的独特的气质、性格、思维方式和个性。个性化的教学必然也是整体的、适切的和生成的教学。

(二)教学内容的有效选择

教学内容的创生分为教学过程前的预设、教学过程中的机变与再生、教学过程后的系统改写。有效的教学内容选择应满足以下要求。

1. 教学内容的预设

(1) 整体优化。

教材内容整体优化,在宏观上依据课程标准对学段的不同要求,微观上依据具体的教学目标,整体考虑教学内容的规定性要素,对所选择的多版本教材内容的顺序、授课时数进行调整,并增删适当内容,使之从整体上适合特定年段、特定班级、特定学生群体的学习需要。例如:

> 在教学内容设计过程中,有位老师针对班级学生受港台文化影响,对生活缺少激情和深刻感悟、语言不尽如人意等实际情况,设想利用诗歌感情丰富、语言优美、意境含蓄的特点,通过学生对诗歌的读写评品系列活动,逐渐引向优美与高雅,不为考试、不为专门培养诗人,而是为了培养爱诗、欣赏诗歌的公民,大胆地将整本教材中10首分散设置的诗歌汇集成一个单元集中教学,收到了良好的效果。

(2) 整合社会经验。

教学总是发生在一定社区/校区环境之中,社区/校区业已形成的历史文化传统、民俗风尚、流传故事中包含着丰富的社会经验,可以作为教学内容重组的资源。学生长期生长在这些社会经验与生活背景中,有意与无意之间接触过这些经验与生活,利用这些资源可以使教学内容的学习建立在学生已有的经验基础之上,易于产生有意义的学习。例如:

> 李吉林老师在讲授《萤火虫》时,采用儿歌导入(萤火虫,点灯笼,飞到西,飞到东,……好像星星落花中),极大程度上激发了学生学习的欲望。
>
> 特级教师黄爱华在讲授"循环小数"时,也引入一段"传言"(从前有座山,山上有座庙,庙里有个老和尚。老和尚对小和尚说:从前有座山,山上有座庙,庙里有个老和尚。老和尚对小和尚说……),成功地帮助学生建立了"循环"的前概念。

(3) 主题活动设计。

联系社会现实生活的重要途径是设计学生喜爱的主题活动。例如:

> 有位老师在讲授"百分比的应用"时,大胆地结合学生"存钱"的生活体验,将"百分比的应用"转化为"百分比的应用:利息",设计系列活动,收到良好的教学效果。
>
> 例如,模拟实践活动:王东去年12月25日在银行存了300元钱,存期一年,今天正好到期,他想把这笔钱取出来买一台语言复读机。请同桌的同学一人扮王东,一人扮银行储蓄员表演取款经过。

如此之类的教学案例,在新课程实施过程中不断涌现。可以想象,有关教材内容改造与重组,将受到更多研究者的关注,成为有研究价值的课题。

需要说明的是,主题活动应该从学科的特点中产生,活动设计要考虑到学科的主要功能和主要成分,这是学科课程教学中主题活动与综合实践活动课程的明显分野。

(4)作业设计。

作业是教学内容的重要组成部分,好的作业能够提高学生综合运用知识的能力,能够使课堂教学内容很好地向生活延伸。例如:

> 有位老师在讲授"圆的周长"时,成功地设计了一道作业"的士计价与圆的周长",学生当堂完成,兴致颇高,对学生理解圆的周长公式,将周长知识应用到生活,对学生学习数学兴趣的培养,都有一定的帮助。

2. 教学内容的机变与生成

教学是教师和学生在具体教育情境中对内容作出根本变革的过程——创生内容与意义的过程。教学不是忠实执行预设教学内容的过程,而是教学主体在特定教学情境中创造教学事件、理解课程意义、生成"自己的经验"的过程,具有不确定性、复杂性和丰富性。

应强调的是,在教学之前不存在全面的、完善的教学内容。面对课堂教学的具体的、现实的情境,即使是特级或优秀教师所设计的"完美"的教学内容,也只有在教学过程中才能得到进一步发展和完善。而发展与完善的前提是,学生对教学内容的理解与心理接纳,因为教学内容本身对学生不一定产生学习上的积极意义,只有学生在教学过程中对它们能够真正理解才有意义。所以说,教学过程本身就是教学内容从理想走向现实的过程,是修正、丰富和完善教学内容的过程。国外有课程学者用"课程改变"这一概念来代替"课程实施",强调"课程改变"是个人成长、思维和实践变化的过程,而不是设计和实施一个有组织的程序。这实质上也就是预设课程在课程实施中的机变性,强调课程的非预设性。例如:

> 意大利的瑞吉欧幼儿学校没有预先设计好的课程,幼儿本身的需要、兴趣、经验和能力极为多样化,教师和儿童在一起,"就是在同三分之一的确定性和三分之二的不确定性与新异性打交道"。如果预先确定好学习的终点和程序,只能束缚和阻碍幼儿的学习潜力,只能把学校推向"有教而无学"的状况。因此,瑞吉欧的幼儿学校坚决摒弃了教师预先确定课程的做法,而把课程设计视为师生(包括家长)共同建构的过程,视为一个保持着高度动态性、灵活性和开放性的过程。

面对教学内容在教学过程中的机变与生成的可能与必然,教师需要做好以下五方面工作。

(1) 关注学生的思维状态,洞察教学内容机变的时机。

(2) 根据学生的理解水平,调整教学流程,适时跳跃环节,相机精简内容,包括活动设计。

(3) 调整教学内容的难度水平,使之适合学生可接受能力。

(4) 倾听学生,善于接纳学生提出的要求。在教学过程中常常会遭遇到"教学任务"与"学生需要"的冲突,原本设想要解决 A 问题,可学生要解决 B 问题。此时,如果引导学生围绕他们的问题去探究,不仅顺应了学情,而且,由于问题来源于学生自己的质疑,他们自己发现、提出和解决问题,兴致必然高昂,注意力高度集中。反之,如果教师忠实落实预设的教学内容,学生的积极性将受到很大的伤害。因此,教师要善于接纳学生的"话题",及时替换预设内容。

(5) 及时捕捉教学过程中动态生成性资源,因势利导,增加新的教学内容。学生在课堂活动中的表现及行为方式,包括学习兴趣、注意力、学习方法与思维方式、发表的意见、建议、观点、提出的问题与争论乃至错误的回答等等,都是教学过程的生成性资源,而教学过程诸要素相互作用过程中的偶发事件,更成为教学内容机变的资源。例如:

上海市闵行区花园学校贺红梅老师在教学《画杨桃》的过程中,问学生如何理解"面面相觑"一词时,学生你看我,我看你,无人举手。于是,贺老师点名提问。提问甲,茫然。提问乙,彷徨。两同学互相对望。贺老师开始暗暗着急,但很快冷静下来,将注意力指向学生,细致观察,看到两位同学的面部表情,马上捕捉,提问全班同学:"谁能用一个词语来形容一下这两位同学的表情?"全班同学的手一下子举了起来,"面面相觑"。在这个事例中,贺老师成功地将课堂提问出现的尴尬局面转化为课堂教学新问题(形容表情),以达到理解"面面相觑"的教学目的。

在新课程实施过程中,涌现出了许多优秀的教学案例,不再赘述。

机变为再生提供机会,再生是机变的重要补充。机变也意味着生成,生成又促进机变,教学过程就是这样一个包括系列机变和再生的过程。针对可变的因素和具体的教学情境,改变教学内容,再生教学内容,再改变教学过程,在整体教学过程中不断发生着这种改变。随着变化的内容逐渐引入教学过程,新的教学过程不断生成。教师在预设教学内容过程中注意"留白",变"线性教学设计"为"框架式教学设计",为儿童的参与,为课程的发展,为那些不期而至的教育契机留下了弹性的空间。

3. 教学内容的系统改写

系统改写教学内容,也就是系统建设教学内容,产生教后文本。教后文本是教学内容预设、机变、再生后的综合,也是吸收反思经验重新建设的文本,它属于"师生自己的教与学的内容",也属于波斯纳提出的"操作课程",是教师真正传授给学生的内容,是教师根据自己的教育智慧,立足特定的教学情境和学生需求解释和落实的内容。教学内容被改写本身说明教学内容应该是生长性的,是灵动的、非凝固的。

教学内容系统改写的范围甚广。教学过程前、中所发生的关于教材内容的整体优化、社会经验的整合、内容与生活的联系、活动及活动系列设计等等,均需要系统评估,以"教学内容最大可能地适合教学特性"为考量标准,再现教学内容。

【案例】 在"舍弃"中集中——《爱如茉莉》磨课历程

很有幸参加了"国培计划(2010)——中小学骨干教师培训"小学语文班的学习,来自江苏、安徽共48名学员齐聚在上海师范大学,开始了一段难忘的为期15天的培训学习之旅。其中,专题行动研究是国培班的一个鲜明特色,集体备课进行了三次:一是基于个人经验的教学设计,二是基于专家指导的团队教学设计,三是基于课堂实践研究的教学设计。我们行动小组共有7人,选用的课题是苏教版语文第十册的《爱如茉莉》。担任我们研究小组的指导专家是上海师范大学初教系主任、教授、硕士生导师吴忠豪,上海师范大学教授、博士生导师王荣生,上海市特级教师徐家良。整个培训给我们留下深刻印象的还是专题行动研究,团队磨课时讨论热烈,观点交锋激烈,专家指导如火烈烈,大家如"凤凰涅槃,浴火重生"。下面就我们组对《爱如茉莉》第二课时教学内容研磨的过程,谈几点体会。

一切的教学行为都是从教学目标开始的,我们围绕《爱如茉莉》的教学目标几次选择了教学内容,是在不断舍弃中确定了本课的教学内容。下面试选取部分教学内容加以评析。

一、基于个人经验的教学内容确定

请同学们静静地读读课文6~18自然段,你从课文的哪些语句和细节中可以感受到"爱如茉莉"? 老师呈现了以下画面,一是煮饺子的画面,二是执手而眠的画面,三是醒来之后的画面,最后教师还让学生欣赏一首《爱是什么》的小诗。

在第一个画面中,教师抓住了"直奔""每天都去"等关键词。透过"直奔",学生读出的是爸爸的心急如焚,读出的是爸爸不顾刚出差回家的疲惫一心牵挂妈妈的真情;"每天都去",让学生体会那该是一种怎样持久的关怀。

在第二个画面中,教师抓住了"叮嘱""紧握""探"等词,让学生体会到爸爸妈妈之间的深情。

在第三个画面中,教师设计了这样一个环节:那漫漫长夜中还会出现怎样的画面呢?展开丰富的想象,选择其中一个写一写。显示:夜很深了,伏在床上的爸爸久久不能入睡……半夜里,妈妈从睡梦中醒来,感到四肢麻木……从以上教学内容的确定,我们可以看出这是一篇感受性阅读很强的教学设计,教师只是在引导学生感悟着课文的内容,感悟着老师的感悟,没有带领学生深入到文本的语言之中感受细节描写之妙,连品词析句也只是"蜻蜓点水",文本的语言没能得到理解和借鉴。小语会会长崔峦老师要求:"要由分析课文的教学,转向以策略为导向的教学,注重读法、写法、学法的指导,以提升阅读理解能力、运用语言能力以及学习能力。"因而,此篇教学设计不妥,从头再来。

二、基于专家指导的教学内容确定

第二稿在专家指导下,依据教学目标分为三个板块选定了教学内容。

第一板块

出示:(第二天早晨,妈妈用虚弱的声音对我说:"映儿,本来我答应今天……记住,要等他吃完了再告诉他我进了医院,不然他会吃不下去的。")

1. 感悟:在妈妈眼里,自己的病和这顿饺子相比,哪个更重要?你认为妈妈在说这话时,会特别强调哪些词?自己试着读一读。

2. 指名读。(然而,爸爸没有吃……也没听我……便直奔医院,此后,他每天都去医院。)

第二板块

出示:(一天清晨,我按照爸爸的叮嘱……妈妈睡在病床上,嘴角挂着恬静的微笑;爸爸……一只手紧握着……头伏在床沿边睡着了。初升的阳光……)

1. 当作者推开病房的门,看到了一个怎样的场面啊?(处理细节:紧握、微笑)

除了对人的描写,这段还写到了环境。读读这句话,有什么感受?(点拨:情景交融。)

2."怔"是什么意思？作者为什么怔住了？这里除了映子外，还有谁也被这一幕深深打动了？

3.引读："这时,初升的太阳……"

4.我们来关注这个字。（点击"探"变红）这个字我们可以换成哪些字呢？（照、射、穿）那作者为什么不用"照""射""穿",而要用"探"呢？

第三板块

出示：(似乎是我惊醒了爸爸……睡眼蒙眬……蹑手蹑脚……)

1.这句话中的哪些词语会让你的心头微微一动,为什么？（点击"轻轻放下、蹑手蹑脚"变红）（爸爸怕发出声音吵醒妈妈）学生自由感悟,给"蹑手蹑脚"换个词,为什么要"蹑手蹑脚"？

2.是啊,多么细腻的心思啊！你怎样读好这句话呢？

（指名读）（对,轻轻地,不要吵醒妈妈）我们一起轻轻地读。（齐读）

3.此时,老师将目光落到了这个词上,（点击"似乎"闪烁）知道为什么吗？

这三个环节看上去条理比较清晰,在品词析句中,在关注细节中,在潜心阅读中,感受到父母之间平淡却深厚的情感,但语文能力的生长点没有了。老师带着学生去分析课文的内容,只是得意,还没有得言、得法,还没有和内容分析的阅读教学说"再见",还没有越过内容分析式的这道顽固的"魔障",堵不住"内容分析"的路,就迈不开"教语文"的步。

三、基于教学实践的教学内容确定

在专家的再次指导下,行动小组进行了第三次磨课。在教学内容的确定上我们只抓住了两个板块,一个是研读课文第9节的细节描写,另一个是根据习得的细节描写的方法去阅读课文。

第一板块

同学们,我们来看其中这样一个画面——

1.课件出示：(妈妈睡在病床上,嘴角挂着恬静的微笑;爸爸坐在床前的椅子上,一只手紧握着妈妈的手,头伏在床沿边睡着了。初升的阳光从窗外悄悄地探了进来,轻轻柔柔地笼罩着他们。

一切都是那么静谧美好,一切都浸润在生命的芬芳与光泽里。）

指名读,其他同学思考：这段文字有几处细腻的描写？

2. 课件出示去掉细腻描写的文字,对比朗读,体会细节描写的表达效果。

（妈妈睡在病床上,爸爸坐在床前的椅子上,头伏在床沿边睡着了。初升的阳光从窗外悄悄地探了进来,轻轻柔柔地笼罩着他们。一切都是那么静谧美好,一切都浸润在生命的芬芳与光泽里。）

师:请看老师出示的两段文字,读读看,有什么不一样？你觉得哪段表达效果好？为什么？（"恬静的微笑"把妈妈的笑描写得更具体、更细腻。这种描写我们称之为细节描写,这是关于妈妈神态方面的细节描写。"紧握着妈妈的手"充分体现了爸爸对妈妈的一片深情、关爱和呵护。这是关于爸爸动作方面的细节描写。）

3. 除了对人的描写,这段还写到了什么？（环境,关于初升阳光的描写。）

第二板块

学生研读其他小节,圈画细节描写并写批注、写体会、写感受。

过渡:爸爸妈妈之间平淡而深厚的爱就像茉莉花一样,星星点点地散在文字中,流淌在细节里,要用心才能读出来。文中还有哪些细节描写让我们感受到"爱如茉莉"呢？请你圈画出来,写上体会和感受。我们要养成读书作批注的习惯。

在我国阅读教学实践中,教师面对一篇篇包含字词句篇、语修逻文等诸要素的课文,在确定究竟应该"教什么"方面往往显得颇为茫然。要么什么都教,面面俱到,要么想教什么就教什么,任意为之,东摸一把,西摸一把,到最后什么都没摸到。这种盲目随意的阅读教学"其弊也久,其害也深"。应该说第三稿的教学内容确定,简洁、高效,充分显示了教材不过是个例子,在"用教材教",在学生习得细节描写的方法后,让学生自主阅读课文,体会课文还有哪些细节描写,利用课文的"例"得意、得言、得法,促进了"例"的增值,达到了以学定教、顺学而导的效果。

基于专家指导的磨课,我们对教学目标的制订更准了,教学内容的确定更精了,教学方式的运用更简了。实现了"美丽转身",从"教会知识"转向了"教会学习",从"教课文"转向了"教语文",从"分析课文内容的教学"转向了"以策略为导向的教学"。在专家指导下的磨课,使我们的理念得到了快速提升。

【解析】

"反思"是教学内容系统改写的前提。改写是教学内容系统创生的过程,改写的教学内容是教学过程中真实发生的教学内容,这些内容成为平行班教学内容创生的重要资源。对平行班而言,除考虑班组学生对教学内容创生的影响外,其余主要变量的影响基本相似,这大大地减少了平行班级相同教材内容重组的负担,也是下一轮教学过程调整教学内容的重要基础,更是广大教师设计教学内容可供分享的操作性经验。因此,改写是为了更好地预设,也是为了更好地教与学。

也许,真正的教学内容创生发生在教学过程结束之后。

参考文献

[1] 谢利民.教学设计应用指导.上海:华东师范大学出版社,2007.

[2] [日]佐藤正夫著,钟启泉译.教学原理.北京:教育科学出版社,2001.

[3] 俞红珍.课程内容、教材内容、教学内容的术语之辨——以英语学科为例.课程·教材·教法,2005(8).

[4] 王小明.教学论:心理学取向.上海:上海教育出版社,2005.

[5] 李臣之.论教学内容创生——规定性要素及基本路径.课程·教材·教法,2007(2).

[6] 唐光超."教学内容"决定"教学方法"——两位老师"同课异构"《燕子》教学课例剖析.语文教学通讯,2011(2C).

[7] 彭德正.从"牛进了菜园子"说起——兼谈教学内容的选择策略.小学语文教学·会刊,2011(6).

[8] 王晓奕.遵循儿童的生命节律 研制适切的教学内容.江苏教育(小学教学版),2011(4).

[9] 闵慧,杨永彬.教学内容:在"舍弃"中集中——《爱如茉莉》磨课历程.江苏教育(小学教学版),2011(4).

[10] 李松林.知识性质的多维透视与当代课堂教学改革.山西师大学报(社会科学版),2005(2).

第四章　课堂教学时空分析

时间与空间是课堂教学过程的两个重要维度,同时是构成课堂教学结构的重要指标。本章分别从教学时间、教学空间以及教学时空结构这三个方面,对课堂教学过程进行分析与研究,期望通过理论梳理与现象分析,对课堂教学时间、空间以及教学结构的优化利用提供参考借鉴。

一、课堂教学时间分析

在课堂教学活动中,时间是衡量教学成效的一个重要指标,时间是教师安排教学进程的重要依据。开展教学时间的分类研究,分析课堂教学结构,合理分配课堂教学时间,完善课堂教学环节的比例结构,对提高课堂教学效率、促进教师成长等,具有重要的意义。

(一)课堂教学时间的结构研究

教学时间的分类研究,起始于20世纪初期,经历了一个逐渐深化、细化和完善的过程。先后出现了卡罗尔模型、布鲁姆模型、威利和哈尼施费格模型、初任教师评价研究模型等。

美国教育心理学家卡罗尔把时间作为学校学习的中心变量,提出一种影响学校教学成败因素及其相互作用方式的模型,包含能力倾向、理解教学的能力、教学质量、毅力和学习机会五个要素。影响教学活动的这五个因素,最终落脚点都是教学时间,涵盖学生学习所需的内在时间、教师提供的外在时间、客观条件许可的时间。

布鲁姆、威利和哈尼施费格等学者在卡罗尔研究的基础上对课堂教学时间进行了更为深入的研究,大体构建了范围逐渐由宽变窄、递进嵌套的教学时间理论研究模型。它主要包括五个层级。① 名义时间,即学生学习所需要的时间总量。这是由学生的学习能力、学习兴趣等内外因素所决定的。简单而言,这是学习理论的研究范畴。② 分配时间,即用于课堂教学的时间。这一时间通常是被规定好的,是教师所无法更改的,例如每天上多少节课,每节课的时间长度。③ 教学实用时间,即用于教授学科知识、培养所需技能的时间,除去课堂中用于维持课堂秩序等的课堂时间,又称为狭义的教学时间。教学实用时间是教学时间的主体部分,其比例的高低直接影响教学活动的实施,其结构的协调性直接制约着课堂教学的成效。④ 专注学习时间,即学生集中注意力努力去完成学习任务所用的时间。该时间类型作用于课堂教学中,除去学生思维开小差、调皮捣蛋所耗费的时间,与学生的心理素质密切联系。课堂教学中,教师必须掌握学生专注时间的长度,尽量把一节课的精华部分放在学生的专注时间段完成。⑤ 学术学习时间,指学生用于完成一定难度的学习任务并获得较高水平的成功体验的专注时间,属于专注时间的一部分。学术学习时间的长短反映了教学材料的难度与学生学习能力水平之间的匹配程度。教学时间的五个层级彼此相互联系、相互影响。从学生的角度出发,五个层级中,学生可以调控的是专注时间和学科学习时间;从教师的角度出发,教师是教学活动的主导者,课堂是教学活动的主战场,教学活动实施成效的关键在于课堂教学,教师可以调控的重点是教学实用时间的分配。这就决定教师一方面要协调教学实用时间的比例达到最大化,尽量减少与教学活动无关的时间耗费,保证学生学习所需名义时间的长度;另一方面要调控课堂教学时间内部的分配比例,促进各部分结构最优化,最大限度地提高教学效率。

在肯定20世纪60年代以来逐渐确立的名义时间、分配时间、教学实用时间、专注学习时间、学术学习时间这一递进嵌套的教学时间分类体系及学习效果变率的思想对深化学习时间与学习结果之间关系的认识产生的积极影响的同时,国内有研究者提出:教学时间是一个多层次多维度的结构功能系统,教学时间的分类应从形式结构和内容结构两个方面展开。教学时间的形式结构是指构成教学时间系统的形式性要素之间的比例关系和排列组合方式。它又可从以下几个方面进行分类:根据教学时间结构分析所关注的范围不同,可分为宏观、中观和微观三个层次;根据时间的价值确定性形式,可分为名义时间、分配时间、群体实用教学时间、个体实用教学时间和个体学术学习时间;根据学生利用时间的自主性大小,可分为制度化教学时间和自主学习时间两类;从教学时效高低出发,可分为无效时间、低效时间和高效时间;从教学时间的"合法性"角度,可分为合法时间和非法时间。课堂教学时间的内容结构是指构成教学时间系统的内容性要素所占的时间比例及其排列组合关系。它又主要可分为以下几种结构类型:教学时间的纵向程序结构;教学时间的横向空间结构;教学时间的知识和情意态度结构;教学时间的课堂互动结构;教学时间的思维水平结构;教学时间的教学方式结构;教学时间的密度结构。

此外,按照不同的分类维度,课堂教学时间也可以分为:学业活动时间与非学业活动时间,总量时间与实时时间,制度时间与自主时间,统一时间与分层时间,合理时间与特殊时间,封闭性时间与开放性时间,等等。不同的结构划分对于从不同角度进行的课堂教学时间研究有着不同的意义与作用。

课堂教学是学校教学工作的基本组织单位。在我国,课堂教学的类型按照教学方法可以分为观摩课、新授课、实验课、综合实践活动课、习题课等。课的类型不同,课堂教学内容和教学时间的分配也不相同,因此对课堂教学时间的研究还应针对不同的课堂类型分别进行研究。

在课堂教学时间概念分析的基础上,有研究者进而提出"课堂教学时间管理"的概念:课堂教学时间管理(Instructing Time Management,ITM)是指为实现某一科目在一定阶段的预期教学目标,在课堂教学(班级教学)过程中,通过对学年度内课堂教学时间进行系统的预设、编组、引导、调控、创生,使时间资源尽可能发挥其自身价值、满足社会和个人的教育价值需求而组织实施的活动,它涵盖了对分配时间(Allocated Time,AT)、课堂管理时间(Classroom Management Time,CMT)和狭义教学时间(Instructional Time,IT)三部分时间的管理。

教师对课堂教学时间的调控能力,不能再是自发、零星、片面的影响,而是需要从内容到形式都体现出有目的、有领导、经常而全面的影响。在课堂教学时间管理的整个动态循环系统中,课堂教学时间管理应该具备完整性、层次性、情境性和不可回溯性等显著特性。

(二)课堂教学时间的浪费现象

时间是课堂教学质量的必要保障,而目前课堂教学时间浪费现象普遍存在。一般情况下,课堂时间有效利用率只有70%,也就是说一堂课只有30分钟左右是充分利用的,其余时间都在不知不觉之中浪费掉了。

有研究者列举了几种课堂教学时间的浪费现象:教学时间在教师烦琐的讲解分析中流失;教学时间在教师毫无意义的提问中流失;教学时间在教师安排的不尽合理的教学活动中流失;教学时间在教师整肃学生纪律、维持课堂秩序中流失。

也有研究者用"暴政"一词描述了制度化教育体制下对待课堂教学时间的非理性现象,认为课堂教学中的时间"暴政"主要表现在:整齐划一的课堂教学时间;"速度第一"的课堂教学原则;自由时间的丧失;"质性时间"的忽视。

还有一种观点认为,在课堂教学的时间分配中,教师或学生单向度时间投入过多是课堂教学时间分配走向两极的表现,是不科学、不合理的,进而导致课堂教学的效率低下。主要表现为两种典型的现象:一是教师主宰课堂教学,挤压学生自主学习时间;二是教师投入课堂教学时间过少,使课堂教学失去有效控制。

对于课堂教学而言,无论哪种课堂教学时间的浪费,带来的都将是对课堂教学效率的损害。合理的课堂时间分配会带来课堂教学效益的最大化,相反,不科学的时间安排则会事倍功半、效率低下。因此,课堂教学时间的科学管理与有效运用是提高课堂效率的必然要求。

(三)不同类型课堂教学时间的运用策略

提高教学效率的实质是在单位时间内获得最大的教学效果,为此,必须优化课堂教学时间管理,充分发挥教学时间的综合效用。课堂教学时间的运用存在许多复杂情况,不同类型的教学时间应该有相应的运用策略。

1. 学业活动时间与非学业活动时间运用策略

学业活动时间是指在教学中学生花费在学业任务上的时间,包括听懂或听不懂、理解或理解错误的时间在内。非学业活动时间是指教学中学生花费在学业任务之外的时间。虽然要100％的教学时间都用在学业活动上是很难做到的,但一般用于学业活动的时间越多,学业成绩就会越好,因此教师要竭力地调节好课堂教学,以扩大学生用于学业活动的时间在教学时间中的比例。此外,虽然不能要求学生将每一分钟都用于学习并有效,但学生不应该将过多的时间花费在从一种活动转移到另一种活动、做学习准备、等待教师帮助、上课开小差等上面。这里的关键是建立起完善的课堂秩序,有效地将学生的注意力吸引到学业学习上来,使花费在维护纪律上的时间减少到最低限度。

2. 总量时间与实时时间运用策略

总量时间是指完成某一次教学任务所需的总时间,比如完成某一章的教学所需要3—4课时的时间量。实时时间是指在具体执行该教学任务过程中某一区间的时间,一般无法也不必预先固定,它更多地具有动态性。课堂教学时间运用策略应该是总量时间要控制而实时时间则灵活运用,通过时间的合理运用保证课堂教学的开放性特征。教师在做教学准备时不要把每一个教学环节的时间都设计得过细、定得太死,应采用大时间、小课时的办法,即要根据课程标准的基本要求对即将完成的教学任务所需的教学时间作总体上的计划,相对规定时限,而对其中的具体教学环节只作粗略的时间估计,以形成一个教学基本发展方向。在具体实施教学时,实行时间总量控制,在不超出教学总时间的前提下,要根据课堂教学的动态进程,灵活协调教学过程中的每一个环节,而非每一秒钟都一定要按照事先设定的时间,每一步都要根据事先设定的步骤进行。因为课堂教学除了具有确定性的一面还有不确定性的一面,因而实时时间必须具有相对的伸缩性(弹性)。随着教学的发展可能有些环节的时间会因为教学活动的高效率提前完成而缩短,也有些时间可能会因为师生创造性的教学活动的深化而延长,但全部教学活动仍控制在总体时间范围之内。

3. 制度时间与自主时间运用策略

制度化的学习时间是指以固定的时间单位组织教学的制度化时间

体系和按照教师预先设定的时间体系,如每课时40分钟,某一个内容相对的课时量以及各个教学环节的时间分配量等。自主性学习时间是指学生在学业活动时间里能自我支配的学习时间,如在教师的启发诱导下超出教师预先设定的教学思路而发生的自我学习思考时间。课堂教学过程中应该给学生课堂教学自主空间和时间,而不是所有的时间全都只属于教师。在传统教学中,制度化教学时间在分配上存在着教师支配一切的单向性,学生缺乏自我选择、自主学习的机会,从而影响了教学的效率和质量。因此,必须变革单一的、制度化教学时间结构,把制度化学习时间和学生自主学习时间、教学时间的统一性与学生学习的自主性有机结合起来。

4. 统一时间与分层时间运用策略

统一时间是指教师面向全体学生实施教学影响所运用的时间。分层时间是指按照学生之间的差异分层次开展不同教学目标、要求的教学活动所用的时间。要在同一时空中按统一的目标发展,必然会使部分学生学习时间的浪费十分明显,而部分学生的学习时间又显不足,即对于每一个学生来说实用时间是不完全相同的,存在差异和层次。在实践中,如能按照维果茨基的"最近发展区"理论,把获得某种知识所需时间和认知发展水平大体相当的学生进行归类分层,并确定与各层次学生的实际可能性相协调的分层递进教学目标,实施分层递进教学,教学效率即可大幅度提高。

5. 合理时间与特殊时间运用策略

教学合理运用的时间不仅包括学习新教材所用的时间,而且还包括组织教学、复习旧教材等其他环节所占用的时间。特殊时间指学习新教材所用的时间。为了提高教学效率,既要增加教学的合理时间,又要适当掌握特殊时间。但是,在实践中普遍存在着因学生违反纪律时教师花时间处理、教师上课离题或用语啰嗦、师生教学准备不足出现大量无谓动作等现象。有些教师片面强调特殊教学时间,忽视了课堂理解、巩固和新旧知识综合贯通的教学环节,从而使学生因新知识掌握不牢而影响后续学习,造成教学效率下降。

6. 封闭性时间与开放性时间运用策略

封闭性教学时间是指每一堂课所规定的时间,如小学40分钟、中学45分钟等,这一时间是要求师生基本的教学活动要在一个规定的封闭时间里完成。但在教学过程中常发现,课堂教学的行为和效果超出了规定的时间,客观上和主观上都可能在下课以后还在起作用,意犹未尽,还在向课堂以外延伸和扩展,这在课堂规定时间之外的、由于课堂教学引发的、与课堂教学活动息息相关的行为及其影响和效果所花的和延续的时间,就是我们所言的开放性时间。许多教师没有开放性时间的概念,因而仅把注意力集中在课堂有限的时间里,而没有考虑充分利用下课之后的、与增加学业负担不同的更宽广的时间,让学生课后带着在有限课堂教学时间里不能满足的求知欲望去寻觅更广阔的知识天地,去探索去创新。课堂教学的时间是有限的,但学习探索是无限的,教师应该想办法,通过有限的课堂教学时间,引发出学生课后的无限探索,使教学具有开放性。

（四）课堂教学时间的有效利用

从教学实践看,课堂教学时间浪费的主要原因一方面在于教师,如备课马虎、调控乏术、语言拉杂等;另一方面,学生精力分散、思维滞后等也是导致教学时间浪费的原因。由于课堂教学时间很有限,因而不可能无限地开发利用。要提高课堂时间的利用率,就必须建立合理的教学制度和增强教师的时间观念,将教师、学生可能造成教学分配时间流失的人为因素减少至最低限度,保障规定的有限时间落到实处,提高时间的利用率。具体来说,课堂教学时间有效运用的策略包括以下几方面。

1. 坚持时间效益观,科学合理地安排时间,最大限度地减少时间的损耗

备课是教学工作的基础工程,是上好课的前提。杜绝课堂教学时间的流失,首先要从优化备课开始。教学内容的组织是实现课堂教学科学管理的根本。教学内容如果组织不好,课堂教学管理就是一句空话。教师要准确地把握教材的内容,正确地分析学生的情况。在此基础上,设计出科学的、合理的课堂教学程序和教学方法,并大体设定合理的时值以及各环节所花时间之间的合宜的比例,使得每一个教学环节自然紧凑,每一种教学方法(包括学生的学法)得当有效,从而有助于克服课堂教学容量少、节奏慢、耗时多、效率低的弊病。

2. 把握最佳时域,优化教学过程

根据心理学家研究,一节课学生思维的最佳时间是上课后的第5

分钟到 20 分钟,这一时间段可以说是课堂教学的最佳时域,教师如果不能很好地把握这一时域,就很难提高课堂教学的效益。为提高课堂的教学效率,教师可依据教学大纲、课程内容、课程类型、学生能力基础及已有的知识准备,合理分配时间,保证在最佳时域内完成主要任务,解决关键问题。

3. 保持适度信息,提高知识的有效性

现代心理学认为,学生在课堂的学习是一个获得并加工信息而不断调节完善认知结构的过程。课堂信息量过少,环节松散,会导致时间的浪费;信息量过多,密度过大,超越学生的接受能力,教学效益低下,也是浪费时间。因此,教师要作深入细致的分析,保证课堂教学适度的信息量,并形成序列刺激,激活学生的接受能力,使其保持活跃的情绪和积极进取的心理。

4. 发挥主体作用,给学生自主学习的时间

从教学知、情、意统一的角度看,教师既是教学的组织者、参与者,同时又是教学时间的分配者。为了使课堂教学更富于创造性,在教学中要把握好以下三个方面。① 必须强化课堂教学时间为师生共有的意识,努力做到既有教师组织教学时间,又有学生自主学习时间,把教师指导教学时间、学生自主学习时间与分组讨论合作交流时间有机结合,使课堂教学时间的分配更加科学。② 必须建立新的课堂教学模式结构,变"全盘授予"为"拈精摘要",变"滔滔讲说"为"以讲导学",变"默默聆听"为"研讨求索",强化教学流程与教学时间分配的联系,从而让出时间给学生进行自主的感悟、探究,使课堂教学时间的利用更加合理。③ 必须在"自学"与"导学"两方面合理施力,教师的教学要围绕知识点言"明"而不言"尽",为学生的创造性思维、理解让出时空,使其主动构建自己的知识结构,促成他们理解过程中的信息增值,进而激励每个学习者在自己原有的位置上逐渐发展和升华,使课堂教学时间的利用更加有效。

综上所述,课堂教学时间的管理是提高教学质量的关键所在。因此,必须加强课堂教学时间管理的研究,采取有效的施教措施、手段、方法,提高课堂教学时间的利用率及课堂教学效果,提高学生的学习效果。

二、课堂教学空间分析

自从班级授课的教学组织形式产生以来,课堂教学空间的问题也就进入了人们的视野。从社会学角度来看,课堂教学空间实际上与教师和学生的课堂角色定位、课堂教学的基本模式以及课堂教学对学生个体社会化功能等实质问题紧密联系。所以,结合课堂教学实际来探讨课堂教学的空间格局问题十分必要。

(一)课堂教学空间及空间管理的理解

在社会学的视域里,空间是具有一定文化意义,富有生命气息,具有历史感、现实性和理想意义的人文构造。不同空间以特有的方式传达着特定文化意义,彰显着一定文化诉求,存在于其中的每个人的思想和行为都被它熏染和塑造。

课堂教学作为一种活动,必然是在一定时空中进行的,教师完全可以利用时空因素以放大或减弱对学生的控制或影响实现教学活动的有效管理。课堂教学管理可通过语言和非语言两种形式进行,其中时空管理是一种重要的非语言管理形式。美国著名人类学家爱德华·霍尔在《无声的语言》一书中提出"空间会说话""时间会说话",并指出空间和时间的变化会对交际产生影响,可以加强交际的效果,有时还会超过言语的作用。由此观点看来,课堂教学研究中有必要提出课堂教学空间管理的概念。

课堂教学的空间管理是指教师有意或无意地借助特定时空的社会意义实现对受教育对象控制与约束的管理活动。可以从两个层面理解课堂教学的空间管理。

1. 有形的空间管理

有形的空间管理包括教室内师生、生生的位置及建筑、器物的布局所产生的管理效应。空间能够规约人们的行为,不同的空间产生的管理意义是不同的。有学者曾指出:"我们给房屋建筑定型,后来它们给我们定型。"后现代地理学认为,空间不仅是自然建筑等组成的物质存在,它还具有抽象的层面,即社会空间层面。空间是规范的象征,是力量的象征,一定空间内的位置设定决定了处于该空间中人的行为及人与人互动的关系。在此,空间的社会意味体现得就比较浓厚。空间不仅仅是一个实实在在的物质性场所，社会空间可以允许某些行为发生，暗示另一些行为，但同时也可能禁止其他一些行为。所以，在学校这一特殊的空间里，从建筑物的布局到教室的布置，从教师教学中的一举一动到学校文化中的各种教育仪式，无不渗透着权力的力量，体现着空间管理的意蕴。

2. 无形的空间管理

无形的空间管理是指教师有意或无意地通过创设心理空间而实施的管理活动。无形空间并不是一个自然的空间，而是一种心理空间或心理场。它类似于社会学家布迪厄所述的场域。场域理论认为，"场域是力量关系，而不仅仅是意义关系"。学校场域的管理力量是无穷的，它不仅渗透于可见的物质空间，且体现在社会文化系统早已安排好的无形空间中。这种无形的空间存在于显性制度之外，存在于可见空间之外，似乎每个人都明白但又未必说出多少根据来。这一点可以在新教师走上工作岗位前后从外表到内心所发生的巨大变化中得到印证。走上工作岗位之前，他可能是一个从外表到内心都比较崇尚个性、时尚、自由乃至另类的年轻人。等到他决定或被决定要去做教师的时候，等到他将要进入学校这一有形与无形的场域中时，他就会主动或被动地去想自己从外表到内心究竟要做出哪些改变才"像个老师"。这正是学校无形空间的规约力量使然。

（二）课堂教学的基本空间格局及其变革

1. 课堂教学空间的基本格局

基本的课堂空间格局是传统的纵横排列式，也称秧田式。在这种空间格局中，学生相互干扰少，听课注意力容易集中，也便于教师观察与控制全班学生的课堂行为，有利于进行系统讲授。

秧田式课堂座位编排方式是班级授课制的产物，最适合于大班教学，但随着社会的发展，也有诸多不足之处。首先，从师生关系看，教师居高临下，师生在空间位置上不平等，不利于平等民主的师生关系的培养。其次，从学生角度看，学生之间几乎没有交往活动，并且容易造成身体特别是眼睛的紧张与疲劳。再次，从师生人际交往看，教师和每位学生个体的交往频率是不相等的，坐在前几排的、中间的学生往往能够更多地接受教师的影响，而坐在两边的、后排的，特别是角落里的学生受到的教育影响则明显减少，导致课堂教学中总是存在一些死角。

我国中小学课堂教学的空间格局几乎均为秧田式，而且座位一般不由学生自由选择，而是由教师安排。为了能更好地扬长避短，采用秧田式空间格局在编排座位时应遵循以下两个原则。一是公平原则。教师应公平地编排学生座位，不能因为学生的家庭地位、学习状况不同而编排不同的座位，而应一视同仁。同时，应每隔一段时间就变换学生的座位，以使每个学生在座位安排上都机会均等。这不仅有利于学生视力的健康，而且提供了均衡的学习机会。二是优化组合原则。一般有两种组合方式，一种是按学习成绩组合，即将成绩优秀学生和成绩落后学生编排在一起，有利于对后者的帮助；另一种是班干部和非班干部组合，有利于班级管理工作的开展和进行。

2. 课堂教学空间基本格局的变革

在学校班级人数较多的情况下，由于不具备实施个别化教学的条件，就有必要对课堂教学的秧田式空间格局加以变革，以调动每一个学生主动学习的积极性。在教学实践中，可以根据教学需要选择马蹄形、新月形、矩形、圆形等多样化的格局。马蹄形或新月形课堂安排格局有利于学生非言语交流的进行，使学生之间的交流完整起来。同时，教师处在 U 字缺口的对面，与学生的目光接触频率也会提高。这种排列的目的在于让全班学生尽可能多地参与课堂活动，同时促进教师和学生的互动，是教学气氛民主、师生交流密切的一种座位排列格局。

但这种座位安排也可能使问题行为增多。为了讨论或者开展相互学习活动，也可以编排矩形或圆形的课堂教学的空间格局。当学生围成圆形小组或在长方桌旁聚集一起时，他们的交流形式及教师的领导方式也会受到对视及非言语交流机会的影响。教师可以把小组长或想要发挥领导潜力的学生安排在全组都可以看见的中心位置。为了鼓励参与小组讨论，还可以把特别不爱讲话的学生安排在小组长对面，或使其面对比较健谈的组员。同时，将讲话过多的组员安排在指定的组长旁边，或让他们并列坐下，以减少其对视的机会，约束他们过多说话的行为。但在这种座位安排格局中，学生容易左顾右盼和扭摆身体，这些非言语行为出现的频率趋于增加。因此，在编排圆形格局时，教师的位置要么在学生中间，要么在一个角落旁，以便监控课堂教学。矩形、马蹄形、圆形之类座位安排要求班级规模不超过 20~25 个学生,有 25 名以上学生的班级需要采用双矩形、双马蹄形和同心圆形的空间格局。

采用以上几种空间格局安排时应注意以下几个问题。

(1) 教师要转变观念。教师的地位角色因空间格局的变化必然会出现较大的变化,位尊一方的教师形象将不复存在,代之而来的是平等、民主、和谐的课堂氛围。如果教师高高在上的观念不改变,虽然形式变化了,但实质没有变化,学生参与教学的机会、主体性、积极性仍然得不到提高。

(2) 教师要克服惰性。这里的惰性是指习惯做法。选用新的空间编排格局,意味着要放弃原来熟悉的一套教学方法和程序。教师要不怕麻烦、逐步探索,一切为学生着想。

(3) 学校要支持教师的尝试。教师的改革需要学校的相应支持。只要有利于提高学生的素质,不管教师进行怎样的改革尝试,学校都应予以必要的支持,并进而形成宽松的创新氛围。

改革课堂教学的空间格局只是一种手段,最终目的是让每一位学生都有平等地参与课堂教学的机会,使每个学生的主体性、积极性都能得到充分发挥。

(三) 课堂教学的空间管理现象分析

课堂是教师进行教学管理的重要场所。课堂教学空间管理就是教师根据管理的需要对学生进行暂时或长久的空间分配,使学生处于优势空间或弱势空间、丰裕的空间或狭小的空间,从而实现管理的目的和意义。课堂教学空间包括教室环境的设计,如座位安排、体距的利用等,也包括教学中时间的安排与利用。

1. 传统教室布局的时空教化意义

传统的教室布局是一种典型的空间管理形式,具有约束与控制的意蕴。在国外学者眼里,中国教室的秧田式设计有助于形成教师的"一言堂",便于教学控制。对学生来说,座位排列是封闭的,学生与学生前额对后脑、左肩邻右肩,这样的排列有助于让学生把注意力集中在教师身上专心听讲,适合集体授课。对教师来说,从空间的绝对高度来讲,传统教室讲台高出学生地面的设计,一方面有利于教师板书,另一方面也有助于强化教师至高无上的权威地位。空间位置的高高在上构成了教师俯视学生的师生关系,有利于教师对学生进行心理控制与管理,巩固正常的课堂教学秩序。从感官社会学的视角来看,传统的教室空间设计使师生之间一直充斥着"视觉中心主义"和教师的"视觉霸权",师生之间建构起来的是一种凝视式的"看"与"被看"的关系,教师掌管着"看"的特权,他们利用一种无处不在的"目光暴力"来规训着学生"看"的权利,使其习惯于"被看""被审视"。国内的一些学校已着手进行教室空间布局的改革实验。比如成都某小学在开学初拆掉了讲台,上课时教师和同学们一样,或站或坐地上课。很多家长深有感触地表示,拆掉讲台,此举虽小,却切实地拉近了教师和学生、家长之间的心理距离。

2. 学生座位安排的空间管理意义

传统的"秧田形"教室空间形式,很难保证每一个学生都能参与到教学活动中来,课堂教学在时间和空间上的局限性,使得教师不得不通过空间管理的手段,使一部分学生放弃参与活动来保证某些学生参与的时间与空间。

比如,教师眼中的后进生只有两类位置可坐,一是最前排,一是最后排。排在最前排的后进生,教师是想对其实行绝对的管理与控制;排在最后排的后进生,教师是想以放任的方式对其进行惩罚与控制。二者采取的都是空间管理的方法。再比如,将男女生安排为同座(避免上课时说话、打架等);让上课爱讲话的和能够很好遵守课堂纪律的坐在一起(同样可避免上课时说话,保证课堂上有较好的纪律);让学习好的与学习不怎么好的坐在一起;等等。这些都是中小学教师利用空间进行课堂控制、管理的典型表现。

由此可见,学生座位的安排决不是随意的排列。除了生理原因,如个子高矮及视力好坏以外,绝大多数教师都会把学生座位的安排当作维持课堂秩序的一种方式。教师与学生的口头交流、目光关注更多地集中在教室前排和从前排到中间的地方,这些学生参与课堂活动往往要更多一些,而那些坐在后面或角落里的学生,多是教师心目中的弱势者或嫌弃儿。

3. 学生发言顺序的空间管理意义

哲学上空间与时间是表征物质存在方式的一对密不可分的范畴。按照马克思主义的时空观,作为一种活动,时间与空间是不可分离的。

一方面,物质运动离不开空间时间,离开空间时间的物质运动是无法存在的;另一方面,空间时间离不开物质的运动,离开物质运动的空间时间也是不存在的。所以,课堂教学的空间管理离不开时间维度,也即通过时间分配可以实现对教学活动的管理。空间的社会理论还认为,时间与空间一样也是社会的反映。空间是社会的表现,它不是社会的反应、不是社会的拷贝,它就是社会。严格地讲,空间是共享时间的社会实践的物质支持,是结晶化的时间。所以,特定的时间具有丰富的社会意义,它可以实现对空间中活动的个体的管理。很显然,空间实现的是位置上的管理意义,而时间实现的则是顺序上的管理意义。

课堂教学中看似随机的点名发言实际上实现的是教师对学生的课堂管理。一般来说,好学生被点名发言的次数较多,特别是在有专家听课的情况下,目的是保证课堂教学在有限时间内的顺利进行。后进生偶尔被点名站起发言,可能是对他上课走神的警告或惩罚。再如,容易的题目让后进生发言,可能是教师正在利用罗森塔尔效应对学生进行赏识教育。

4. 师生体距的空间管理意义

师生间的距离虽然是无声的,但它却具有传递信息的意义。这一事实已受到语言学界、人类学界和社会学界的共同关注。课堂教学中教师所处的位置不同、与学生的距离远近不一,会给学生带来不同的心理感受,产生不同的效应。有一项研究表明,当教师在距学生2~3.5米的地方,就会产生一种控制效应。师生体距空间管理意义的实现,本质上利用的是心理学上的暗示理论。比如教师俯下身与学生对话与教师俯视学生交流,虽然仅是体距的变化,但产生的心理暗示是截然不同的,其交流效果自然也会大不一样。

总之,课堂教学中存在着诸多空间管理的现象,有的是我们意识到的,有的则没有被我们意识到。我们必须根据教育需要有意识地利用课堂教学中的有限空间,实现无限的管理价值。此外,我们还必须深刻反思这些空间管理现象,以实现课堂教学管理的人本化、合理化。

(四)课堂教学空间价值与意义的重新审视

在社会学视域中,空间视角被确认为社会理论的重要维度。社会学视域下的空间概念具有如下特征:第一,空间不是单纯的空洞的物化场所,而是物质性、精神性和社会性的统一体;第二,空间蕴含着某种意义,具备建构性和生成性,并与主体双向互动;第三,空间属于社会权力关系的一种,蕴蓄着个体对控制的反抗;第四,空间是身份认同与心理归依的生成域,与个体的情感体验密切相关。

借助社会学的视角和空间概念的规定性,对教育世界中习以为常的课堂空间重新展开审视和反思就会发现:传统观念中的课堂空间,不仅缺乏整体性的关系特征,更对其生成作用重视不足,特别是学生对课堂空间的反馈和建构效应一直被忽略,对课堂空间作为社会权力关系的一种,以及它与个体情感的隐秘联系也缺乏认知。

借助社会学空间理论重新审视课堂空间,不单单是想提醒人们关注这一首要的教育场所,更期望借此对课堂教学生活、教育的机制、师生关系及双方的精神成长、教师的专业发展带来新的理论启迪和实践推动。

1. 促进师生空间观、课程观、学习观的转变,重新审视课堂教学生活

课堂空间作为整体性的概念,是物质性、精神性、社会性的统一体,蕴藏着丰富的内涵,具备自主建构性和双向生成性,被主体生产的同时也生产主体,正如福柯在《规训与惩罚》中明确表示,主体是可以透过对时间、空间的一系列分割、操作过程而被"生产"出来的。教育者通过对不同空间的安排分割,比如按成绩排座位,纪律差的同学被安排在教室的最后,课堂表现积极的同学被安排在前排,很容易透过这些对空间的操作,在不经意间"生产"出不同的主体,影响到学生的心理健康。教育者对此应引起高度警惕和关注,学会理性处理空间关系,以关注学生的健康成长为目标,尽量避免此类现象。

课堂空间是一个特定的环境,课堂行为表现是师生日常素养、内在精神的成长与空间情境交互作用的结果。师生在身受课堂空间制约的同时,也通过实践在努力生产和改变着课堂空间。教师对课堂空间以及课程深层价值的把握,除了受所处时代、文化背景、生活环境等的直接影响外,所接受过的专业知识与技能培训、自身的教育理念和对学生的理解同样会起到极大的影响作用。对课堂空间观的重新引入和再认识,将开拓教师的理论视野,引导教师反思,促进教师致力追求专业成长。

通过理论阐发的启迪和引领,从改变观念入手,帮助师生树立新的空间观、课程观、学习观,引领其由缺乏自主性、创造性、被动拘泥的课程执行人与接受者,向富含主动精神的课程设计与参与者、课堂空间的合作建构者转化,接受全新理念的教师会积极尝试以全新方法论和截然不同的视角来观察和分析课堂空间和教学现实,从而有效地提高课堂教学实施的效果。

2. 激发师生的主观能动性,唤起课堂活力,共同构建教育意义

课堂空间作为教与学的主体存在的策略和场所,其中的情境是生动而复杂的,总处于一种流变状态中。社会学意义下的课堂空间,由多向性的双向互动构建而成。师生是课堂空间的存在者,也是它的实践者和建构者。课堂空间不是一个单纯的客观的容器,而是经由师生的主观活动生产出来的,同时它也反过来生产和制约着主体。

重新审视和认识课堂空间,旨在对课堂空间的生成作用引起足够重视。因为作为空间主体的师生的心理活动、知识经验的积累变化以及课堂物理空间、精神空间都在不断变化着。师生双方若想经由个体的理解构建教育意义,就必须体悟课堂空间赋予自己的教育影响,不断调整和改变精神主体与它们的关系,方可让精神得到发展。

同时,也要呼唤师生双方认识自己的主体地位,重新反思师生,特别是学生对课堂空间的反馈和建构效应,鼓励他们大胆、积极地参与课堂空间的建设,充分发挥学生的主观能动性,彻底改变课堂空间与学生之间的单向流动关系,避免他们成为课堂空间的疏离者,才能使课堂空间成为"活的教学"与"有效教学"的生成域,真正使课堂焕发出生命的活力。

除了强调师生互动,还要强化不同层级学生间的对话与合作,因为"实际上,教师的一切课堂行为,都是发生在学生同辈群体关系的环境之中的。在课堂上,学生之间的关系比任何其他因素对学生学习的成绩、社会化和发展的影响都更强有力"。只有重视他们的心理过程,唤醒他们的共同参与和实践建构,才能真正激发课堂活力。

3. 呼唤民主平等的师生关系,导向和谐课堂空间

教师要深刻认识课堂空间中的权力关系,理性对待其中蕴蓄的个体对控制的反抗要素,有意识地把自己从课堂的权力中心转变为合作参与者。教师必须基于师生在课堂中的地位平等这一立足点,合理降低课堂控制行为,把课堂作为学生的成长空间交还给他们,才能实现课堂中生命的发展。

与教师分享课堂管理权,获得参与、选择积极课堂活动的权力,是当下学生共同的想法,但多数学生被社会驯化得过于依赖老师,并不懂如何有效把握更高层次的自治和权力,因此完全遵照学生的意愿并让他们即刻分享课堂控制和职责是不现实的。无论教师、学生都不该试图控制、操纵或把意志、意见强加给对方,而是亟须从更大的领域中扩大沟通范围,下放课堂主宰权,使师生共享管理课堂空间的权力,构建一种良好的新型师生观,即人与人之间互相理解、互相尊重的民主的社会关系。教师在成就学生的同时也成就了自己。

三、课堂教学时空结构分析

课堂教学时空作为教师课堂教学活动的组织和结构,是学生智能与情意发展的支持和保障。从教学结构的角度分析研究教学时空问题,能更清晰地认识和理解课堂时空背后隐藏的教学理念、潜伏的教学意识、外显的教学行为以及外在的教学方式,从而更好地构筑新的课堂教学时空,更好地营造课堂教学情境,更好地促进学生的全面发展和教师的专业成长。

(一)课堂教学结构的含义与特征

1. 课堂教学结构的含义

按照一般理解,教学结构是"教学过程中各种要素相互联系、相互作用的方式"。教学结构是教学过程的基本架构,是构成教学系统的诸要素相互联系、相互作用的具体体现。教学结构包含哪些要素?教育理论的研究者们曾就此提出了三要素论、四要素论、六要素论、七要素论,其中,教师、学生、教学内容和教学途径被认为是教学的基本要素。因此,课堂教学结构(又称课堂教学过程)即是指参与课堂教学的各因素之间的组合形式和活动程序,也就是上课的具体形式。

在课堂教学的历史发展中,形成了传统的课堂教学结构和新的课堂教学结构之分。有研究者从知识分类的角度分析了这两种不同的课堂教学结构。传统的课堂教学结构即受苏联学者凯洛夫影响,我国教师在长期的教学实践中逐步形成的"组织上课—检查复习—讲授新教材—巩固新教材—布置课外作业"的五步教学过程模型；新的课堂教学结构即根据知识本身的性质和不同的教学对象、教学目标和教学内容的差别,选择不同的教学方法而构建的课堂教学结构,分为以讲授法为主的课堂教学结构和以自主发现为主的课堂教学结构,前者的课堂教学结构为"课堂讲授—巩固和考察—课后自主学习和思考—讨论",后者的课堂教学结构为"课堂指导自学—课下的自学—课堂讨论精讲—变式练习"。

有研究者区分了传统的同质化教学结构与新的教学功能要求下的异质化教学结构。观点认为：传统的"同质化教学结构"与新要求的教学功能相左,难以对以此种结构为基础的教学模式提供有力支撑。需要从深层出发,构建以利用学生差异性为内核、"生—组—师"三级结构为主干、各教学要素整体变革为支撑的"异质化教学结构",以满足新要求并提升教学效率。课堂教学结构异质化变革的实质,就是为实现学生自主学习与差异发展而进行的教学"生产方式"的内涵式变革。

也有研究者从课堂教学技术发展的角度,分析了以"教"为主的传统课堂教学结构和以"学"为核心的未来课堂教学结构。观点认为：随着应用于课堂教学的技术环境不断变化,传统课堂以"教"为主的教学结构逐渐被以"学"为主的结构所取代。以"学"为核心的未来课堂教学结构的构成要素及相互关系发生了改变,未来课堂教学结构中教学媒介、教师与学生、认知三层构成要素之间形成相互耦合、相互作用的关系,课堂教学的两个主体——教师和学生是教学活动的核心要素,未来课堂教学结构显现多维、层级、互动三个特征。

2. 课堂教学结构的特征

课堂教学结构具有层次性、基础性、功能性、整体性等特性。

"层次性"一般理解为教学结构中各子结构、各要素的等级次序,但这里仅将其作为区分教学结构与教学模式的重要概念。教学模式是一个内涵丰富的概念。广义的教学模式指在一定教学思想指导下和丰富的教学实践经验基础上,为完成特定的教学目标和内容而围绕某一主题形成的稳定而简明的教学结构理论模型及其具体操作的实际活动方式。这种定义将教学结构包含其中，无法将两个概念区别开来。因此，有必要通过"层次性"将两个概念狭义化，以示区别——教学模式是教学过程中可见的上层部分，指"为完成规定的教学目标与内容，对构成教学的诸要素所设计的比较稳定的简化组合方式及其活动程序"；狭义的教学结构则是指与"上层部分"相对应的不可见的"底层部分"，是教学要素间的组织与作用关系。

所谓基础性，指教学结构为整体教学活动提供最基本、最底层的支撑。基础性让教学结构具有"操作平台"的性质，各种教学元素在此"平台"的规则要求与影响下相互作用、产生意义并最终成为具有逻辑关系的一系列教学活动（即形成教学模式）。

所谓功能性，是指教学结构始终与某种教学功能的实现相对应。在结构与功能的辩证关系中，结构是根据，功能是表现，同样的教学功能可以由不同的教学结构产生，而某一教学结构能够实现多种但互不冲突的教学功能。

整体性则包括两层含义：第一，教学结构实现某种教学功能依靠结构中所有元素共同作用；第二，教学结构发生变化，结构中各元素间的结合与作用方式都将发生变化。

对教学结构的基础性、功能性、整体性三种特性认识不足，便会将课堂教学导入简单化误区之中。

此外，教学结构还具有不可见性。这种"不可见性"让教学结构难以被人们直接认识，但它却实实在在地从三方面对教学活动提供支撑：第一，对教学活动所需的资源进行整合利用；第二，确立教学活动的行为规则；第三，为教学活动提供意义解释。这三种支撑是底层的、基础性的。

（二）课堂教学时空结构分析：以杜郎口中学为例

1. 课堂教学时空结构的内涵

课堂教学时空结构包括课堂教学的空间结构和时间结构，主要指教学参与者教学活动的时空构成形态以及与之密不可分的一系列问题。具体的教学时空构成与课堂教学中的师生活动紧密关联。课堂教学时空结构是以两种形态表现出来的。其一，作为自然性存在的教学时空，主要包含座位、讲台、黑板等物理空间本身以及师生教学活动时间分配等。这种教学时空更多以一种"物质性"要素呈现出来。其二，作为教育性存在的教学时空，即在教育学意义上探讨课堂教学时空所具有的教育特征，且这种教育特征不仅表现在教学的活动场所和活动时间上，而且表现在与之密切关联的师生地位、教学方式、学习方式以及教学气氛等相关问题上。这种教学时空更多作为一种"情境性"要素呈现出来，并可能引发由教学时空分析视角产生的对课堂教学问题的新的解释。

课堂教学时空作为教师课堂教学活动的组织和结构，是学生智能与情意发展的支持和保障。自从班级授课制诞生以来，人们就对课堂教学时空的研究抱有浓厚的兴趣。随着社会的发展和教育的进步，出现了多样化的课堂教学时空结构。以往人们关注较多的是自然性层面上的课堂教学时空，尝试从教育学的角度对课堂教学时空结构进行阐释，将引发人们对于良性课堂教学时空自然性背后与之密切相关的一系列教育学问题的深入思考。

2. 杜郎口中学课堂教学时空结构概述

山东茌平县杜郎口中学，是位于鲁西地区的一所农村中学，由于其课堂教学改革触及了当前我国教育改革的若干深层次问题，解决了若干重大问题，而成为原生性、开创性、扎根本土的农村教育改革的先进典型。杜郎口中学的课堂教学改革是立体的、全方位的。其中，不同于国内中小学的课堂教学时空结构引起了人们极大的兴趣和深思。

（1）方块形的课堂空间结构。

人们常见的、关注较多的课堂空间结构有两种，即秧田形和马蹄形（也有人称之为U形）。在这两种类型的课堂空间结构里，讲台和黑板似乎并没有引起研究者的足够注意。然而，在杜郎口中学，首先引起你注意的是讲台和黑板的变化。杜郎口中学教室的空间结构会让许多人大为称奇。

① 教室里没有讲台，没有讲桌。

② 教室里三面的墙壁上装有黑板。

③ 教室里课桌的布局不是秧田形，不是马蹄形，而是呈现方块状。每间教室有6大方块，每个班级有6个小组，每个小组10人左右（杜郎口中学每个班60人左右），面对面分为两排。

(2) 10+35 的师生活动时间分配。

八年前的杜郎口中学的课堂同目前国内大多数中学的课堂一样,以教师讲解为主。那时教师满堂灌在杜郎口中学司空见惯,学生几乎没有自主活动时间。为了寻求学校的生存和发展,新一届校领导班子决定以教师讲课时间为突破口,进行课堂教学改革。起初的一段时间里,教师在课堂上为 0 活动时间。这种做法有些矫枉过正,效果不是很理想,学生、家长和教师都很不适应。后来师生活动时间分配改为10+35,教师在课堂上只能讲 10 分钟(主要是知识性内容),余下的时间由学生自主支配,教师可以在教室里穿插、指导。对于这种师生教学活动时间分配,师生和家长逐渐适应并接受,这种师生教学活动时间分配形式逐渐稳定下来。

3. 杜郎口中学课堂教学时空结构的教育学阐释

教学时空结构总是直接或间接地影响着教学活动,促进或制约着课堂教学活动的顺利进行。在杜郎口中学的课堂教学时空结构影响下,师生地位、教学方式、学习方式以及教学气氛均呈现良好发展的态势。

(1) 师生地位。

方块形课堂空间是杜郎口中学的一个创举。撤掉讲台后,教师失去了所依赖的空间,学生倒是在教学活动的绝大部分时间里占据着讲台。这种情形,客观上造成了师生在空间位置上平等的地位。在这样的空间里,教师的活动空间与学生的活动空间交织在一起,没有明显的界线。学生可以在课堂上自由展示,教师则在课堂上穿插、指导。学生无形中成为了课堂的主人,教师则淡化了支配课堂的地位,成为学生学习的引导者、帮助者、促进者。

课堂时间结构对于师生地位没有直接的影响,但存在间接的影响。在传统的课堂里,无论师生教学活动时间分配比例如何,学生的课堂自主支配时间都极其有限,教师的课堂活动时间可能不多,但其课堂支配时间通常很多。这无形中造成了教师的权威、学生的被动。而在杜郎口中学的课堂里,学生自主支配时间远远多于传统课堂,因而师生的地位也较传统课堂更趋于平等。

(2) 教学方式。

方块形课堂教学空间是杜郎口中学小组合作学习模式的组织结

构。在这种教学模式中,教师不再是知识的权威,而真正成为学生学习的引导者和促进者。讲台的消失不仅仅使教师失去了高高在上的客观空间,同时也促使教师努力开拓自己的活动空间。方块形的课堂空间为教师的活动提供了绝好的舞台,教师与学习小组的交流更方便;教师与个别学生的沟通变得更通畅;师生共同活动成为解决问题的常见形式。在这样的课堂空间下,师生共同活动和交流沟通成为学生知识生成、能力提升、情感培育的主要方式。

学校领导最初设计的 0+45 课堂教学时间结构,其目的就在于扭转陈旧的教学方式,虽然有些矫枉过正,却由此产生了被人们广泛注目的 10+35 时间结构,也由此教师的教学方式发生了质的蜕变,一种有效的、有针对性的、与"三三六"自主学习模式相适应的教学方式诞生了。

不同的课堂教学模式对应着不同的课堂教学时空结构;不同的课堂教学时空结构优化或者阻碍着教师教学方式的顺利实施。课堂空间结构从秧田形演变到方块形,教师教学活动的空间被压缩了,对应着教师的活动时间也被压缩了;而学生的自主活动空间被扩大了,对应着学生的活动时间也被扩大了。师生的交互作用同样也发生了很大的变化,由师生交流甚少,到师生交流与合作逐步增多,再到师生全方位的交流与合作。

(3) 学习方式。

杜郎口中学的课堂空间里,学生的活动空间有了极大的扩展。方块形的小组形态不仅解决了学生人数较多的班级进行小组合作学习的空间问题,更重要的是为小组合作学习的有效开展创设了极为宽松的、和谐的学习环境。撤掉讲台的教室里多了两块大黑板,它们分别安装在教室的侧墙和后墙上,甚至教室的每一处角落都可以作为黑板来使用。我们观察到,在杜郎口中学的课堂里,学生或写或画,或歌或吟,宽阔的活动空间为学生的活动创造了发展自己、展现自己的绝好舞台。组内交流人人发言,生龙活虎;组际交流针锋相对,有理有据。在他们的教室里,学生的学习既有合作,又有竞争;既展示自我,又有优帮弱。在这片天地下,很多外校听课的老师感叹道:在杜郎口中学,辍学是不可能的,想不学是不可能的,想学不会是不可能的,想学不好是不可能的。

10+35 的课堂时间结构同样催生了小组合作学习这种有效的学习方式。在杜郎口中学,预习课、展示课和反馈课,学生采用合作学习的方式完成学习任务。35 分钟的自主活动时间使学生能充分地思考、酝酿,组内讨论,组际交流。这种被美国学者沃迈特(P. Vermette)称为"近十几年来最重要和最成功的教学改革"的合作学习,因为有了 10+35 的时间结构的支持而在杜郎口中学的课堂里被学生们演绎得美妙绝伦。

课堂教学时空的差异,直接造成了学生学习方式的差异,影响到学生的学习风格,进而也影响到学生的学习质量。方块形空间结构和 10+35 时间结构的出现,促使学生的学习自主性、合作性乃至竞争性有了良性的发展和循环。

(4) 教学气氛。

教学气氛是指班集体在课堂教学过程中形成的一种情绪情感状态,包括师生的心境、精神体验和情绪波动以及师生彼此间的关系。课堂教学气氛有两种类型:支持性气氛和防卫性气氛。

和谐的课堂空间和合理的师生活动时间构成了良好的教学情境,在杜郎口中学的课堂里,学生是课堂的主人,他们的活动方式、活动程度、活动热情较之传统课堂有了很大的提高。站在前台的学生,在退居后台的教师的引导下,充分发挥着他们学习的潜能,教室的每一处角落都是他们活动的舞台、表演的天地。三块大黑板不够用时,学生们会蹲在地上板演,学生们甚至会利用教室墙壁的墙围子。总之,没有了讲台的教室里,学生尽情地徜徉在知识的海洋里,交流、合作、舞蹈、吟诵,造就了一个极佳的教学气氛。

总之,课堂教学时空结构意义的重新界定,使我们能更清晰地认识和理解课堂时空背后隐藏的教学理念、潜伏的教学意识、外显的教学行为以及外在的教学方式,从而使我们能够更好地构筑新的课堂教学时空,更好地营造课堂教学情境,更好地促进学生的全面发展和教师的进步。

参考文献

[1] 吴乐乐. 探究课堂教学时间分配的结构模型. 内蒙古师范大学学报(教育科学版),2010(4).

[2] 宋秋前. 教学时间的结构化多维分类研究. 浙江海洋学院学报(人文科学版),2004(2).

[3] 王清蕾,关艳. 课堂教学时间管理概念界定及其特性. 兰州教育学院学报,2009(1).

[4] 刘宗涛. 课堂教学时间浪费的原因及对策. 读与写·教师教育,2008(7).

[5] 于水. 有效教学策略的建构:课堂教学时间的优化管理. 考试周刊,2007(23).

[6] 管爱华. 课堂教学时间安排的合理性探析. 襄樊职业技术学院学报,2009(3).

[7] 张敏. 对课堂教学时间效益最大化的探析. 现代中小学教育,2008(10).

[8] 陈丽萍. 课堂教学时间的运用策略. 广西教育,2004(10).

[9] 徐冰鸥. 社会学视域下的课堂空间意蕴及其价值再审视. 教育研究,2012(7).

[10] 张晖,魏宏聚. 课堂教学中"空间管理"的内涵与举例. 江苏教育研究,2008(17).

[11] 李介,梁旭东. 略论课堂教学的空间格局. 河南职业技术师范学院学报(职业教育版),2002(2).

[12] 李怡明,李森. 论课堂教学结构异质化变革. 课程·教材·教法,2014(6).

[13] 孙宇婷. 从知识分类的角度构建新的课堂教学结构. 教学与管理,2007(8).

[14] 高丹丹. 未来课堂的教学结构探究. 现代远距离教育,2012(2).

[15] 王长江,李新乡. 杜郎口中学课堂教学时空结构的教育学意义. 林区教学,2007(2).

第五章 课堂教学语言分析

教师在教学过程中所运用的语言,通常称为教学语言。它与教材内容及各种教学方法的有机结合,成为教师向学生传授基础知识、阐释基本理论、培养技能技巧以及进行思想道德教育的重要工具。把教学语言作为教学工作的重要一环,并认真研究探讨其含义、特征、功能和修养,从而最大效能地发挥教学语言的作用,对于当前和长远的教学需要都有重要意义。

一、课堂教学语言的内涵

从广义上说,课堂教学语言包括教师语言、学生语言和教材语言。现代教学论观点认为,课堂教学过程主要是教师运用语言传递知识信息、实现教学目标的过程,教师在课堂教学语言的交际过程中始终处于主导地位,这里所探讨的课堂教学语言仅指教师的教学语言。

一般认为,课堂教学语言是教师在课堂上根据一定的教学目的和任务,针对特定的教学对象,依据规定的教学内容,为取得某种教学效果而使用的语言。课堂教学语言是教师在课堂教学中用来传授知识、传递信息的主要载体和手段,是师生在教学中特殊交际的语言。它既不同于哲学、政治用语,也有别于文学、艺术用语;它既不是纯粹性的书面语言,也不是普通的日常口语。教学语言是多种语言风格的融汇,是科学性、思想性和艺术性的有机统一,是书面语的加工,是口头语的提炼。

语言是人类最重要的交际工具。在广泛意义上,语言包括声音语言、文字语言、态势语言三种类型。课堂教学语言可以据此分为课堂教学声音语言、课堂教学文字语言和课堂教学态势语言。

(一)课堂教学声音语言

课堂教学声音语言,也就是教师在课堂教学中所运用的口头语言,简称教学口语。教学口语是教师用于课堂教学的工作用语。它是教师在课堂上根据教学任务,针对特定的学习对象,使用规定的教材、按照一定的方法,在有限的时间内,为达到某种预期的效果而使用的语言。它以有声语言为主,辅之以面部表情、手势、态势,具有口头语的特征。但是由于是教学用语,因此随意性和灵活性较小,更严谨规范,结合书面语的准确、精练、严密等特点。

具体地说,教学口语有以下几方面的特点。一是规范性。教学口语的规范,是指教师使用普通话的规范。二是启发性。启发性是指教师的教学语言能诱发学生思考并让学生有所领悟。三是形象性。儿童是"用形象、声音、色彩和感觉思维的"。因此,教师必须善于运用语言创造直觉形象。教学口语是提高课堂教学效率的重要保证,是培养学生口语能力的重要途径。

教学口语按照其在教学过程中的不同作用和不同方式,可以分为导入语、讲授语、提问语、应变语、结束语等几种。

1. 导入语

导入语又叫导语、开讲语,它是教师上课开始时对学生讲的与教学目标有关、能调动学生兴趣的一席话。导入语的主要作用是沟通心灵、活跃气氛、激发兴趣、诱发思考,以及承上启下。导入语的类型包括故事导入、情境导入、教具导入、知识导入、谈话导入、游戏导入、题目导入、背景导入、联系实际导入、音乐歌曲导入、诗歌导入等。运用导入语有以下要求:要新颖活泼,忌平淡刻板;要庄谐适度,忌低级庸俗;要短小精悍,忌冗长拖沓。设计运用导入语应注意联系性、迁移性、适应性和启发性。

2. 讲授语

讲授语是指教师系统连贯地向学生讲解教材、传授知识和技能的教学语言形式,它是课堂教学中最基本的语言表达形式,是教学语言的主体。教学的内容主要是通过讲授的形式传输给学生的。讲授语的好坏,更为直接地关系到教学的成败。讲授语的功能有:传授知识解疑释难;启发思维培养能力;传道育人培养习惯。讲授语的种类包括:直陈法,具象法,列举法,比较法,引用法,联系法,借助法。讲授语的要求是:深浅适度,重在点拨,连贯畅达,生动、鲜明,主导课堂氛围。总之,讲授语要做到准确、清楚,有吸引力。

3. 提问语

提问语是教师依据教学要求和学生的实际而提出的问题,促进学生思考钻研以加深理解的教学语言形式,是教学口语中使用得非常广泛、普遍的用语。提问语的功能是:训练思维,集中注意,反馈调控。提问语的种类包括:强调性提问,矫正性提问,发展性提问。提问语的要求有:适时,适度,适量,讲究策略。运用提问语应做到表扬为主、鼓励求异和帮助有困难的学生。

4. 应变语

应变语是指教师在课堂上遇到难以预料的变化或猝不及防的提问时,随机应变使用的语言。应变要冷静自信、知识渊博、诙谐幽默。应变语的功能是:吸引学生注意,调控教学过程。从来源看,应变语的种类包括来自教师自己的失误、来自学生的偶发事件和来自外界的偶然事件等。应变语的运用要有针对性、分寸性和自然性。

5. 结束语

结束语又叫断课语、结尾语,它是课堂教学将要结束时,教师在引导学生对所学知识与技能进行及时的总结、巩固、扩展、延伸与迁移的教学活动时所用的语言。结束语的功能有:整理概括,巩固记忆;启发思维,开阔视野。结束语的种类包括归纳总结式、拓展延伸式和练习巩固式等。运用结束语忌拖沓,忌仓促,忌平淡。

在课堂教学实际应用的过程中,教学口语的种类还有很多。根据教学作用与方式的不同,教学口语还可分为引语、述语、诱语、问语、曲语、趣语、快语、慢语、释语、补语、简语、复语、赞语、顿语;根据教学目标的不同,可以分为沟通型教学语言、解读型教学语言和艺术型教学语言;根据学生思维的不同指向,可以分为激发型教学语言、迂回型教学语言和控制型教学语言;根据师生的位置关系,可以分为领航型教学语言、融合型教学语言和支持型教学语言；等等。总体来说，教学口语的运用应遵循计划性、相关性、灵活性等原则，教学口语表达要具有准确性、生动性、条理性、连贯性、情感性、启发性。

（二）课堂教学文字语言

课堂教学文字语言，是教师在教学过程中围绕教学目标的达成和教学活动的开展而运用的文字语言，又称教学书面语。课堂教学文字语言主要围绕教学文字的阅读与书写而产生，主要形式包括教案、板书、PPT等。一般而言，课堂教学文字语言具有预设性，即是教师为教学的顺利开展而进行的预先设计。在课堂教学过程中，教师的教学文字语言和教学声音语言互为配合，以保证教学从设计到实施的顺利进行，从而落实教学的目标任务，保障教学质量。

1. 教案

教案是为课堂教学而准备的书面计划。它是教师开课前对课程教学的具体设计，是精心组织好课堂教学，实现教学目的和任务的重要手段。教案是教师备课和上课的重要依据。

教案一般从结构上分为三段式、整体式和导入式，从形式上分为文字式、表格式、箭头式和画图式。教案的编写要在理解课程设计、钻研教材内容以及了解教学实际情况的基础上进行。教案编写的具体步骤与内容包括确立教学题目与进度，确定教学目标，编写教学内容，组织教法与学法，合理安排教学时间与流程，计划教学器材、场地与用具，设计教学练习与作业和课后小结及教学反思。

教案设计的一般要求如下：① 要有导入新课教学内容的衔接方法；② 授课内容层次要清楚，有条理，重点、难点突出，并有处理方法；③ 要采用启发式、引导式等教学方法，教学手段应采用现代化教学手段，或直观教具演示教学，着重培养学生能力；④ 板书内容要有设计，标题要醒目，序号要分明，字迹要规范工整，图表要清晰正确，数据要准确；⑤ 每堂课教学总结要具有概括性，重点、难点要简明扼要；⑥ 作业要精选，题量、深度、难度、覆盖面要适宜。

2. 板书

板书是教师运用在黑板或投影片上书写文字、符号或绘图等方式，向学生呈现教学内容、分析认识过程，使知识概括化和系统化，帮助学生正确理解并增强记忆,提高教学效率的一种教学行为。板书包括课前设计内容(教案)与教学过程中产生的内容。板书是课堂教学信息传递的重要载体,是课堂教学的重要组成部分,是教师的微观教案,是教学中的眼睛。好的板书,展现出教师的教学思路,凝聚着教材的精华,具有内容美;好的板书,从左至右或从右至左,或以图为主或图文并茂,具有形式美;好的板书,文字结构宽博、笔力遒劲、板画直观形象、画龙点睛,具有艺术美。板书在教学中的作用是多方面的,主要有:引导和控制学生的思路,帮助学生树立知识结构,引导学生由形象思维向抽象思维发展,反映事物间的相互关系,显示不同的空间位置。

板书有主板书(主题板书)和副板书(辅助板书)之分。从表现形式上,大体可以分为提纲式板书、表格式板书、图示式板书、演绎式板书、对比式板书、线索式板书等几种类型。在具体教学中,板书要根据教学目标、教学内容、学生的年龄及接受能力的不同而恰当地运用。板书运用的具体要求有:板书布局要合理;板书的文字要精练,要提纲挈领;板书要有助于突出重点、突破难点;板书字迹要工整、清晰;板书要与口述紧密结合;板书要有逻辑性、规范性、计划性、启发性、人文性、艺术性与互动性。板书是无声的语言,是教师口头讲述的辅助手段,是知识的高度凝集与集中。好的板书,是科学的教学内容与完善的教学形式相结合的杰作,是引导学生通向智慧的桥梁。所以,精心设计和运用板书,是创造良好课堂艺术氛围、形成师生心理相容、实现课堂教学最优化控制的重要条件。

3. 教学 PPT

PowerPoint,简称 PPT,是微软公司推出的一个演示文稿制作和展示的软件,它是当今世界上最优秀、最流行,也最简便直接的幻灯片制作和演示的软件之一。PPT 的要素分为图像、声音、动作、人的解说、文字等,其中,图像和文字是最为重要的元素。通过 PPT 可以制作出图文并茂、色彩丰富、生动形象并且极具表现力和感染力的宣传文稿、演讲文稿、幻灯片和投影胶片等;可以制作出动画影片,并通过投影机直接投影到屏幕上,以产生卡通影片的效果;还可以制作出图形圆滑流畅、文字优美的流程图或规划图。PPT 在演讲、报告和教学等场合有很大的作用。

目前,PPT 已经成为人们学习和交流的重要信息技术工具。教学 PPT 的应用,能够创设生动的情境,激发学生的学习兴趣,丰富学生的想象力。在实际的教学实践中,PPT 课件的制作和应用直接关系着教学的效果。和传统教学手段比较,多媒体教学具有信息量大,教学直观形象等优点,但是也受到计算机运行速度、学生接受程度等因素的影响,因此,在制作多媒体课件时首先要考虑到操作问题。利用多媒体进行教学不能操作起来太复杂,操作界面要清楚。其次,多媒体课件制作要体现教学。课件的制作要形象直观,生动,能够充分调动学生的学习兴趣,能够启发学生思维,促进学生对知识的理解。第三,多媒体课件要科学严谨。多媒体课件不同于动画片和电影,他必须要紧扣教学内容,不能随意。课件的内容要符合教材内容,科学严谨,语言文字表达准确,层次分明,重点突出。第四,多媒体课件制作要美观大方,具有一定的艺术性。多媒体课件画面要简洁明快,字体、字号要大小合适,易于辨认,字体颜色要和画面底色有明显的区分度,易于学生观看,字体颜色要醒目,插入的声音要稳定、悦耳。

此外,课堂教学文字语言还包括正确使用教科书和教材、出考题和练习题、批改学生作业以及教学挂图和图示等。教科书需要引导学生去阅读和使用,不能以老师讲的内容代替教科书,教师的讲课应尽可能和教科书一致,同时提倡"用教材教",重视对教材资源的开发使用。出题、批改作业所用语言文字力求规范化,力戒错字、别字和语病,字体以楷书为好,若用草体字,应适合学生的实际水平和草体字的规范化。教学挂图、图表的使用需要注意其科学性、规范性以及与教学内容的密切配合,图示使用的文字则要高度简练,使用的各种符号如括号、箭头、名词缩写、表格式样、坐标方式等,要约定俗成,还要简明扼要。

(三)课堂教学态势语言

教师的教学语言可分为有声语言和无声语言两种,而态势语言则属于无声的教学语言。态势语言又叫动作语言、体态语言或无声语言,它是指在课堂教学这一特定审美系统中,教师借助面部表情、手势、姿态和服饰等教学辅助方式,生动形象地外化教材内容,启发学生积极的思维的一种教学手段。

态势语言是课堂教学语言中不可或缺的组成部分。这是因为，教师在讲课中虽然"讲"是主要的，但是如果毫无表情，直挺挺地站在讲台上，像小学生背书一样，就不是讲课了。教师用微笑的表情和恰当的手势、眼神、姿态，向学生传递信息、表达情感，在教学中能收到激励、强化、交流、暗示等效果，起到此时无声胜有声的作用，这是有声语言、文字语言难以表示或表达的。

态势语言直接诉诸人们的视觉器官，在人际交往过程中具有相当重要的意义。心理学家有一个有趣的公式：一条信息的表达＝7％的语言＋38％的声音＋55％的人体动作。这表明，人们获得的信息大部分来自视觉印象。因而美国心理学家艾德华·霍尔曾十分肯定地说："无声语言所显示的意义要比有声语言多得多。"态势语言独特的有形性、可视性和直接性，对于教学来说，具有不可低估的特殊价值。

态势语言和有声语言都有传递信息、表情达意的功能，比较起来，有声语言主要靠听觉，态势语言主要靠视觉，两者的表达方式不同，表达效果也不相同。有声语言表达得清楚明白，社会规范性比较强；而态势语言比较朦胧含蓄、直观形象，社会规范性比较差。简言之，态势语言有指示位置、描摹形状、暗示心理、表达感情、渲染气氛等作用。态势语言在教学中的主要功用表现在：帮助组织教学，激发学生的学习兴趣，突出教学重点，了解教学效果。良好的态势语言还可以体现教师优雅的气质风度，增强教师的个人魅力。

总体而言，由于具有直观性、灵活性、情境性、暗示性等特点，态势语言在教学中的正确运用，对于加强基础、培养能力、发展智力等方面都有重大意义。然而，调查发现，教师在态势语言的运用方面存在着一定的问题，主要表现为：表露性态势语言不丰富，说明性态势语言不设计，适应性、体调性态势语言不控制，象征性态势语言不规范，服饰语言、空间语言不自觉等。这说明，教师的态势语言运用能力与水平还有待提高。

作为教师，应该面部表情丰富，眼神运用合理，手势干净利索并具有特色。腿姿挺拔优雅，走动安详轻捷，精神饱满，服饰干净而富有美感。此外，在眼神、手势、表情以及动作的运用上，必须掌握基本技巧，使其有助于教学。具体来说,态势语言在教学中的运用要做到以下几点。

1. 系统协同

态势语言是借助于人体来完成的一种视觉形象传播,但只有被对方注意到才能有效传播。所以,作为教学系统一部分的教师态势语言,必须和其他教学行为紧密配合。教师态势语言的运用,要根据教材内容及教师内心情感表达需要而定,只有达成与言语等教学行为的合理搭配和最佳选择,才能取得相得益彰的效果。当然应把态势语言放在言语活动的辅助地位,恰当结合使用,决不能本末倒置;对于师生自行创造的人类非通用方式要约定俗成;教师的态势语言有褒有贬,以褒为主,特别是帮助学习困难生。态势语言表达的含义具有相当大的不确定性,并且在很大程度上依赖师生共有的社会文化与心理背景及交流习惯等。对于教师的每一个态势语言动作,不同的学生因不同的心理背景,其理解和感受可能不一样。教师在运用态势语言时应尽量让学生充分精确理解其表达含义,促进师生双方相互理解、默契配合,达到"心有灵犀一点通"的境界。如教师批评学生时表情应严肃庄重而不能嬉皮笑脸,表扬学生时应轻松自如、面带微笑而不能故作深沉、满脸乌云。

2. 自然适度

教师的态势语言做到恰到好处,与课堂气氛、教学情境和谐统一,这就需要教师具备善于控制自己情绪和行为的能力,时刻把自己置于学生监督之下,在平时的教学中加强对自己言行的有意识的训练,不断加强自身修养,站、坐、行都应成为学生的榜样。如:① 适当的幅度、力度和频率。课堂中多数情况下学生呈思索状态,被教学内容所吸引,教师的态势语言要与言语内容、语调、节奏等相协调、相吻合,宜小不宜大。动作幅度过大易喧宾夺主,力度过大易失去平衡,速度过快易造成不稳定感,都会妨碍言语的表达。② 少而精。富有启发性的态势语言,含蓄隽永、耐人寻味,可收到画龙点睛的作用。③ 不夸张,自然、生活化。讲课如像讲评书、像演戏,会让学生与教师产生心理距离。④ 避免下意识行为,如随地吐痰、抹鼻涕、打哈欠、搔头皮、提裤子等。教师只有尊重学生的人格、富有爱心、寄予希望,充分相信学生,在教学中加以注意,长期坚持训练,才能由"自觉"到"自然",达到熟能生巧、运用自如,使态势语言与个人的风格融为一体,形成富有个性的教风。

3. 和谐得体

好的姿态和风度必须是由头、眼、手、身一系列"逐点动作"和谐的组合表现而成。借助于教师饱满的情绪、恰到好处的手势、期待鼓励的眼神和端庄的仪表,才能对学生积极性的调动和健康人格的塑造起到促进的作用。教学过程中教师要有意识地利用各种态势语言强化言语作用,做到体姿端正、走路稳健、手势得体、表情丰富、眉目传神,这样动中有静、静中有动、动静结合,能增加讲课的吸引力度和知识的可信度,保持学生的注意力。从容有度、富有教育意义的态势语言,体现出教师高超的教学机智,给人以丰富而不呆板、变化而又和谐的审美感受。善于用眼睛"说话""解惑",如在学生正确解决问题时,教师赞许的表情和适当的表扬,可以使学生充满自信、不断进取;在学生遇到疑难和挫折时,教师鼓励期待的表情,可以使学生体会到教师的帮助和支持。课堂教学中,教师的表情应注意"收""放"结合,以柔和为原则,庄重中带着微笑,给学生以自然、明朗的感觉,使学生得以保持积极的情绪和愉悦的心情,保证教学信息传递的畅通。如教师通过看似无意的自身位置的变化,实施着教育与管理意图;教师若能根据不同的教学内容变化自己的服饰,如严肃的内容穿着庄重,活泼的内容打扮休闲,往往可以收到意想不到的效果。

4. 因人而异

教学过程中信息的最优传递得以实现,在于教师善于把握"学生是学习的主体"这一关键。这就要求教师深入了解学生,针对每个学生的独特情况采用相适宜的态势语言,以达到理想的教学效果。教学过程中作为主导系统的教师,既要通过态势语言控制学生学习的注意力和兴趣、热情以及速度、节奏,又要注意接受学生反馈的信息,善于从学生的眉目和神情中捕捉有用的信息,及时调整和改进自己的教学行为。教师在运用态势语言时,要注意学生个体的差异性,针对学生的年龄特点,遵循学生的心理发展规律,讲求表达的方式方法,做到"因人施教"。特别是在遇到某种突发事件时,可使教师化被动为主动,从而取得事半功倍的效果。如有经验的教师的语调常常清新而平缓,给人一种和蔼可亲之感,批评学生时"平稳的回答可以平息对方的愤怒";学生年龄较大,理解力较强,思维方式以抽象思维为主,对他们则不需要过多的直观性动作;坦然正视某些方面师不如生的现实,并用积极肯定与鼓励的态度去关注学生萌发的创新意识。

态势语言是一个教师内在修养和外在形体表现的综合反映,在具体实践中不可能强求一律,但是这也绝不意味着态势语言可以任其自然、秉其天性,需要有一个修炼的过程。教师应对课堂教学中的态势语言信息有效地加以组织和运用,使教学活动跃入一种新的境界,也从而唤起学生对美的追求。

二、课堂教学语言的特征

教学语言是教师在课堂教学中用来传授知识、传递信息的主要载体和手段。总体而言,课堂教学语言具有以下特点。

(一)就语体来说,教学语言是口语和书面语的有机结合

语言有口语和书面语两种形式。口语表意丰富、灵活,表达自然、亲切,使用起来简捷、经济,但同时口语表达也较随意,不那么规范,有啰唆、冗余的成分。书面语表达严密、细致、准确、规范,但书面语往往较为呆板,缺少情景性,不利于学生理解。一般来说,教学语言是有提纲或者有讲稿,有些内容和措辞是经过反复斟酌、推敲的,也就是有准备的语言,如用来讲授知识、阐释原理、下定义、做结论的语言。因而它具有书面语的特点。但教学是一个动态的过程,充满了各种变化,教师不可能把要说的每一句话都写在纸上。这就决定了教学语言具有很大的即兴性,尤其是在教学理念转变,崇尚"民主教学""教学对话"的今天,教师课堂教学中即兴性口语表达的成分显著增加。如教师课堂上用来描绘事物、组织教学、启发学生或处理课堂上偶发性事件、对学生回答老师提问或学生讨论问题发言的评价,或教师授课时萌发的新的理解、顿悟出某种心得体会时的即兴表达,都属于口语的范畴,具有口语的特点。这就要求教师授课时把握好书面语与口语交融结合的"度",使教学语言能兼具书面语与口语的长,而避其短,最大限度地提高课堂教学效率。

（二）就体式来说，教学语言是独白语与会话语的有机结合

无论传统教学还是现代教学，无论是面向众多学生的讲座、报告，还是系统地传授知识，教师主要运用的是独白语。这种语言一般具有严密的逻辑性和较好的连贯性，句子完整，修辞得当，没有语病，也没有太长的停顿。但是教师无论组织教学还是组织问答、讨论或个别交谈，又要运用有来有往的会话语，以便进行双边或多边交流。这种语言在词法、句法上表现为零碎句、问句、省略句，重复、插入、停顿较多，语速也比较慢。独白语的信息传递是单向的，会话语的信息传递是双向或多向的。教学中教师应能自如地转换这两种语言表达形式，准确、生动地传达教学信息。

（三）就表达过程来说，教学语言是预设语言和应变语言的有机结合

从本质上说，教学语言是教材语言、教案语言的顺向转化。教师备课时应深入钻研教材，根据学生的知识水平和认知特点对教材进行加工和处理，把教材语言转化为教案语言。教案语言形成之后，不是教师在课堂上"照本宣科"就能达到教学目的的，还需要把教案语言转化为学生易于接受的教学语言。教材语言、教案语言都是经过精心设计和准备的预设性语言。然而课堂教学又是一个动态生成的过程，充满了多元性、不可预测性和不确定性。在实际的教学活动中，教师往往会面临一些新情况、新问题，而这些问题的出现又是难以预知的。如课堂上学生突然提出一些教师以前没有思考过的疑难问题，甚至有时会出现恶作剧，这时教师就需要快速判断、随机应变，掌握应变语言的技巧，得体地运用应变语言化解课堂上的尴尬、险情，而不能一概怒语压制。

（四）就教学语言的组合结构来说，教学语言是有声语言、态势语言和以板书为主的多种直观教学手段的结合

与教材语言、教案语言的文字语言相比较，教学语言是有声语言。教师在课堂教学中使用有声语言的同时伴随着一定的表情、动作的态势语言，还配合着各种示范、演示以及板书。正是各种丰富的语言形式的介入，以及直观的教学手段的大量运用，才使得教师的讲授生动活泼、深入浅出。教师教学中应和谐、自然、得体地运用多种语言表达形式与教学手段。

课堂教学语言运用得当,将有助于实现教师对课堂教学的磁化功能、感化功能、调节功能、激励功能、教育功能和示范功能。

三、课堂教学语言的失当现象

在课堂教学实践中,教学语言运用不当的现象是客观存在的。例如,有研究者对中学教师话语做了长期、大量的观察与研究,发现存在以下一些问题。① 语言不规范。教师的发音不准确,吐字不清晰,普通话不标准。② 语言不鲜明。一些教师用词不通俗,长句子太多,条理不清,令人费解等。③ 语言不生动。教师语言空洞、抽象,缺乏语言技巧。语言没有抑扬顿挫、高低起伏;不能声情并茂,没有节奏感。此外,还有语速过快,课堂话语多为直白式、命令式、机械式、灌输式、评判式的语言,评价语单一,缺乏商榷式、引导式、互动式、多元化的语言,提问语封闭、死板不当,话语量过多等问题。这些问题不一定同时存在于同一位教师的课堂语言中,但一位教师可能会存在上面问题中的一个、两个或多个。

早期也有研究指出,教师教学语言的随意性现象在小学语文课堂中相当普遍。主要表现在:一问一答,"热闹乏味";难易失度,脱离实际;无的放矢,旁生枝节;不设坡度,难登彼岸。其他典型的表现还包括:介绍作者和时代背景时,海阔天空,漫无边际;遇到自己比较熟知的知识领域时,信马由缰、侃侃而谈;为了所谓"加强思想教育",在教学内容上"贴标签";作业、试卷的讲评不理头绪,重复啰唆、纠缠不清;等等。

还有研究分析了灌输式教学背景下,教师在教学语言上存在的主要问题,包括:启而不发的教学语言;居高临下的教学语言;缺少感染力的教学语言。

针对课堂教学语言的失当现象,有研究者立足于对课堂教学现场的观察与分析来加以研究。以下试举两例。

【案例1】 课堂教学语言应该是什么样的语言

大家都知道,教师的教学语言应该清晰准确、通俗易懂、亲切生动、有情有趣,富有启发性、教育性和感染性。从教学实践中我们也能体会到,最好的教学语言是口语化的语言。口语生动自如、亲切易懂,学生有亲近感,教师也便于操作,笔者对此深有体会。不过有人嫌口语太平常,不精彩,于是备课时就把课堂上要说的话,全部预先设计好,课堂上再一句句地背给学生听。但背出来的全是书面语,学生听了或许觉得句句精彩,但有一种疏离感,甚至听不懂。也有的教师确实有深厚的语文素养,有丰富的语言积累,但他们嫌口语缺少诗意,有失文雅。于是,大量的书面语在课堂上出现。例如:"××有大美,但它不言。它不言,我们言。当我们十一二岁读《××》,犹如在缝隙中观月;当我们读了高中,上了大学再读《××》,我们就可以在平台上把玩月亮了!让《××》来疗养我们的心。"这一大段引用清人张潮《幽梦影》的话,郑重其事地讲给小学生,他们无法理解其基本意思,更别说体味其深邃的含义了!也有的教师本来就缺乏语言修养,但又不愿显出"平庸",甚至不惜生造词语,语言半文半白,含混不清,学生只能瞠目结舌。凡此种种,都是为了营造课堂上的"精彩",用意虽不错,但效果可能适得其反。真正感人有效的教学语言,还是规范的、亲切自然的口语。例如于永正老师的课,一向采用口语教学,课堂效果出奇地好。

【解析】

课堂教学语言不能是粗陋鄙俗的市井语言,但也不能是艰深晦涩的"掉书包"语。教学语言的受众是学习发展过程中的学生,教师的语言是学生学习文化知识的直接载体,也是学生模仿的榜样。教师运用教学语言要始终以学生的发展水平为标尺。

【案例2】 课堂教学强势用语例谈

教学离不开语言,教学是一门语言的艺术。许多名师都非常珍视自己的教学语言,精心推敲、筛选、打磨自己的课堂教学语言。课堂教学用语也是教师教学理念、教学智慧的集中体现,特别是在课程改革向纵深推进的形势下,教师的课堂语言直接反映出对新课程和课堂教学的理解。这里选录了几句课堂用语,一定程度上折射出教师以自我为中心的教学强势和对新课程理解的偏颇。

"感谢同学们的配合!""配合"一词道出了教师以自我为中心的教学理念。原来,教学的一切行为,只是为了教师教学预案的实施,学生是"配合"教师来完成预先设定好的教学"剧本",学生是"演员",那些发言踊跃的学生便是"主角",其余学生是"配角",甚至于是"群众演员"。如此滞后的教学理念,又怎能带来课堂教学的生机和活力呢?怎能呈现生成的精彩呢?太多的课堂,我们看到的是学生乖巧的"配合",很少听到不同的声音,而我们的教师也津津乐道于这种"配合",因此"感谢"之语脱口而出。看来,新课程所倡导的学生为主体、一切为了学生、一切服务于学生的理念要转化成教师的自觉行为还来日方长。

"讨论一下,一分钟,赶快!"如此精打细算、急功近利,又怎么能产生"讨论"的实效呢?真正有意义的课堂讨论,首先是问题要有一定的思维量,值得思考,值得深究;其次是应该留足学生自主思考和充分讨论的时间。匆匆而过蜻蜓点水式的讨论,只能是"水过地皮湿",形式主义而已,根本不能达到"讨论"的目的。不仅如此,长此以往,倒是滋长了学生浅尝辄止、思维肤浅的陋习。追求有效,我们过多地强调了快节奏、高密度、大容量,但是,教学的有效并不能简单地理解成单位时间的学习容量,教学有效常常需要品味、深思、涵咏,需要"慢"一点,需要"留白"。

"刚刚讲了……现在开始讲……"似乎教师的职责就是"讲",没有"讲"是教师的失职,只要教师"讲"了,学生"会不会""懂不懂",那是学生自己的事。我们有不少教师陷入了这种思维的怪圈,以致难以自拔。需要我们深思的是,课改推进已经多年,课堂教学"讲风过盛"的问题虽口诛笔伐、人人喊打,但这一课堂教学的"顽疾"远未根治,颇有点江山易改,本性难移。不少报刊在深入探讨课堂教学能否"限时讲授"的话题,看来,面对"顽疾",我们还是务实一点好,先通过"限时"改变行为,再改变理念,也不失为一种方法。

"刚才讲了第一部分,你们听懂了吗?"教师把学生的学习简单理解为"听",如果得到学生肯定的回答,教师就满意地继续"讲授";如果学生还有疑问,教师就不厌其烦地再"讲"一遍。这种看似征求学生意见,表面上体现教学民主的课堂教学行为,实质上是教学"霸权"。这一"霸权",说白了就是课堂上教师是主体,教师是知识的拥有者,是知识的传授者,学生只有听的权利,接受的权利,关键的是要能听懂。学生完全处于被动位置,又怎么能成为学习的主人呢?长此以往,我们的课堂至多只能培养知识的奴隶、书本的奴才,什么个性发展、创新实践全都被这样的一种教学意识屏蔽了。

"老师检查一下同学们预习的情况。"作为常规的教学环节,检查学生预习情况未尝不可,但教师在课堂教学伊始,用"检查"一词,便一下子拉远了教师与学生的距离。教师是高高在上的"检查者",可以决定课堂"检查"的方式、内容,可以对学生评点、评价;学生是课堂上的"被检查者",只有被动地接受"检查"的义务,没有任何可以说"不"的权利。能否换一种说法,如"老师了解一下同学们预习的情况""同学们交流一下预习的情况",虽然只是个别词语的调换,但折射的是教师不同的教学理念,反映的是师生之间情感的亲疏。"我讲过多少遍,你们怎么还是不会?"这句话有三个层面的"画外音"。其一,教师的职责就是讲授,要有耐心,必须讲到学生会了为止;其二,学生会了,就意味着懂了,至于是不是真正掌握,能不能灵活运用,那是另外一回事;其三,这些学生真是一群笨蛋,"讲过多少遍""还是不会",不是笨蛋又是什么呢?我们老师在这样一种埋怨、责怪、厌烦的心理下组织教学,又怎么会出现课堂生命的活力呢?教师必须把学生当成一个个独立的生命个体,以平等的心态,尊重、包容、引领学生的学习,课堂才会呈现民主和谐、对话交流的内在生命力。

"这个问题,你给我说说。"这句话有两层意思值得分析。一是"给"字,折射出教师隐形的教学霸权,教师是高高在上的,可以随意决定教学的行为,学生是被动的,只有服从,只有听话;二是"给我说说",似乎教学的对话只是该学生对教师一人讲,难道不可以向同学们说说吗?因为有这种给教师说的潜在理念作怪,所以不少教师提问时,常常只顾一对一的谈话,而忽略了班级内绝大部分学生。这种一对一的对话又常常发生在教师与班级几名学习基础相对较好、思维相对活跃的学生之间,这样的教学,就只能制造两极分化了。教师不管,自己不想,学习困难生也就是在这样的环境中产生的。

【解析】

课堂教学强势用语是什么?在许多老师的潜意识里,教师语言就是权威和命令,体现的是教师的威严和高高在上。在倡导师生平等的课堂人际关系背景下,这样的语言让学生对教师"敬"而远之,甚至产生厌恶和对抗。教学语言的平和反映的是师生人格上的平等和相互尊重,语言平和的教师,其内心必定是友爱和温暖的。

四、课堂教学语言的修养

教师课堂教学语言修养的加强是提升教学质量的必然要求。从审美角度看,课堂教学语言是一种具有语言魅力的艺术,显现出多样的审美特质。正是通过长期的语言艺术实践,教师的语言修养得到提升,达到不断的自我发展与完善。

(一)课堂教学语言的审美

课堂教学语言审美的理想境界是科学美、形象美、情感美、声音美和朴素美,这样的课堂教学语言具有高度的艺术性。教学语言的艺术性包括的范围很广,其基本内容主要有四个方面:形象生动,感情饱满,幽默风趣,优美适听。教学中教师不仅要把知识讲明白,还要用生动形象的语言把深奥的事理形象化,把抽象的事物具体化,教师要用新颖、活泼、生动有趣的语言来吸引学生、感染学生,还要用恰当丰富的表情、自然贴切的动作、饱满的热情、真挚的情感来激发学生的兴趣,陶冶学生的情操。教学语言的使用艺术,表现在准确掌握教学语言的知识性、准确性、简明性、生动性和适听性原则。

教师的语言艺术是课堂教学艺术的核心。课堂教学语言的机智、规范、灵动、热情、质朴,体现着教学语言的"意趣情智";精妙的提问、赏识性的评价语、自然的过渡语和鲜明的肢体语言,则显现着课堂教学的语言魅力。课堂教学语言的审美原则包括:情感原则,节奏原则,形象、幽默原则,体态原则。

从课堂教学语言的整体审美效应分析,课堂教学语言的审美特性应包括教学语言的内在基质美(内在审美特性)和外部表现美(外在审美特性)两部分内容。

1. 课堂教学语言的内在审美特性

课堂教学语言的内在审美特性包括科学性、针对性和生动性。

课堂教学语言的科学性,就是指教学语言须符合客观规律,必须正确、规范、科学。这种科学性主要有两重含义:一是教学语言所载荷的教学内容的科学性，二是教师教学语言形式本身的科学性。

课堂教学语言的针对性，即教师在教学过程中针对不同的教学对象、不同的教学情境而采用不同的教学语言，以达到相应的教学目的。

课堂教学语言的生动性，是指合乎教育学、语言学规律，并具有针对性的声声入耳、娓娓动听的优美教学语言及其表现形式的科学化、艺术化、审美化。

2. 课堂教学语言艺术的外在审美特性

课堂教学语言的外部审美特性包括音量美、音调美和语速美。

课堂教学语言的音量美，是指教师讲课的语声要适中、恰到好处，使学生感到悦耳，感到优美。

课堂教学语言的音调美，是指教学语言婉转动听、轻重缓急、抑扬顿挫、快慢适中、错落有致，富有节奏感、韵律感和审美感。

课堂教学语言的语速美，是指教师授课过程中的语言流速要与学生的信息反馈速度相适应，使所输出的信息能被学生所接受和理解，使学生"乐听"，从而产生一种相应的审美体验和审美享受。

课堂教学语言的美是其内在基质美与外部表现美的辩证统一。内在美通过外在美表现出来，外在美正显示了内在美的本质。只有二者完美和谐地浑然一体，并在教学过程中表现出来时，教师的教学语言才算具备了审美基质。

（二）课堂教学语言的修养

教学语言是教师教学的基本功和必要素养，是教学艺术中一个基本的和重要的组成部分。教师在教学中要完成"传道、授业、解惑"的任务，就离不开教学语言这个有力的手段。教师的语言修养直接决定着教学效果和教学质量，直接影响着教育的成败。一名合格的教师，只有熟练地掌握和运用教学语言，把握教学语言在教育教学过程中的地位和影响，才能提高自身业务水平和教学质量。

教学语言不同于日常用语，它是教师各方面能力的综合体现，受到多方面条件制约。要正确运用教学语言，使教学语言达到理想的艺术境界，教师需要从个人修养、爱教情感、教材驾驭、知识积累和说话技巧等各方面加强修养。具体来说，在教学实践中改进教师教学语言的措施主要包括以下四个方面。

1. 加强科学文化知识修养,不断提高自身素质

文化知识是教师通过教学向学生传授的主要内容。教师所从事职业的目的是培养新型的适应社会、生产、科技发展的创新型人才,以促进人的全面发展,推动社会发展。因此,教师要博览群书,具有广博的科学文化知识,不断更新完善自己的知识结构,不断用人类创造的精神财富丰富自己,提高自身素质。教师广博的科学文化知识主要包括广博的普通科学文化知识(如较为系统的人文社会科学知识、自然科学和技术科学知识等)、精深的学科专业知识(包括专业基础知识、专业主体知识和专业前沿知识)和系统的教育科学理论知识(教育学、心理学、教育改革及教育科研等)。

2. 加强语言修养,不断提高自身的教学语言表达能力和表达水平

教师的语言修养直接影响到他对词句的选择、语段的构成、语境的适应以及表述时的语音、语调、语气、语速等,直接关系到教师教学语言的表达能力、表达水平和表达效果,决定着教学语言的质量。叶圣陶强调:凡是当教师的人,绝无例外地要学好语言,才能做好教育教学工作。也就是说,教育的成败,不仅取决于教师知识的多寡,同样也取决于教师口语表达能力的高低。所以,教师首先必须树立科学的语言观,具有较强的语言规范意识,正确规范地使用语言,加强语言学理论修养。

3. 加强语言技能训练,不断提高自身的教学语言表达技巧

教学语言技巧是教师在课堂教学中,为了使学生理解和掌握教学内容而使用的语言表达手段,是教师教育教学技能体系中首要的基本技能,是衡量教师业务能力和水平的重要依据。教师的教学语言技能训练包括语音、吐词、音量、语速、语调、节奏、词汇和语法训练等。教师要提高自己的教学语言表达技巧,正确熟练地运用课堂教学语言,就必须加强实践训练。教师可以通过发音用声训练、朗读训练、听说训练、模仿训练来提高自身的教学语言表达技巧。

4. 加强教学语言设计,不断提高自身的教学语言设计与运用能力

(1)课堂上要为学生提供可理解性输入。

教师在课堂教学中,用词一定要规范,词语的选择和搭配要恰当,平时要注重词语和课堂用语的积累。教师要多用通俗易懂的词语、口语化的词语,将口语和书面语结合起来使用;要尽量使用长短适中的句子,并在课堂上常常变换句式,以免过于单调;避免使用长句或结构复杂的句子;充分考虑到学生的最近发展区和学生的理解水平,为学生提供可理解性输入。这就是说,教师一定要让学生听懂教师在课堂上说的话,理解教师的意思。否则,就谈不上学生对教学内容的学习和理解。

(2) 注意把握语速。

课堂上教师对语速的掌控是非常重要的。教师的语速过快,就不能为学生提供可理解性输入,学生没有足够的时间对教师讲授的内容作出有效反应。教师语速过慢,上课没有激情,不能激起学生听课的兴趣。所以,语速过快或过慢都会导致低效或无效课堂教学。当然,在特殊情况下,为了特定的目的或表达的需要,教师有意加快或放慢语速,使语言抑扬顿挫,更富有节奏性,以渲染语言的表达效果,是完全可以的。

(3) 关注学生的情绪情感,让学生在低忧虑的背景下听课。

现代教学理念下,不仅重视对学生知识的传授、能力的培养,而且也更加关注学生的情绪情感。在课堂上,如果学生在忧虑的状态下,或者说带着不愉快的情绪听课,他们就不愿意听或很难听进教师说的话,更别谈理解教师话语了。所以,课堂上必须让学生保持良好的情绪状态,浓厚的学习兴趣,师生之间才能有良好的交流互动,才能保证课堂教学的有效性。

(4) 注意问题设计。

问题是学生思维的开端和求知的起点,提问是互动语言最为重要的一种表现形式。使用教学语言进行互动就要注意提问的有效性。教师要多提开放式问题、发散式问题,鼓励学生自己作出回答,这有助于学生认知能力、思维能力的发展;问题要明了、具体,为回答者提供清晰的回答模式;问题要能引发学生活跃的思维和课堂对话;要组织学生讨论、概括、解释有效问题,给学生提供加深对学习材料理解的机会;问题要面向全体学生,并给予学生足够的思考、回答的时间。

(5) 重视课堂反馈用语的设计。

教师的反馈用语通常分为肯定反馈和否定反馈两大类。教师应该清楚,评价不是目的,而是手段,是掌握在教师手里的一种教育工具。

它应当激发儿童的学习愿望,而不能成为对于不愿学习的一种惩罚。因此教师应多给予学生表扬。学生即使回答不对或不完全对,教师也应用婉转的语气给予评判。例如,当一个学生问题回答错了,教师可以这样说:"不要紧,你能说出答案,虽然是错误的,但仍然能表明你是有勇气的。仔细思考,你肯定会找到正确答案的。"否定反馈往往使学生感到羞愧而承受很大的心理压力,不利于学生的有效学习。所以,教师要尽量避免使用否定反馈。

(6)恰当运用幽默的语言。

幽默是情感、思想、学识、灵感的结晶,是课堂教学的催化剂。幽默诙谐、风趣高雅的语言可以密切关系、拉近距离、活跃气氛、点燃激情、加深理解、强化记忆;可以化深奥为浅显,化抽象为形象,使教学内容通俗易懂、妙趣横生。若要言之有趣,教师要树立和强化幽默意识,善于向书本学习,博览群书,潜心阅读,积累幽默的格言、警句;善于在生活中学习,处处留心,时时在意,发现、积累生活中的幽默素材,增加储备。在具体的教学过程中,教师还要吃透教材,认真准备,根据实际灵活地设计幽默情节,生动地介绍、描述、评论课文内容,机敏地穿插使用幽默的格言、警句、故事等,恰当地运用比喻、拟人、夸张等修辞方法,辅以幽默的动作、表情,开发利用好幽默资源,创建和谐课堂,实现师生思维共振。

(7)运用适当的课堂态势语言。

课堂态势语言是指教师在课堂教学中,表达意图、交流感情、阐述观点、示范操作时所呈现的动作。它包括教师的表情、姿势和形体动作等。课堂上,教师需要一面讲课,一面与学生交流情感,沟通思想。适当的表情动作往往能提高学生的注意力,使他们容易跟上教师的讲课思路。课堂态势语言和有声语言相互配合,能使讲课的内容形象化、具体化,强化学生的记忆和理解,提高上课的效率。所以,教师上课前不仅要设计好有声的课堂话语,还要为自己设计好一堂课的手势、动作及表情,从而使学生注意力集中,更容易理解上课内容,活跃课堂气氛,使课堂富有感染力。需要注意的是,课堂态势语言必须适合学生的特点和教学内容,与教学内容紧密联系,才能帮助学生加深对教学内容的理解,而不能随心所欲,胡乱表现。教师的态势语言要适度协调,才能产生良好效果。动作过多、表情过于夸张反而会使学生眼花缭乱,主次不分,影响效果。

(8) 增加学生话语量,减少教师话语量。

长期以来,许多教师一直在进行"填鸭式"教学,大搞"一言堂",甚至是一堂课上从头讲到底,几乎"垄断"课堂语言。新课标要求教师更新观念、转变角色。教师不仅仅是知识的传授者,也是引导者、组织者、参与者、促进者、评估者和协调者。学生是课堂活动的主体,是支配课堂的主人翁,教师就像一个导演。这些理念反映在教师课堂话语上,就迫切需要教师在课堂上减少自己的说话时间,增加学生的说话时间,即减少教师的话语量,增加学生的课堂话语量。教师要鼓励学生在课堂上多提问题,多参与讨论,多发表自己的见解。

(9) 采用行动研究法,分析教师话语。

教师行动研究是教师在研究人员的指导下去研究本校本班的实际情况,解决日常教育、教学中出现的问题,不断改进教育、教学工作的一种研究方法。与行动研究密切相关联的是"教师即研究者"理念。它要求教师在教育教学中采用实践—反思—实践—再反思—再实践的模式,对教学实践中出现的问题进行研究,以提高教育教学质量。我们同样可以运用行动研究法,对教师的课堂话语进行分析研究。首先,要制订计划,确定行动研究的周期(如以一周、一个月或一学期为一个周期),列出行动研究的步骤,选择操作方法。然后,确定研究对象,按计划实施研究。一开始,教师可以选择一个课型,不要对自己的课堂话语进行设计,按照自己平时的、一般的语言进行授课,课堂上留意观察,课后记下学生在课堂上的听课情绪状态和反应。随后,选择和前面同样课型的一节课,进行研究。课前对自己的课堂话语精心设计,课堂上边上课,边观察学生的听课情绪变化。课后,对学生进行访谈、问卷调查,了解学生对本堂课教师话语的感觉和看法以及课堂教学效果。同时,教师可以请同行听自己的课,观察、记录自己本堂课的课堂话语及学生的课堂听课情绪和反应,并请他们对本堂课的教师话语做客观的分析评价,提出改进意见,以使自己扬长避短。如果要继续研究,便可进入下一个研究周期重复以上步骤。

此外,在课堂这种特殊的语言环境里,教师整体的语言风格体现出规范、严谨、准确、生动的总体特征,但具体到不同的学科、不同的表达者、面对不同级别的接受对象,又会呈现出丰富多彩的语言风格。因此,教师教学语言修养的形成与提升还要注重教学语言风格的研究和塑造。教学语言风格主要表现在词汇和修辞方式的选择、句式的安排、情感的投入、有声语言技巧的运用以及态势语言的配合等方面,具有多样性、独特性、一贯性、变化性等特点。教学语言风格的形成与教师的性格特点、生活阅历、知识修养、审美情趣、任教学科性质、具体教学内容及学生的接受能力都有密切关系。教师可以通过加强知识修养、学习语音技巧、提高语言表现力及正确选择风格类型等途径来塑造个人独特的教学语言风格,最终达到教学语言运用的理想境界。

课堂教学语言三例

【案例1】 鲁迅先生的教学语言

鲁迅先生讲课,无论是在杭州、北京,还是在厦门、广州,凡是他的足迹所到之处,全都受到学生的热烈欢迎。"每次每次,当鲁迅先生仰着冷静的苍白的面孔,走进北大的教室时,教室里两人一排的坐位上总是挤坐着四五个人,连门边、连走道都站满了校内的和校外的、正式的和非正式的学生。"在厦门大学、中山大学,轮到鲁迅先生讲课,不仅文科学生早就提前坐进课堂,而且有法科、商科、医科、理科的学生赶来旁听,经常还有校外的中小学教师、编辑记者,以至迟到的只能站在后面听,有时甚至还得爬到旁边窗户上听……真是济济一堂,盛况空前。

教师完成教学任务最重要的手段是语言。教师的教学语言大有讲究,其表达能力的高低直接影响着课堂教学的效果。中国古代教育名著《学记》中早就对教师的语言提出过要求:"其言也,约而达,微而臧,罕譬而喻。"这是说,教师要善于运用简明扼要的语言与适当中肯的比喻,使学生易于理解,乐于接受。实践告诉我们,一个教师即使有深刻的思想,丰富的科学知识,如果没有一定的语言技巧,他的教学效果也常常会不够理想。学生中常听到惋惜××老师讲课是"茶壶里煮饺子——肚里有货倒不出",这不就说明教师的语言在教学过程中的重要性吗?因而我们研究教师语言,增强教师语言的表现力,是提高教学质量的重要一环。鲁迅先生上课受到学生热烈欢迎,正是由于他不仅政治思想先进,教学内容富足,而且教学语言娓娓动听,风趣喜人,富于吸引力和感染力,他的高超的教学语言艺术发挥了不容忽视的作用。

鲁迅先生的教学语言有哪些特色呢?

首先是准确、明白。

大家知道,学生听课不像看书,看不懂还可以再看一遍,这在课堂上是做不到的,因而教师教学必须从学生的年龄特征、知识基础、接受能力等实际情况出发,运用简洁、明了的语言,条理清楚,旗帜鲜明,是就是是,非就是非,为什么"是","非"在哪里,都要交代得明明白白,让学生一听就能正确地了解教师说话的意思所在。鲁迅先生讲课正是这样做的,他确切地使用概念,科学地作出判断,合乎逻辑地进行推理。人们在他的教学语言里很难找到含糊不清、模棱两可、自相矛盾的地方。学生们称道:"他说话简单、明了、确切、清楚——虽然是一口绍兴音,但是大家都懂——就像他的文章一样,一字不多,一字不少,恰到好处。"

鲁迅先生讲课绝不用艰深、冷僻的词语,也不用烦冗拖沓的长句子,他说的是白话口语。他常常通过比较的方法使教学语言阐述得更加明白、清楚。比如他讲唐人传奇时提出了"传奇小说,到唐亡时就绝了"的看法。为什么这样说呢?他比较地分析道:"唐人大抵描写时事;而宋人则多讲古事。唐人小说少教训;而宋则极多教训。大概唐时讲话自由些,虽写时事,不至于得祸;而宋时则讳忌渐多,所以文人便设法回避,去讲古事。加以宋时理学极盛一时,因之把小说也多理学化了,以为小说非含有教训,便不足道。但文艺所以为文艺,并不贵在教训,若把小说变成修身教科书,还说什么文艺。宋人虽然还作传奇,而我说传奇绝了,也就是这意思。"鲁迅先生通过比较唐宋传奇题材、内容、写法上的差异,深刻揭示其社会原因,进而推导出自己的结论,多么自然、清晰!鲁迅先生向来认为,许多事一经比较就分外明白,古今的比较,中外的比较,人物的比较,作品的比较,甚至于常常把自己摆进去进行比较⋯⋯在鲁迅先生的教学语言中层出不穷,他正是广泛运用比较法使自己的教学语言获得高度的准确性和明晰性的。

鲁迅先生的教学语言生动、形象。

教师的语言生动形象能够大大提高课堂教学效果。生动,是说教师语言应当新鲜活泼,通俗易懂,使学生产生"如临其境""如见其人"

"如闻其声"的感觉。生动的教学语言,可以引起学生丰富的联想,从而帮助他们顺利地掌握知识。形象,是说教师在描述事物时,语言应当具体、逼真,力求把握住事物的本质,把事物的主要特征形象地勾画出来。鲁迅先生正是精心运用各种修辞手法使教学语言达到生动、形象,学生们回忆说鲁迅先生讲课:"真如他的文章一样,理论形象化,决不抽象笼统。"他的那些精彩的比喻呀,夸张呀,对照呀,衬托呀,在教学过程中真是落笔生花,点石成金,化理性为感性,仿佛可触可摸,变抽象成具体,如同可见可闻。

比喻,在鲁迅先生的教学语言里比比皆是,闪烁着耀眼的艺术光彩。他讲"天才"是"好花""乔木",马上使人联想起"好花"的鲜艳的色泽,馥郁的香气,联想起"乔木"的伟岸的身材,丰硕的躯干,从而使"天才"出类拔萃、超群脱俗,给人留下鲜明、突出的印象。他还比"群众"为"泥土",于是我们马上又借"泥土"的坚实、丰厚领略到群众的范围之广,数量之众,力量之大。而没有"泥土"提供基础、提供营养,恐怕就既无鲜艳的"好花",也没参天的"乔木"了,这就不仅生动地说清了"天才"与"群众"之间的依存关系,而且巧妙地揭示了"天才"不能脱离"群众"的真理。

几十年过去了,鲁迅先生讲授的内容也渐渐淡忘了,但是唯独一些生动的比喻、形象化的说法,学生们都铭刻在心,经久不忘。倘若从理论至理论,由概念而概念,教学语言只是干巴巴几条筋,能产生这么好的教学效果吗?

鲁迅先生的教学语言亲切、自然。

鲁迅先生讲课向来不摆师道的尊严,也没有权威的架势;他既不像当时有些名人讲课以名词术语充斥来炫耀渊博,也不似有的学者教学用佳词丽句铺排来卖弄才华。他往往身着一件旧长衫,足穿一双胶底鞋就上了讲台,朴实可亲,平易近人。学生清晰地记得:"鲁迅以朴素的、质直的、不加文饰的说话,款款而又低沉的声音,投向群众,投向四周的空中,使人们亲切地听到、看到他的声音笑貌,先得我心。"他在讲台上丝毫没有高人一等的气味,显得和学生非常平等,例如鲁迅先生是这样谈他吃荔枝的体验的。他说:"这是的确,实地经验总比看、听、空想确凿。我先前吃过干荔枝,罐头荔枝,陈年荔枝,并且由这些推想过新鲜的好荔枝。这回吃过了,和我猜想的不同,非到广东来吃就永不会知道。"讲道理就讲道理,分析问题就分析问题,鲁迅先生为什么总爱和自己联系起来呢?为什么常常列举自己的情况作为论据呢?这就是他在着意使学生在听讲时产生一种自然、亲切的感受,而消除那种拘束、别扭甚至紧张的感觉,使他们深切地感到自己面对的不是一个学者名流在高谈阔论,而是在听一个老朋友侃侃谈心,在进行思想感情的诚挚交流。实践证明,这种自然而不矫作,恳挚而不虚饰的教学语言,使学生感到如坐春风,满怀温馨,这对他们接受知识是很有帮助的。

大家知道,教师讲课还要注意语言自然,语调和谐,说话快慢适度,这对于增强教学语言的表现力,提高教学效果也是很有意义的。鲁迅先生上课,"说起话来,声音是平缓的,既不抑扬顿挫,也无慷慨激昂音调",本本色色,朴朴实实,使他的讲课自然而然具有一种令人心悦诚服的说服力和引人入胜的感染力。

鲁迅先生的教学语言还有一大显著特色:风趣、幽默。

学生听课连续四十五分钟进行紧张的脑力劳动,脑神经容易疲劳,时常要开小差,因而教师上课必须不断激发他们的兴趣,使他们在学习过程中始终保持寻宝探胜的旺盛求知欲,这中间教学语言的趣味性是甚为重要的。鲁迅先生十分重视这一点,他让他杂文中的幽默风趣的特色在教学语言中得到充分的表现。"他在讲授正课时,间或插一两句笑话。但他自己并不笑,表情严肃,毫无哗众取宠之意。""鲁迅先生讲课非常有风趣。他常常引得大家发笑,但他自己却一笑也不笑。"

学生们记忆犹新,说鲁迅先生讲到曹操杀孔融时讲:"我虽不是曹操一党,但无论如何,总是非常佩服他。"(大笑)"然而事实上纵使曹操再生,也没人敢问他,我们倘若去问他,恐怕他把我们也杀了!"(大笑)讲到晋时一些文人吃"五石散"药、扪虱时又说:"但现在也不必细细研究它,我想各位都是不想吃它的。""比方在广东提倡,一年以后,穿西装的人就没有了,因为皮肉发烧之故……""比方我今天在这里演讲的时候扪起虱来,那是不大好的。"大家听了都大笑起来,但他自己却不笑,而是当成很严肃的事情来讲,大家越是笑,他的神情就更严肃。这就说明他讲这些闲话、笑语时决不是当玩笑来开开心的,而是严肃地进行教学活动的一个有机组成部分。闲话不闲,笑语有意,闲话、笑语总是紧紧扣住中心题旨而加以渲染、夸张来把重点强调出来；而且这些闲话、笑语所引起的一阵阵笑声，也有效地焕发了学生的学习兴趣，活跃了课堂气氛，使他们能够精神振奋地继续听下去。鲁迅先生在文学评论中是很重视文学作品语言的趣味性的，他的评论中常有"语之较有深趣""随韵成趣""甚异其趣""天趣"等等便是。他在自己的教学中同样着力于妙语解颐，涉笔成趣，使他的课听起来既不吃力费神而又得益甚丰，学生既在笑林中开怀纵情，又在学海中畅泳遨游。幽默横溢、风趣盎然的教学语言是鲁迅先生讲课受到学生热烈欢迎的重要原因之一。

【案例2】 用语言"粘"住学生——于漪教学语言艺术初探

四十五分钟，三尺讲台，对每个教师来说都是相同的，但是教学效果却迥然有异。有的情趣横生，课堂气氛活跃，学生兴趣盎然；有的平板乏味，课堂沉闷窒息，学生昏昏欲睡。在于漪的课堂上，学生的智能活动很活跃，情绪愉悦融洽，师生都沉浸在如鱼得水、海阔天空的境界中。这虽然得力于她对语文教学规律的驾驭能力，但也与她的语言修养以及运用语言的艺术有极大的关系。

于漪素以教学语言优美考究著称。她认为"教师的教学语言虽属日常口语，但又不同于'大白话'，应该是加了工的口头语言，与随想随说的日常交谈有区别。教学用语既要有人民群众经过锤炼的活泼的口语，又要有优美严密的书面语言，教课时让学生置身于优美的文化氛围浓郁的语言环境中，受到教育与感染"。于漪的教学语言十分独特，富有个性魅力。

魅力之一是她教学语言的生动亲切。美国心理学家，哈佛医学院儿童心理学家布鲁克斯的研究表明，教师的说话对儿童的学习极富意义。教师的语气如果单调平板，儿童就不会产生学习兴趣。苏霍姆林斯基说："我想劝告青年教师和学校领导者们防止一种最主要的困难，那就是故意地、人为地做出教育别人的样子。"坐在于漪的课堂里，你不会感到那是在接受教育，是在进行艰苦的脑力劳动，只觉得春风拂面，赏心悦目。于漪就像一位充满爱心的、智慧的长者，循循善诱，又如一位平等亲切的友人娓娓而谈。无论再艰深枯燥的知识，从她的嘴里流出来已经成了生动的、为学生熟悉的形象，寓庄于谐，从来是为学为教之道。

鲁迅先生的散文诗《聪明人和傻子和奴才》是一篇有相当难度的文章，尤其是对文中三种人的形象更难理解，于漪是这样设计教学语言的："京剧讲究脸谱、颜色、线条，均有学问。如红脸表示赤胆忠心，黑脸表示憨直无私，白脸表示内心奸险。观众一看舞台上人物的脸，就能猜测其好坏，猜测其思想性格。这说明肖像描写是为人物性格服务的。"于漪接着又用学生已经掌握的旧知识来加以阐发："孔乙己第一次出场的肖像描写是高大身材，青白脸色，花白胡子，活画出一个下层知识分子穷困潦倒，自命清高，好喝懒做的性格。最后一次出场，黑瘦，破夹袄，蒲包，草绳，用手爬着走来，突出地塑造了这个受凌辱、受摧残的苦人儿形象。可见外貌描写在刻画人物形象中十分重要。那么鲁迅先生在本文中是怎样进行人物的外貌描写的呢？"片刻的沉默后，学生回答："本文刻画人物的方法不是外貌描写，而是语言描写。"于漪亲切地笑了："是啊，艺术高手有时不用外貌描写，而只用人物语言的表现手法，也同样能够深刻地揭示人物思想性格，塑造出鲜明的形象。鲁迅先生这篇散文诗就有此妙处。"至此于漪的"导入课文"似乎兜了一个大圈子，其实她是用生动的语言带领学生复习了与课文知识有关的旧知，并且把新的知识点牢牢地敲到学生的心里，交给学生解读这篇课文的钥匙。于是学生拿着这把钥匙，反复朗读三场对话，逐渐对对话的人物有所理解。这时于漪不失时机地抓住第三场对话说："奴才安于做奴才居功自诩，为得到主子的夸奖而洋洋自得，十足的奴才本性。不仅奴颜，而且脊梁是弯的，骨头是软的，拍马，发臭。而聪明人呢？顺着奴才的意思，赞扬奴才安于奴才的地位，叫奴才永远做奴才。至此，灵魂世界进一步暴露，原来是主子的帮凶。可见鲁迅先生用对话刻画了人物，对维护旧社会的奴才、聪明人揭露讽刺，对毁坏旧社会的傻子既赞扬，又指出不足。"最后于漪把问题又往深处开掘："为什么对话描写能揭示人物的心灵呢？言为心声，作者抓住了反映人物内心深处的关键性语言来表现，做到了语言个性化，使人听其声如见其人。要做到这点须有很深的功力，对生活有深刻的理解和感受、善于敏锐地捕捉。这种描写方法在古典小说中早已运用，如《红楼梦》中王熙凤的出场就是听其声如见其人的。"

从这个例子可见于漪教学语言的生动性来自她对各种修辞手法的

熟悉、掌握和运用。精彩贴切的比方能启发学生联想，想象精当，适时的设问、反问能造成悬念，启发学生深究底里，气势流畅的排比能激发学生感情的波澜，必要的反复强调能加深学生的印象。正是借助这些手段，她可以绘声绘色绘情，使学生心弦受到触动。

于漪教学语言的亲切不仅表现在语气上，也表现在体态上。教师体态语言指表情、神态，与学生的目光交流，与学生的空间距离等等。于漪的教态是和颜悦色极富吸引力的。只要走进课堂，她总是脸上带着亲切温和的微笑，目中饱含鼓励和期望。她总是站在学生中间，因为师生的空间距离往往也是心理相融度的反映。她从不把目光仅仅停留在最机灵的学生身上，而是面对全体学生，捕捉他们瞬间的变化，并及时用眼神与学生交谈。她用自己的体态语言向学生传递着师爱的强有力的信息，这样的体态语言同亲切自然的语气互相呼应，相得益彰，显示出无穷的生命力。

于漪教学语言的魅力之二是词采丰美。这完全得力于她丰厚的文化素养。汉语是世界上词汇最丰富的语种，它反映客观事物，表现思想感情的精密程度，同义词近义词之间的细微差别在世界上是罕见的。于漪有惊人的词汇量，她善于运用同义词近义词转换，善于运用专业词、成语、俗语等避免语言的贫乏干枯。于漪的古文底子厚读书多，她汲取了古典文学的精华和书面语言的精华，储存丰厚底蕴足，教课时会根据教学需要信手拈来，脱口而出，大增语言的风采。上《茶花赋》一文，于漪作了这样的煞尾："祖国如此伟大，人民精神如此优美，一朵茶花能容得下吗？能给人以启发吗？能。为什么能？那是由于作者运用丰富的想象，巧妙的艺术构思，不断开阔读者的视野。由情入手，而景，而人，而理，水乳交融，意境不断深化，从茶花的美姿和饱蕴的春色，我们看到祖国的青春健美，欣欣向荣；从茶花栽培者的身上，我们感到创业之艰难，任重而道远；从茶花的含露乍开，形似新生一代鲜红的脸，我们对未来充满着无限希望。意境步步深化，而三幅构图又十分传神，像拨亮一盏灯，使满堂顿时生辉；又似金线串起散落的珠子，完成了一件艺术珍品，促人深思，引人遐想。"对这段用语作一个粗浅的分析，有成语"水乳交融""欣欣向荣""满堂生辉""引人遐想""任重道远"，有书面语美姿、饱蕴、乍开、传神等，有古典文学的养料，由情入手，而景，而人，而理——创业之艰难,任重而道远。至于她在教学中所引古人之语更是平常事:"诗以一字为工""夫缀文者情动而辞发,观文者披文以入情。"她对古典文论烂熟于胸,才能这般自如。

于漪还从戏剧、电影、绘画、音乐等各种艺术中汲取语言养料,"脸谱""光感""线条""中镜头"等术语在于漪分析课文的过程中随处可见。不仅使教学语言词采丰美,而且形成于漪课堂教学中浓郁的文化氛围。

鲜明和谐的语言节奏也构成于漪教学语言的魅力。请看《人民英雄永垂不朽》一课的导语:"每个同学的图画书里都有这样一幅画——人民英雄纪念碑。当你们看到这幅画的时候曾经想到过什么呢?我在一个阳光洒满天安门广场的上午,瞻仰过人民英雄纪念碑。啊!巍峨啊,它有十层楼那么高,看到它,先烈们的高大形象如在眼前;坚硬啊,花岗石,汉白玉,那样庄严,那样雄伟,象征着革命先烈意志如钢。站在纪念碑前,忆中国革命所经历的艰苦岁月,看现在获得解放的幸福生活,崇敬之情油然而生。我深感一定要继承先烈的遗志,在新长征中勇往直前。现在让我们随着作者的活动顺序和碑的方位顺序,认识和瞻仰人民英雄纪念碑,接受革命传统的教育。"这段话,从句型看,有陈述句、感叹句、疑问句、祈使句;从句式看,有单句、复句;从长短看,短则二三字,长则近二十字。句式的富有变化,句法的参差有致产生了抑扬顿挫、高低起伏的和谐的节奏。加上于漪老师调控得当的音量,柔和自然的音质,时而舒缓徐慢,时而高亢激奋,时而停顿间歇,时而一泻千里的语调语速,它们综合成为一种动人的音乐,入耳入心给学生以美的享受。如果教师的语言单调呆板,始终只在一个平面上移动,而且等速度地流淌,学生只能昏昏欲睡,再好的教学内容也无法教到心里。

于漪的教学语言也是纯净严谨,富有逻辑力量的。语言纯净包括没有杂质和简洁精炼。教师语言最忌啰唆重复"这个""那个"等口头禅,它们是清楚明白的大敌,使语言芜杂,拖泥带水,犹如莨莠齐生,把该表达的思想感情淹没在莠草之中,大大降低了表达效果,于漪老师的课堂语言绝对没有这些杂质。

语言严谨可以分解成揭示要旨的关键性词语准确凝练,诊释概念的语句通俗易懂,剖析课文的语句富有逻辑性三点。当然语言的严谨、富有逻辑很大程度上取决于思路的清晰。思路井然有序,讲解才能条分缕析。心明，言才明，这是不言而喻的。

于漪非常欣赏这样一句话："语言不是蜜，但是可以粘东西。"她充分利用了语言的这一功能，上出了一堂又一堂"粘"住学生，使人入迷的语文课。她的教学语言本身无疑就是运用祖国语言的生动的示范，是一种语言环境的熏陶。她的成功启示我们教师必须锤炼教学用语，研究语言艺术，用语言弹奏起美妙动人的乐曲，才能在知音者——学生头脑里回响激荡，收到良好的教学效果。

【案例3】 从"百家讲坛"到"三尺讲台"——由易中天说史看课堂教学语言

借助电视传媒的巨大优势，借助融会贯通、妙语连珠的说史风格，易中天走上央视"百家讲坛"之后迅速蹿红，成为家喻户晓、"老少通吃"的明星学者。从"百家讲坛"到"三尺讲台"，在这里，我要谈的是"易式"说史的语言风格给课堂教学语言带来的启示。

易中天把自己的说史风格分成三个境界：其一为"正说"，也就是以历史事实为依据，保持一种严谨的治学态度；其二为"趣说"，即在坚持真实的基础上强调表述方式的栩栩如生，为了达到这个境界，加进去一些"无厘头"的搞笑语言；其三为"妙说"，也就是在前两说的基础上对历史进行分析，给观众以启迪。

把这三种境界引入语文课堂之中，教学语言亦可以达到独特的美学效果。

一、"正说"——严谨之美

易中天在《品三国》的开场白中指出："没有前因，就没有后果。只看'名'，不看'实'，咬文嚼字，死抠字眼，那不叫'严谨'，只能叫'钻牛角尖'。"对"历史"负责的谨慎、严肃的态度，也是古往今来治学的根本精神。课堂教学语言的"正说"是指教学语言应从整体上具有高度的准确性、严密性、简练性，应能体现严谨之美。对文本的理解要有根有据，"不胡说，不歪说"；表达上，要语意清晰，遣词得当，造句符合文法，推理合乎逻辑等。切忌不顾学生的认知水平而过多使用专业性、学术性的陌生化词语，玩弄使学生莫明其妙的故作高深的"严谨"。

特别要指出的是，体现教学语言的严谨之美，不仅是指少量的词句、个别的片段、局部的亮点,也指在宏观与微观的结合上的衔接紧密而自然。

二、"趣说"——灵动之美

"刘备对诸葛亮的好,好到让关羽和张飞觉得就像'老鼠爱大米'。""韩信,你不是个厚道人。""刘邦在多年征战中风餐露宿,得个风湿性关节炎啥的,那倒也是可能的。"易中天把精英文化从象牙塔尖上搬运下来,为传统文化输入新的时代血液,使之变成活的现代文化,深入浅出,化雅为俗,成为广大群众喜闻乐见的言语形式、言语内容。正如他所言:"有时无厘头是必要的,这就像烧菜得加胡椒、味精等调料一样,能极大地调动观众的听讲兴趣。"

同样,课堂教学语言首先要考虑的不是雅而是俗,也要加进一些"佐料"。要考虑我们的学生能接受什么,喜欢接受什么。深入可以,但一定要浅出,要让他们听得懂、喜欢听。

因此,追求教学语言的"灵动之美",要求教师具有很强的驾驭语言的能力,能对各类语汇呼之既出、信手拈来,使无声的汉字通过生动的语言描述变得有声有色,使深奥的道理形象化、抽象的概念具体化、枯燥的知识趣味化。

三、"妙说"——深刻之美

易中天"品三国",除了用带有现代幽默感的言语方式之外,更有将三国纳入胸中"运筹帷幄"的大气。他以现代视角进行个性化解读,品读历史人物和事件背后的人性,让观众获得现代语境观照下的历史与政治对比的感悟。在"一点思想,一点启示"中给我们以思想启迪。

对一位教师来说,只追求"趣说",难免华而不实,我们更要追求语言的"魂"——丰富的知识、深刻的思想、独到的见解。老舍针对小说创作曾说过:"风格与其说是文字的特异,还不如说是思想的力量。"同样,教学语言与其说是语言的力量,还不如说是思想的力量。优秀教师的课堂教学有声有色,令学生入情入境、欲罢不能,其中的一个重要原因就是他们那精彩迭出的教学语言有着鞭辟入里的深刻、丝丝入扣的联系,极富感染力和吸引力,从而激发学生的学习兴趣和学习的主观能动性,让学生产生内在的自我学习要求与愿望。

"这其实并不容易,就像说话既直白又深刻并不容易一样。在这里,真正难的还不是深刻,而是直白;不是雅,而是俗。因为媚俗的结果一不小心就是恶俗,正如直白一不小心就是浅薄。所以,俗而不恶难,俗而能大更难,由大俗而大雅,那就难上加难。但是,不容易并不等于做不到,关键是你愿不愿意做。"(易中天《有话你就直说》)

参考文献

[1] 张建琼.论课堂教学言语结构.四川师范大学学报(社会科学版),1996(3).

[2] 陆妙琴.教学语言及其评价标准探微.教育与职业,2009(15).

[3] 张宣.简论教学语言特点.山西师大学报(社会科学版),1999(2).

[4] 郑晓舜.谈谈课堂教学语言.人民教育,1999(12).

[5] 陈之芥.论教学语言技巧的基本类型.中国教育学刊,2007(5).

[6] 施良方,崔允漷.教学理论:课堂教学的原理、策略与研究.上海:华东师范大学出版社,1999.

[7] 胡方.教学PPT制作和应用中存在的问题及策略研究.科技创新导报,2014(13).

[8] 支喜梅.刍议语文教师的教学语言.教学与管理,2005(11).

[9] 刘永发.体态语和教学语言.课程·教材·教法,1990(3).

[10] 张洁.小学教师课堂教学体态语问题调查.内蒙古师范大学学报(教育科学版),2012(4).

[11] 张智青,李哉平.谈课堂教学中教师的体态语及运用.上海教育科研,2007(3).

[12] 时秀琴.课堂教学语言的功能.教育探索,1999(2).

[13] 李中卫.新课改理念下中学教师话语改进.中国教育学刊,2009(10).

[14] 张永祥.小学语文课堂教学语言现象研究一得.教育评论,1993(6).

[15] 张华.新课程改革背景下教师的教学语言素养探析.辽宁教育研究,2007(7).

[16] 支玉恒.洗净语文课堂上的浮华.人民教育,2008(9).

[17] 朱唤民.课堂强势用语例谈.教学与管理,2009(10).

[18] 杨晓春.审美的序演 生命的对话——谈教学语言的"意趣情智".语文教学通讯(高中刊),2007(1).

[19] 胡飞.浅谈课堂教学的语言魅力.上海教育科研,2010(1).

[20] 万福成.课堂教学语言的审美原则.山东师大学报(社会科学版),1995(3).

[21] 韩延明,钱在民.教师教学语言的审美分析.高等师范教育研究,1992(1).

[22] 张海燕.教学语言风格探索.沧州师范专科学校学报,2003(2).

[23] 陈根生.鲁迅先生的教学语言.广东第二师范学院学报,1984(2).

[24] 陈小英.用语言"粘"住学生——于漪教学语言艺术初探.中学语文教学,1994(2).

[25] 郑可菜.从"百家讲坛"到"三尺讲台"——由易中天说史看课堂教学语言.语文教学通讯(高中刊),2006(11).

# 第六章 教师教学行为分析

教学行为是教学论研究的重要内容。教师教学行为是课堂教学的主导行为,教学行为的运用直接决定着课堂教学的效果和质量。本章以教师教学行为为分析对象,从教学行为分析的理论梳理入手,分别探讨教学行为的概念与类型、教学行为的影响因素、不当教学行为的表现以及教学行为的生成与优化。

一、教学行为分析概述

在课堂教学中,无论是知识的传授还是能力的形成和情感价值观的培养,都是基于教学行为的发生而得以实现的。教学行为分析已成为课堂教学研究的有效方式之一,得到了普遍重视和应用。通过对课堂教学行为的观察、记录和分析,可以发现课堂教学存在的问题、反思教师教学不足,达到改善教学方法、提高课堂效率、提升教师专业技能的目的。

(一)什么是教学行为分析

教学行为分析,就是研究者运用行为理论和教学原理,对课堂教学行为的要素与各个要素之间的关系,以及课堂教学行为的实现单位与各个实现单位之间的内部转化关系进行分析,从而揭示课堂教学行为与学生个体发展规律的研究方式。在行为理论的指导下,可以把普遍的行为规则结合教学原理具体化到要分析的教学行为中去,研究课堂教学行为的独特规律：一是找出构成课堂教学行为的构成要素，分析各要素之间的关系，即对课堂教学行为进行要素论的分析；二是划分出课堂教学行为的实现单位，查明各个实现单位之间的内部转换关系，即对课堂教学行为进行过程论的分析；三是以此为基础，进一步探讨课堂教学行为在学生发展中的独特规律。

从教学行为的结构看，总体上，教学行为由教学行为的施行者、教学行为的施行过程和教学行为的结果组成，可以认为这三者是教学行为的最高结构层次。与此相应，从教学行为的施行者的层面上可静态地将教学行为分为教师行为、学生行为和师生互动行为；从教学行为的施行过程的层面上可动态地将教学行为分为行为的目的和活动过程。教师行为、学生行为和师生互动行为都涵盖了各自的行为目的、活动过程、活动结果。通过以上分析，单从教学行为内在的结构内容可以看出，教学行为研究的内容是丰富而复杂的，教学行为研究不仅可以从教学行为的总体结构上进行，而且可以深入到教学行为的下位范畴加以研究，包括对教师行为、学生行为、师生互动行为的研究，还可以具体到更下位的教师、学生和师生互动行为的目的、过程和结果的研究，乃至行为的各具体环节和整体教学行为的效果。

从教学行为存在的方式来看，教学行为又可分为外显教学行为和内隐教学行为，外显教学行为往往是指教师或学生说或做等可见行为，涉及的是教师和学生怎样说和怎样做的问题；内隐教学行为则是指教师或学生在做出可见行为之前头脑中的先念的思想、观念，它解决的是教师和学生之所以要这样说、这样做的问题。任何一个人做出一定的举措都要受一定的思想、观念的影响，此时的思想、观念等是静态地存在于人的头脑中的，为人们看不见、摸不着，但却支配着人行事的方向和路径，在内隐行为与外显行为之间形成一种必然的因果关系。这种因果关系是如何逻辑地演绎着，也就必然成为教学行为研究的又一内容。

从教学行为的发生、发展来看，一定的教学行为总是在一定的条件下发生的，而且任何一种教学行为都不是适用于任何教学情境，它是不断发展变化的。首先，要产生什么样的教学行为，有着许多先决条件，受着许多种因素的影响，这包含教学行为者的认知能力、情感意志等内在因素,也包含教学行为者所接受的教育、所处的环境、时代背景、社会思潮及社会对教学行为的主流认识等。其次,教学行为在不同的情境下又会发生相应的变化,使自己与当时的背景相适应,甚至迎合教学现实中实际而不合理的需求。这客观上为教学行为研究增加了一个影响因素的内容。

由上可知,教学行为的结构、存在方式以及影响因素等问题是教学行为研究的重要内容。但是,教学行为研究不是为研究而研究,教学行为本身就具有很强的实践品质,这决定了教学行为的研究必然是为教学实践而研究,通过对教学行为各方面内容及其整体的研究,力图弄清各具体教学行为及各种教学行为相互作用的机制,寻找各具特色的教学行为中的共同规律,以便于教学中对教学行为的预测和控制,提高教学行为的有效性。总之,教学行为是一个复杂的行为系统,是师生在教学情境中从思想到活动的教学实现。教学行为研究就是要通过教学情境中师生教学行为的表现和特征,探索教学行为的发生、发展规律,以增强师生在教学中的行为自觉,加强教学行为的控制性(自控和他控),提高教学行为的效率。

(二) 教学行为分析的目的与意义

教学行为分析是教学领域的微观研究,它是对教学中师生的行为进行的具体深入的研究,其目的是要通过探究师生教学行为的规律来提高教学行为的效率。它从属于教学论,又是对教学论的具体和深入,对加强教学理论与实践的联系、教学主体性的张扬和教学评价的客观性有着重要的意义。

课堂教学行为分析的开展,主要基于以下三个方面的考虑。首先是教学论学科建设的需要。从教学论角度,在深层次上阐明教学活动、教学行为及具体操作与个体发展之间的关系,揭示学生个体如何通过教学活动、教学行为及具体操作的相互转换而实现学生发展的内在机制,这正是当代教学论必须研究的问题之一。而对课堂教学行为进行分析无疑是这项研究的关键一环。其次是教学设计的需要。课堂教学是为学生提供学习的环境,教学设计的主要任务是为学生设计学习环境。学习环境是对学生完成学习行为提供资源、工具和人际方面的支持,如果设计者对于学习者的行为并不清楚,就难以设计出好的学习环境。学习行为的分析和设计是学习环境设计的基础和前提。最后是转化教学观念的需要。把新的教学观念具体化为教师的教学行为和学生的学习行为,是实现教学根本变革的关键。但观念的更新并不必然导致行为的变化,课程改革方案的研制、传播、宣传、规划和采纳,往往并不总会带来实际变化。目前对新的教学观念如何转化为教师与学生的现实教学行为缺少深入的研究。而课堂教学行为分析就在于使教师和学生对教学中自己的行为表现做认真的观察、分析与反思,从而使教师和学生意识到新的教学观念与自己行为的不一致,以便在教学中采取相应的改进措施,真正使新的教学观念转化为现实的教学行为。

(三) 教学行为分析的维度

教学行为研究是教学论研究的一个永恒话题。教学行为是一个复杂的动态结构体,选取何种维度对教学行为进行分解研究是教学行为研究的前提与基础。

教学行为问题自古就以经验的形式存在于教学研究之中。直到20世纪六七十年代,以西方克瑞兹的研究为代表,标志着教学行为研究成为一个专门的研究领域,80年代中期进入研究的低谷,近几年又成为研究的热点。到目前为止,课堂教学行为研究先后经历了三种范式:"过程—结果"范式、"认知—对话"范式和"情境—生态"范式。"过程—结果"范式是课堂教学行为研究的第一代范式,核心任务是探察教师行为与教学效果之间的关系并寻找最有效的教师行为。"认知—对话"范式是课堂教学行为研究的第二代范式,核心任务是探察教师认知对教学行为的影响,并试图通过改善教师的知识结构和认知方式来提高教学行为的有效性。"情境—生态"范式是课堂教学行为研究的第三代范式,主要任务是从生态学的视角考察真实情境中课堂教学行为的组合方式和演化特征。总体来看,课堂教学行为研究基本问题的发展经历了从简单到复杂,从理性到知性,从化归还原到整体生成的转变与提升。

近年来,随着基础教育改革的推进,课堂教学行为渐渐成为我国研究者和实践者共同关注的问题。国内学者近年来关于教师教学行为研究的基本维度主要可以概括为以下五种:① 基于教学流程的教学行为的分解研究;② 基于新手教师、专家型教师教学行为的比较研究;

③ 基于教学行为功能的分解研究;④ 基于教师偏态性或有效性的教学行为研究;⑤ 基于特殊教学内容或特殊行为的教学行为分解研究。教学行为可以从多种维度展开研究,每种研究维度都有其优势与不足。上述五个维度应是最具有代表性,也是最典型的研究视角与模式。

此外,基于教师教学效能的研究、基于师生互动的研究、基于教师角色的研究、基于有效教学的研究等不同的研究维度,都从不同角度丰富了课堂教学行为的内涵,拓展了课堂教学行为研究的视角。

(四)教学行为分析的方法

对课堂教学行为进行分析,可以以个体行为为对象,也可以以群体行为为对象;可以是基于日常教学过程中对教师和学生的观察和调查,也可以是基于对教师教学策略、教学方法和学生学习策略、学习方法的分析。直接用于课堂教学行为的分析方法主要有下列几种。

1. 课堂观察法

课堂观察法就是我们所熟知的听课。它要求观察者从日常课堂教学事件发生、发展和变化的点滴行为窥视出教师和学生的教学行为,从而更直接、客观地观察和描述课堂教学行为,并以其自身的理论与方法素养对课堂教学行为做出合理、有效的分析和解释。但教师和学生的教学行为无疑会因为观察者的到来而受到影响。所以,要进行课堂观察,关键是要依赖一种信任关系和中立的态度。对于课堂观察者来说,必须努力做到不以专家学者的派头和评估检查者的身份出现。这是课堂观察的前提。课堂观察法根据观察者是否直接参与被观察者所进行的活动,可以分为参与观察法和非参与观察法两类。前者是观察者作为共同执教者或学习者参与课堂交互。观察可以暗地里进行,也可以公开进行,还可以录音,然后记录成书面文字进行分析。这样,观察者既可以参与课堂教学活动,又可以站在公正立场上进行分析。后者是观察者不直接参与课堂教学活动,而是作为一个旁观者观察、了解群体或教室中所发生的一切行为。观察者还可以借助录音或录像的方式获得研究所需要的各种状况的信息和资料,随后进行分析讨论。无论是参与观察还是非参与观察,研究者必须遵循的一个规则就是不能破坏被观察者的自然状态,否则,观察所获得的信息就有可能失真,从而影响分析结果的可靠性。

2. 课堂语言行为互动分析法

课堂语言行为互动分析方法是美国教育学家弗兰德斯于20世纪60年代初提出的,由于它抓住了课堂教学的本质,为人们探索课堂教学规律提供了一条有效途径,至今仍是西方教育界分析、评价课堂教学行为,进行教育研究的一种较为理想的工具。弗兰德斯的课堂语言行为互动分析框架具有两个特点。其一是强调课堂语言行为。他认为,不可能也没必要把课堂中所发生的一切都记录下来,课堂观察应该有所选择。由于教学活动主要以言语方式进行,语言行为是课堂中主要的教学行为,占所有教学行为的80%左右。此外,师生语言行为是明确表达出来的,便于观察者做客观记录。因此,弗兰德斯将课堂教学行为分析的重点放在师生语言行为上。其二是强调师生语言行为的互动性。弗兰德斯认为,师生在课堂教学中的言语交流是互动的,教师和学生的语言行为是相互支撑、相互引发的。因此,观察者和教师应该注意观察和分析课堂互动模式,通过这样的分析,你可以知道课堂是由教师主宰还是由学生主宰,是开放的还是压抑的,教学风格是直接的(学生反应的自由被最小化)还是间接的(学生反应的自由被最大化)。在师生语言行为的记录方式上,弗兰德斯用"代码"客观地记录下课堂内发生的事件及其序列,这些"代码"基本上反映了课堂教学的原貌,为随后进行的分析与评价奠定了扎实的基础,克服了传统课堂观察的主观性,大大提高了分析和评价的客观性和科学性。在处理方法和结果使用上,弗兰德斯把复杂的课堂教学现象转化为相对简单的数学问题,采用矩阵和曲线分析,形成一定的数学结论,然后把数学结论还原为教学结论,及时反馈教师和学生在教学中存在的问题并提出改进方案,具有较强的诊断性。如果教师借助于录音机、摄像机,还可以运用弗兰德斯课堂互动分析方法记录、分析自己的课堂教学,为教师提供一种很好的反思自己教学的工具。但弗兰德斯的课堂语言行为互动分析法也存在明显的不足,比如它只注意到课堂内师生的语言行为,对观察者也有较高的要求,不仅需要记住庞杂的行为定义和代码,还要有较强的鉴别能力以及对时间的敏感性。此外,互动分析系统仍然相当粗略,许多语言行为还有待细分。

3. 人种志方法

人种志的基本含义是进行文化描述,它一直是人类学家、语言学家和社会心理学家等所关注的热点。因为这些研究者都意识到了在社会环境中研究人类行为的必要性。教育领域是人种志方法应用增长最快的领域之一,部分原因在于受自然科学方法的影响。以往人们在研究中特别关注量化与实验的方法。实际上,量化与实验研究在教育中尽管有一定的优势和长处,但它还不足以完全解决教育领域中的所有课题,有些方面的课题必须借助于人种志的方法进行研究。就课堂教学中学生互动与师生互动行为而言,要分析这种互动的过程和特点仅仅限于教室内的记录是远远不够的,因为它无法考虑到教师和学生在教室内互动行为模式产生的原因。这意味着研究者必须研究教师和学生在群体中行为产生的所有背景,否则将会削弱研究本身的科学性,毕竟教师和学生在课堂上所表现出来的行为特点或模式以及课堂中形成的社会秩序,不仅是学生之间、师生之间相互影响的结果,也是学校、家庭、社会文化共同作用的结果。人种志方法遵循一条主要原则,即研究者应将先入之见、衡量标准、模式、图式、类型等通通搁置一边,从日常生活的普通功能视角来考虑课堂教学行为。换句话说,研究者要研究课堂中的师生赋予自己的行为以何种意义,而发现这种意义则必须研究课堂互动及各种纪实性证据如备课笔记等。人种志方法获得信息和资料的途径主要有两个:一是通过"问",即问卷调查、面谈、启发诱导等;二是通过"观察",即通过各种观察技巧或借助录像、录音的方式。此外,对课堂参与者的日记或备课笔记等进行分析也是人种志研究经常采用的方法。为了如实地揭示课堂教学行为的本来面貌,人种志方法要求研究者作为班级成员进入课堂及有关情境,去适应这一情境中的物质方面、关系方面以及情感方面的现实,要求参与观察者在研究中应尽可能避免受主观因素的影响。

综上所述,目前在教师行为研究方面已经取得了相当大的成绩,特别是国外的研究更显出了一定的成熟度。课堂教学行为研究的未来走向或许应该沿着这样的方向发展:在澄清课堂教学行为究竟是什么的基础上,明确课堂教学行为现实是什么和为什么,分析课堂教学行为应然的理由,在课堂教学行为的实然状态下,积极进行课堂教学行为的未来构建,并使其在课堂实践中获得应有的生命力。此外,课堂教学行为研究方法的多元化,是课堂教学行为研究中需要考虑的又一个问题。课堂教学行为研究还需要理论的提升,以便于在零散、具体的课堂教学行为表现中发现具有普遍意义的东西。

二、教师教学行为的概念与分类

(一) 教学行为的概念

目前对于教学行为的概念,有着不同的理解和认识。

施良方教授等人的研究认为,教学行为是指教师引起、维持以及促进学生学习的所有行为。施良方等人把教师在课堂上发生的主要行为分为主要教学行为(主教行为)、辅助教学行为(助教行为)和课堂管理行为。主要教学行为以课堂教学的目标和内容为定向,需要教师具备必要的专业知识与技能;辅助教学行为需要教师具备一定的课堂经验和个性素养;课堂管理行为主要为顺利实施教学创造条件,也需要教师的经验和一定的技能。主要教学行为又可分为呈示行为、对话行为和指导行为。

柳夕浪教授认为教学行为是"对错综复杂的教学动态变化的因素的整合"。它具体表现为课堂内讲述与聆听、提问与应答、解释与分辨、辅导与练习等一系列具体可感的师生活动方式与操作系统。

傅道春教授认为"教学行为是教师在教学过程中,依据教学经验和教学内部关系,对实施中的可操作因素的选择、组合、运用和控制的工作行为。它包括对各种教学要素的专业理解与教学运行中的设计、程序、手段、方式和方法"。

刘志军等人认为,从课堂教学的发展过程来看,课堂教学行为包括三个方面的含义:与个别教学行为相对,课堂教学行为是指班级授课制的教学行为活动。从教学发生的环节来看,课堂教学是指教师备课、上课、作业与辅导行为等形式,在这个意义上,教学行为发生的空间不仅仅是课堂,时间也并非完全是教师上课的时间,教学的时间和空间都有所扩大。教师的教学是以课堂教学为主要场所的,教学组织形式仍是班级授课制;备课和预习作为严格意义上的课堂前行为是为上课作的必要准备;布置作业、辅导和教学反思是严格意义上的课堂教学后行为,是对课堂教学行为的拓展,是为了巩固和保持课堂教学成果而采取的必要行为。从时空特定的角度看,课堂教学行为是"截取上课这一特定时间段内的教师与学生在教室中开展的教学活动"。

唐松林教授把教师行为定义为:教师在教学活动中,能有效地完成教学任务,实现教育目标的能力的自觉与信念。它是教师经过专业化训练和在实践中形成的教育思维、认知结构、人格特征及与之相适应的行为方式的总和。

以上不同的概念分析可以归纳如下:广义的教学行为泛指教或学的行为;狭义的教学行为指教师"教"的行为,即教师为完成教学任务而采取的可观察的外显的活动方式,是教师在课堂教学活动中展现出的行为。教学行为是构成教学活动的细节和内容,它大体包括两个方面的内容,一是直接指向教学内容的各种行为,二是为了使上述行为得以顺利实施而对自己和他人行为进行组织管理的行为。由此得出,教学行为是指教师课堂教学行为,即教师在教学过程中,基于自己的教育理念、教学个性、专业知识与技能、教学实践知识与实践智慧,在具体教学情境中所表现出来的教学行为操作方式。

(二)教学行为的分类

基于教学行为的复杂性、个体性和情境性,对其进行分类研究是必要的。根据教学行为的发生机制和表现形式,可以将教学行为按两种分类进行研究。

1. 从教学行为的发生机制上看,教学行为可分为常态教学行为、动态教学行为和教学机智

(1)常态教学行为,指教师在课堂上所进行的教学常规操作行为,包括组织教学、讲授、提问、评价、讨论、演示、作业与练习指导等行为。也包括课前的教学设计和准备及课后的教学反思行为。这些行为为一般课堂教学各个环节所规范,有一定的操作程序和行为序列。常态教学行为是教师开展教学中惯常运用和采取的方式,因而具有常规性、程式化的特点。

(2)动态教学行为,指在具体的课堂情境下,教师根据课堂即时情况,采取灵活应变的教学处理行为。它取决于教师教学策略的灵活运用,更多地依赖教师的教学经验、实践知识和课堂驾驭水平。如教学内容难度超过学生的理解能力,教师立即降低教学难度,以适应学生学习。又如教师对不守纪律的学生发出的劝告行为等。如果某种情况没有发生,则这种行为不一定会出现。

(3) 教学机智,指在教学中,教师及时、机智地处理偶发教学事件并赋予特殊教育意义的行为。这种行为往往依赖于教师的教学经验、知识丰度和智慧水平。这种教学行为具有偶发性、教育性和处理的艺术技巧,是教师教学水平超常发挥的体现,也是构成教学行为的一个重要组成部分。

2. 从表现形式看,教学行为可分为主教行为、辅助行为、管理行为和反思行为

(1) 主教行为。

呈示行为。教师以呈现知识和操作演示技能为主的教学行为。如讲述知识、解释原理、阅读教材、呈现资料、实验演示、动作示意、实物教学等。

对话行为。师生通过语言交流、师生对话开展的课堂互动行为。如提问、讨论、言语指导等。

指导行为。教师采用辅导或指导学生学习的行为,包括阅读指导、练习指导、活动指导等。

(2) 辅助行为。

情境创设。指教师根据学生特点、教学内容和课堂环境,创设积极、活跃、民主的课堂氛围。

动机激发。根据学生表现,适时激发学生学习动机,提高学生学习兴趣。

(3) 管理行为。

管理行为是指教师在课堂上用以维持学生学习行为、调控课堂环境的行为,它包括教师试图鼓励学生对课堂任务进行合作和参与而采取的一系列组织策略和行为。如维持课堂学习规则行为、学生问题行为的纠正行为、课堂时间管理行为。它不仅约束、控制着学生的不良行为的发生,而且引导学生从事积极的学习活动,从而增进学习的效果。

(4) 反思行为。

反思行为就是在教学实践过程中教师对自身的教学不断进行反思

的一种行为,是教师将自己的教学活动和课堂情境作为认知对象,对教学行为和教学过程进行批判的、有意识的分析与再认识的过程。它需要教师积极关照自身的教学行为和具体的教学情境,以开放的心态接纳不同的观点,从多角度积极思考问题、探究教学活动,以吸取成功经验,反思教学不足。教学反思行为经常发生在教学之后,但是对于教师提升技能、改变观念和提高教学效果有着重大意义,因而是一种极其重要的教学行为。

此外,在教学行为研究中,从师生关系角度来看,教师教学行为也可以分为教师主导的教学行为、师生互动的教学行为、教师指导行为和教学管理行为等。

三、教师教学行为的影响因素

教学行为是教师素质、教学理念、教学能力的外在表现,是教师专业知识、教学技能和教学经验的具体应用。教学效果是教师教学行为的直接体现,影响教学效果的因素也必然影响到教学行为。可以看到,影响教师教学行为的因素是多方面的,其中主要因素应该包括以下四个方面。

(一)教师素质

所谓教师素质,就是教师在教育教学活动中表现出来的,决定其教育教学效果,对其教学行为有直接而显著影响的知识素养、教学能力以及与此密切相关的教学理念、教学反思意识等。教师素质直接决定教师的课堂教学价值观,影响教学行为的方式和教学效果,对教学行为具有导向作用。教师素质一方面通过教学内容的实施,体现课程和教学理念,一方面以自己的经验、智慧和反思来提升教学行为的针对性、有效性。

(二)教师的专业知识和技能

教师的知识与技能是进行有效教学的前提条件,是有效教学行为发生的基础。正是在教师完备而熟练的专业知识和技能的条件下,通过科学设计教学,采取合适的教学策略,有效教学才得以实现,教学行为才能够达到既定的教学效果。

（三）教学情境

由教师主导创设的课堂教学情境，不仅影响学生的学习效果，而且也对教师教学行为产生积极或消极的影响。和谐、生动的课堂有利于教师教学创造性的发挥。教师通过控制教学节奏、创设教学情境，完成教学任务。

（四）教学内容

不同类型的教学内容，应当采取不同的教学方式和行为策略，这就要求教师能够根据学科特点和教材内容，设计恰当的教学方案，使得教学目标得以最大效率的达成。

此外，相关研究表明，教师的知识观、教学观、学生观、学习观、教学效能感，教学的文化氛围，以及信息技术环境等因素，都与教师教学行为密不可分，是教师教学行为不可忽视的影响因素。

四、教师不当教学行为

教师不当教学行为是一种潜在的课堂教学问题，是学生缺乏学习动机、对学习不满以及产生冲突矛盾的潜在根源。国外研究者将教师不当教学行为定义为"一种扰乱教学，影响学生学习的不当行为"。国内关于"教师不当教学行为"的同类概念或者相似概念主要有"病态教学行为""偏态教学行为""教师课堂教学行为问题""教师不良教学行为""课堂教学偏差""教师课堂教学行为失范"等，这些不同的名称反映了国内对于教师教学行为存在的问题的不同研究视角。教师不当教学行为往往影响着学生的学习心理和学业成绩，并且导致学生对教师作出消极评价。研究教师不当教学行为有助于教师改进教学行为，从而改善课堂教学效果。

目前国外关于教师不当教学行为的描述或分类主要是从学生的角度出发，即从学生的视角来归纳教师的不当教学行为。例如，科尔尼抽取 250 个学生作为样本对象，然后采取内容分析和编码的方法，把学生描述的 2 000 种教师的不当教学行为编译为 28 种常见的不当教学行为和归纳为三个维度的特征。这三个维度特征是指：① 无资格、不胜任，主要表现为教师对课程或学生漠不关心；② 冒犯的、攻击的，主要表现为卑鄙、冷酷和丑陋的；③ 心不在焉的，主要表现为上课迟到早退,教学内容偏离教学目标等。

国内学者主要从课堂教学研究者的视角,根据不同理论,按照教师课堂教学行为不同环节或者主次辅行为次序等方法,对教师不当教学行为进行归类分析。例如,李月华把新课程实施中教师不当教学行为分为教学目标虚化、教学内容泛化、教学方法形式化等三个问题;罗琴等人提出在实际课堂教学活动中教师行为的常见问题有体态仪表问题、不正确的教育教学方法、课堂教学中的随意行为、课堂管理上的行为问题;马会梅等人从教师主导的不当教学行为问题、师生互动的教学行为问题、教师指导行为的问题和教学管理行为问题四个方面概述了教师不当教学行为类型。教师主导的不当教学行为包括语音不美、讲解过多、介入过快、评价绝对、创造缺乏、手段传统;师生互动的教学行为问题包括单向交往、关注不足、提问频繁、反馈较少、缺乏民主;教师指导行为的问题包括指导过分、缺乏目的、冷落主体、忽略个别、方式单一;教学管理行为问题包括管理专制、形式呆板、压抑个性、节奏过紧。此外,教师课堂教学行为公正的缺失,课堂教学中的交往缺失,教学课堂中教师在目标、建构、手段、评价和角色等方面教学行为的"伪"现象和课堂教学的"失真"现象等都是研究者关注的教学行为问题。

课堂教学中的教师不当教学行为具体描述如下。

(一)不良的教育教学态势仪表

教学态势仪表是一种无声语言,对学生而言是一种潜在教育。教师的态势仪表问题主要包括以下几方面。① 仪表不适,如衣冠不整,不系纽扣;蓬头垢面,不修边幅;追求新潮,打扮奇特,缺乏庄重等。② 滥用手势和动作,如不当的多余的手势和动作。③ 目光问题,如目光呆滞,闪烁不停或者游离不定;不和学生目光交汇;害怕学生的目光;目光冷漠或者不屑一顾等。④ 表情问题,如板脸上课,滥用表情,过度夸张,严肃认真有余而亲切自然不足等。

(二)不正确的教育教学方法

许多教师都有意无意地在使用一些不正确的教育教学方法,包括:① 教学方式单一,如用口头语言的方式单向传授,不设问,厌恶学生提问,师生间不进行反馈和交流,不注意学生学习过程中的主动性和积极性。② 不因材施教,如对全班学生提出统一要求,没有顾及学生的个别差异。③ 表扬和奖励使用不当,如过分、多余、绝对、不公以及该表扬不表扬等。④ 滥用批评和惩罚,如体罚(下跪、揪耳朵、扇耳光、打手心、掌嘴、罚站、赶出教室、动作定形、面壁思过等)、罚款、罚作业等。⑤ 言语中伤,如说话粗俗,讽刺、挖苦、训斥、责骂、人身攻击学生等。

(三) 随意的教育教学行为

这类问题具有隐蔽性,与教师教学态度、自身素质和个人修养相关,包括:① 教学无计划,如不看、不学、不熟悉大纲,无学期授课计划和课时安排;不认真执行课时计划,任意增加或减少课时;授课中缺少统筹安排;作业布置目的不明确,作业分量、难易程度、需要时间都缺乏周密考虑。② 教案不规范,如无教案上课;教案中缺少重点、难点、教具准备、课时小结等关键内容;照抄参考书。③ 板书教案问题多,如书写欠认真、没有逻辑、杂乱无章,出现错别字、繁体字等不规范字等。④ 语言毛病多,如语病百出,口头禅多;不说普通话,地方方言重;措辞上言不达意、言过其实;表达上语无伦次、语塞、说话走题等。⑤ 行为太随便,如吸烟、随地吐痰;上课迟到,下课提前;课堂上接听手机;信口举例,毫不沾边,站姿、坐姿欠文明等。⑥ 教学无艺术,如先把学生叫起来再提问,搞突然袭击;该个别回答的问题,却向全班同学发问;课堂出现混乱局面等。⑦ 知识有错误,如画错图,解错题;问题概念解释含混不清;把学生说得对的判断为错的等。

(四) 不科学的课堂管理风格

这类行为问题的产生很大程度源于教师的管理风格,表现有:① 过于冷淡,放任自流。对学生缺乏热情,行为表现上与学生刻意保持距离,对学生甚为冷淡,甚至对学生的违规行为不理不睬,放任自流。② 权威管教作风。对学生严格管制,学生行为稍有不适,就被当成典型来抓,轻则批评写检讨,重则请家长或施以体罚,使得学生心理负担极重,也造成班级气氛压抑,毫无活力。③ 偶发事件应急不当。处理偶发事件的原则应是控制自我情绪,尊重学生,随机应变,因势利导。但处于尴尬情境的教师往往违背上述原则,对引发事件者严加训斥,大加责骂,甚至行为粗暴失态,使事态恶化。

国外相关研究表明,教师不当教学行为的出现,主要有教师的教学观念和理念问题、教师中心主义思想、教师的无意识行为以及新教师发展过程的限制等方面的原因。国内学者目前主要从引起不良行为的内外因素、教学观念与教师教学行为关系、教学评价与教师教学行为关系、教师课堂教学行为的研究本身存在的问题,以及教师素养、心理、知识、技能等方面进行了一些初步研究。

五、教师教学行为的生成与优化

(一) 教师教学行为的生成

教学行为的生成活动,是教师根据自身教育观念确定教学活动应然化的目标、路径和方法,是教学理念转化为教学行为的必然途径。体现新理念的教学行为总是植根于现实的教学土壤,总是对传统教学思想和教学行为的超越或突破,或是对局部改革实践经验的提炼升华,或是对传统教学方法的创新组合,或是对他人经验的嫁接移植。因此,新的教学行为具有以下"生成之道"。

1. 理念演绎法

教学理念具有影响和驱动教学行为与教学操作的作用及意义。任何一种教学理念贯彻落实于教学实践,都需要通过教师具体的教学行为来实现。教师教学行为包括教学设计行为、教学组织行为和教学操作行为,贯彻落实在教学过程、教学环节和教学细节中,体现于师生关系、课堂奖惩、偶发事件的处理上,其中有些行为是常规性的,有些行为则是非常规性的。非常规行为本质上是教学理念支配下的教学实践在运作方式上的标志,也就是体现教学理念的核心教学行为。一种教学理念如果不能表明其核心教学行为,那么它即使能够被教师在认知上理解接受,也无法在教学实践中有效实施。

教学理念是有关教学活动的理性认识,是"教学应该如何实施以及为什么需要如此"的思想认识,反映着人们对教学实践的价值期待和理想追求。然而,教学理念毕竟是基于对教学实践的改造,最终还是要转化为教学行为、回归实践的。深入研究就会发现,任何教学理念都是从先进的教学理论中演绎出来的,它内含着一个完整的教学思维。教学思维包括教学观和教学操作思路两个基本要素。教学观是关于教学应该是什么的观念;教学操作思路是关于应然的教学如何实现的思维路线。因而,一种教学理念贯彻落实于教学实践所需要的核心教学行为,是可以从蕴含于其中的教学思维演绎出来的。

2. 经验移植法

作为经验的一个下位概念,教学经验是在一定的教学情境中,教师个体与外部环境不断相互作用而获得的经历和体验。从静态角度来说,教学经验是教师个体在教育实践中所形成的认识与行动图式,是一种被建构化的结构;从动态角度分析,教学经验是教师在自身的日常教学及生活实践中,通过学习、交流与实践,不断反思、体悟而被塑造与生成的,是一种动态建构中的结构。经验以个体的经历和体验为基础,具有明显的个性化、非模式化和创新性特点;经验来自于不断变化的现实,又具有动态性、情境性、不稳定性和相对局限性的特点。

所谓经验移植,主要是指教师以自身的教学实践为基础,引进和借鉴他人的先进教学经验,经过"消化吸收"之后再应用于自己的教学实践,以期优化自身教学行为,改善教学质量。经验移植具有以下三层意蕴。其一,教学经验移植的目的是促进教学理念向教学行为的转化,提高教师自身的教学技能与教学水平。其二,教学经验移植的基础是教师自身的教学实践,移植的对象是源自其他教师的、可能适用于自己的先进教学经验。因此,教师既不能全盘否定自己已有经验,也不能不加过滤地盲目照搬别人的经验。其三,教学经验移植的基本方式是将外来教学经验引进、消化吸收并融会贯通后再加以改造、扬弃或创新,然后为我所用。因此,教学经验移植本质上是先进教学经验实际功能的移植,而非形式上的直接照搬。

教师作为独立的个体,在认知、情感、性格以及个人经历、自我修养、实践性知识等方面各不相同。这些因素与教学经验的移植借鉴、教学行为的转变关系密切。面对同一个教学问题,不同的教师会有不同的解释和推论,对同一年级同一学科的教学过程会有不同的设计和建构,对同一个教学行为会有不同的体会和感悟。正是教学经验的个体性给教师的教学行为涂上了鲜明的个性色彩,为各自迥异的教学风格的形成提供了可能性。所以,要想让更多的教师实现教学行为的转变,就必须引导教师树立正确的经验学习观。教师应该具有探索、求异精神,敢于突破传统模式,对他人经验不盲目照搬,而是移植其中的思想,即把他人的教学思想和方法移植到自己的"土壤"中,重新栽培,创造生成能够彰显个性特点、适用于自己的教育对象的模式和方法。

3. 方法嫁接法

方法作为人类活动的一种结构要素,在人类活动中的重要意义在于:对于人类来说,他在活动中所直接掌控的东西不是活动的客体,而是作为中介的方法。人类通过方法操作发挥自身的智慧力量,依照自己的主观意图去作用于客体,改变其形态,从而实现自己的活动目的。由于从条件到目的并没有固定不变的中介模式,所以方法具有极大的创造可能性和一定的随意性。可以说,创造方法和使用方法是人类活动的本质特征。教学作为人类活动的特殊领域,创造性是其鲜明的特点之一。教师必须根据不断变化的时代精神、教学内容和教育对象等客观条件,勇于开拓,推陈出新,使教学方法更加适合教学实际需要。

4. 问题反思法

通过问题反思来提高教师的教学水平,这是近年来教师行为研究的一个重要课题。反思是教师以自己的教学活动过程为思考对象,对自己所选择的教学行为以及由此所产生的结果进行审视和分析的过程,是一种通过提高参与者的自我觉察水平来促进能力发展的途径。一般来说,反思分为以下四个环节:查找问题、分析诊断、重新建构和行为验证。

首先,查找问题阶段。教师通过对实际教学的感受,意识到自己教学中存在的问题,并明确问题的表征及性质。由于教学经验的定式作用,教师意识到问题的存在并不容易。在查找问题的过程中,接触新的信息对教师来说很重要,先进的教学理论,他人的教学经验,来自社会的批判,自己改进教学行为中的感受等,都有助于教师发现教学中存在的问题。一旦意识到问题的存在,教师心理就会有一种不适感,为改变这种状况,教师开始对自己的教学进行反思。

其次,分析诊断阶段。教师开始广泛收集并分析有关问题的信息,特别是关于自己教学活动的信息,以批判的眼光反观自身,包括自己的教学思想和教学行为,也包括自己的教育信念、价值观、目的、态度和情感。在获得一定的信息之后,教师要对它们进行深入分析,明确隐含在教学活动背后的教学理念到底是什么,它与自己所学习、内化的新课程理念是否一致,自己的行为结果与期望是否一致等,从而明确问题的根源所在。这个任务可以由教师个体独立完成,但以教师合作的方式相互观察、分析和诊断,往往会更有效。经过这种分析,教师会对问题的性质与结构形成更为明确的认识。

再次,重新建构阶段。这是问题反思法的重心和关键所在。通过分析诊断,认识了问题的性质和成因之后,教师就要重新审视自己教学中所依据的指导思想,并积极寻找新思想、新策略来解决所面临的问题,直至生成具有可操作性的教学行为方式。在这一阶段,教师的苦思冥想是必不可少的,但新信息的获得也有助于行为方式和策略方法的产生。这种信息既可来自理论研究领域,也可来自教学实践领域。由于是针对特定的教学问题,而且对问题有比较深入的思考,教师寻找新信息的活动是自我定向的、聚焦式的,因而这种方式不同于传统教师培训中由外部控制的知识传授。在教学行为建构过程中,教师会有"上下求索"、百思不得其解甚至"山重水复疑无路"的苦恼,也有"蓦然回首,那人却在灯火阑珊处""柳暗花明又一村"的喜悦。

最后,行为验证阶段。基于新课程理念,通过问题反思法建构生成的教学行为尽管经历了一个或长或短的孕育过程,经过了个人、同行甚至专家学者的反复论证,但它在实践中的可行性究竟如何,是否真正体现了新理念的精神实质,能否产生预期的教学效果等问题,只有经过实践检验才能找到答案。在检验的过程中,教师会获得新的具体经验,发现新问题,从而又进入"问题反思法"的第一阶段,开始新的循环。如此周而复始,教师的教学行为不断优化,逐步实现教学理念向教学行为的转化。

(二)教师教学行为的优化

从现有研究来看,教师教学行为的优化一方面是从纠正教师不当教学行为入手,针对教师不当的教学行为提出相应的措施与建议;另一方面,则是从课程变革的角度来看待,由课程变革的要求推动教师教学行为的转变。

1. 教师不当教学行为的纠正

国外关于纠正教师不当教学行为的研究主要从师生互动关系、教师角色、教师理念、教师素质等方面进行分析。例如,1998年,科尔尼(Kearney)等研究者在先前研究的基础上对教师提出了六条建议:

① 教师要关爱学生,注意沟通的忠诚;② 教师应参照 28 种常见的不当教学行为类型,尽可能避免;③ 如果出现不当教学行为,教师应向学生及时做出合理解释;④ 已作出不当教学行为时,教师应向学生道歉;⑤ 已作出不当教学行为时,教师应向学生澄清该行为是偶然的,并不是故意的;⑥ 教师应注意学生期待。目前国内关于消解教师不当教学行为的措施主要是从教师反思、教师评价体系以及教师正确的教学观等方面进行理论分析,具体的针对性的、可行性的策略并不多,更多的是从有效教学理论等方面进行正面规正。

2. 课程变革与教师教学行为转变

课程的变革必然要求教师教学行为的转变,课程变革本身就包含着教师教学行为的变革。包括课程逻辑、课程文化以及课程理念等在内的种种变革,都会对教师教学行为提出新的要求,并深刻影响教师教学行为的转变。我国新一轮课程改革背景下,关于课程变革对教师教学行为转变的影响的研究受到关注,以下试举几例说明。

有观点认为,教师教学行为转变是教学文化变革最直接的表现形式。课程改革的深切呼唤、有效教学的内在需求和学生发展的时代诉求是教师教学行为转变的文化境遇。从控制型向民主型转变、从隔离型向合作型转变、从守成型向创生型转变是当下教师教学行为转变的主要文化路向。

也有观点指出,教师的教学行为方式变革是新课程改革的重要内容之一,作为教师个体或群体的实践活动,它主要受实践逻辑的支配。实践逻辑是一种无意识、情境性、时间化的逻辑,是各种利益与力量参与生成的逻辑。分析、研究这种逻辑,有助于课程改革的深入发展。课程改革决策者、方案制订者和学校管理者等都应深入实践,更多地考虑改革的长期性、复杂性和艰巨性,为课程改革创造更有利的环境或条件。

还有研究者从新一轮基础教育课程改革的要求出发,总结了教师教学行为优化的具体策略,包括:强化课程意识,寻求对新的教学理念的自主建构,构建学习共同体,在研究的状态中教学,不断地进行自我反思。

参考文献

[1] 李松林.课堂教学行为分析引论.教育理论与实践,2005(4).

[2] 张建琼.教学行为研究的教学论意义.教育理论与实践,2004(9).

[3] 盖立春,郑长龙.课堂教学行为研究的三种范式及其基本问题.课程·教材·教法,2010(11).

[4] 魏宏聚.教师教学行为研究的几个维度与评析.河南大学学报(社会科学版),2009(5).

[5] 张建琼.国内外课堂教学行为研究之比较.外国教育研究,2005(3).

[6] 闫龙.课堂教学行为:内涵和研究框架.全球教育展望,2007(增刊).

[7] 章婧.国内外关于教师不当教学行为的研究综述.教育学术月刊,2011(2).

[8] 杨建朝,樊洁.教师课堂教学行为公正:缺失与应对.现代教育管理,2011(1).

[9] 王海峰,庞振华.略论课堂教学中的交往缺失与阻隔.教学与管理,2011(6).

[10] 赵建康.数学新课堂不能承受之伪——新课标下教师若干教学行为反思.当代教育科学,2006(21).

[11] 于翠翠.课堂教学失真的诸相分析.当代教育科学,2013(23).

[12] 周巧.教师课堂教学行为问题及其调适.教学与管理,2009(11).

[13] 段作章.教学行为生成之道.中国教育学刊,2011(1).

[14] 肖正德.教师教学行为转变的文化学思考.课程·教材·教法,2011(4).

[15] 闫亚军.教师教学行为方式变革的实践逻辑.教育学术月刊,2009(11).

[16] 章云珠.教师教学行为的优化策略.教育评论,2004(1).

第七章 课堂学习行为分析

学习是人类最基本的活动,教学情境中的学习是人类创造的一种特殊的学习形态。学生在学习活动与过程中的行为表现称为学生的学习行为。对学生学习行为的研究具有多个方面的意义:有助于丰富对学习问题的认识,提升教学论研究的理论与实践品性;有助于缓解学习负担过重问题,提高学生学习生活质量;有助于引领教与学关系的变革,建立学习中心课堂,真正实现课堂教学的转型。学习行为研究在当代教学研究中已渐显端倪,理应成为教学论研究的基础和重要组成部分。本章内容聚焦于学生的课堂学习行为研究,从学习行为的基本内涵、特点与类型分析入手,进而关注我国中小学课堂中学生的学习行为状态,并对学习行为的变革问题加以探讨。

一、学习行为的基本内涵

(一)国内外对学习行为的研究

国外有关学习行为的研究主要分为两类:一是学生的问题学习行为研究;二是学生的学习行为与其他因素的关系研究。国外对课堂学习行为的研究主要聚焦于学生的问题学习行为,相对窄化了课堂学习行为的研究范畴。但这些研究可为我们甄别、改进学生的不良课堂学习行为提供参照与指导。

国内关于学习行为的研究中,学习行为的含义本身就存在各种不同的观点,有很多研究者把学习行为等同于学习方式进行研究。在新课程改革的背景下,各学科在教学方式和学习方式上都发生了转变,从单一的接受学习转变为多样化的学习方式,如探究学习、合作学习、个体自主学习等,相关研究对学习方式的这一转变进行了细致的分析。

国内对教师教学行为的关注多于对学生学习行为的关注。与国外有关学习行为的研究相比,国内的学习行为研究比较零散,大致可分为以下五个方面:学习行为本质与特征的研究;学习行为类型的研究;学习行为与其他因素的关系研究;不良学习行为优化研究;网络学习行为研究。国内对学习行为的研究正处于起步阶段,大多停留在现状调查层面,研究缺乏系统性和统整性。

(二) 学习行为的含义与特点

1. 学习行为的含义

学习是一个非常宽泛的概念。现代汉语词典对"学习"有两种解释,其一,从阅读、听讲、研究、实践中获得知识和技能;其二,学习还包括个体的实践过程,即学习不仅指特定环境条件下(学校、课堂、书本)的学习过程,还包括人从出生到生命终结的全部实际生活和劳动过程,即实践过程。而所谓行为,泛指完整的有机体外显的活动,包括动作、运动、反应或行动。行为是可以被观察、描述和记录的,可以是公开的,也可以是隐蔽的,人们可以通过改变引发行为的环境事件来改变行为。

在教育心理学领域,对"学习"的界定已达成共识,即学习是指学习者因经验或练习而产生的行为或行为潜能的较为持久的变化。而对"行为"的含义则莫衷一是:行为主义者眼中的"行为"通常是指外显的反应;泰勒(R. W. Tyler)所认可的行为则不仅指外显反应,还包括思维、问题解决和态度;邓波(M. H. Dembo)则认为行为是情感、知觉、信念和意图等使一个人不同于另一个人的种种内部行为。

对于学习行为的内涵,从不同的研究层面有着不同的理解,已有观点主要包括以下几方面。

(1) 学习行为是指学习过程和学习活动。

(2) 学生的学习过程是一系列学习行为的发生和发展过程,包含着由学习动机到实现学习目标这一过程中的一切行为活动。学习行为是学生和环境相互作用的产物和表现。

（3）学习行为是指学习者在学习过程中所采用的行为形式与方法，它是学习者的思想、情感、情绪、动机、能力及运作程序的具体行为表现，是学习者在特定情境下的学习活动的具体化和现实化。

（4）学习行为是学生为达到学习目标而做出的一系列的结果，它的产生与持续首先基于学生对学习目标的价值判断及对学习结果的估计。

（5）学生学习行为是指学生在获取和应用知识过程中表现出来的个性特征，这种特征在不同的学习阶段存在差异。

（6）学习行为是指学生在课堂的学习过程中所表现出来的、可被观察和测量的反应和动作。

此外，有研究者将学习行为界定为学生在学习中所表现出来的行为，认为学习行为包括积极的和消极的两个方面，涵盖注意力、学习动机、学习态度、策略运用等四个层面。

也有研究者认为，学习行为是与学习活动同义的概念，是学习者在主客观因素的影响下在学习过程中表现出来的运动、动作和反应的总和，是学习者的思想、情感、情绪、态度、动机、能力等内在心理素质的外在表现。从构成要素上看，学习行为具体由行为的主体、对象、目的、过程、方式、手段、策略和结果等构成。这一界定较为客观全面地解释了学习行为的内涵。同时也应看到，学习行为与个体的内在心理素质具有十分紧密的联系，在这一意义上而言，学习行为在最终属性上应不仅指学习者的外在表现，也应包括其内在的心理特征与倾向。

2. 学习行为的特点

学习行为具有以下三个特点。

其一，有明显的动作表现。即便学习者进行思考或反省等内部思维学习活动，也会有可以观察到和测量到的外在表现，只不过其动作出现的时间（即时与延时）、形式、幅度和强度不同而已。

其二，外显动作并不孤立存在，与学习者的生理、心理活动密切相关。真正具有发展意义的学习行为，并不是简单的身体器官动作，也不是单纯的机械肢体活动。有意义的学习活动必然要求学习者身心整个参与，做到手脑并用。

其三，外显动作是考察学习者学习生活状态和生存状态的重要指标。学生的生活,与成人生活不同,主要是一种学习生活,是学生的一种特殊存在方式,反映了学生作为一个生命体的完整生存状态。有学者提出了"学习生活质量"概念,认为学习生活质量是对学生在学习生活中的生命存在状况好坏的集中反映,具体包括学生在学习生活中的主观感受、客观结果和现实行为表现三方面内容。

概言之,学习行为是一个复合性概念,外部动作表现并不能脱离学习者的内部生理、心理活动而孤立存在,它只是学习行为的一个重要且基本的方面。因此,在对学习行为进行研究时,不能孤立地就行为论行为,要关注支撑学习行为的学习者的内部状态,尤其是心理状态,并可以借助对看得见摸得着的行为动作表现的考察、指导和优化,去了解、研究和改进当前学生的学习状态、生存状态和生活状态。

(三)学习行为的相关概念

1. 学习行为与学习方式

学习方式亦即"学习行为的方式",是指学习者为实现某种学习目标而作用于某种学习对象所采取的具体路径,主要涉及学习者参与学习活动的方式和在头脑中对信息进行加工的方式。学习方式反映了学习者在完成学习任务时基本的行为和认知取向,是学习者连续一贯表现出来的学习策略和学习倾向的总和。

学习行为作为学习者在学习过程中表现出来的运动、动作和反应的总和,蕴含并体现了学习者的知识、智能、价值、情绪、态度、动机等个性心理要素。相比于学习方式,学习行为更具实体性,更为具体和多样,而学习方式则侧重于刻画学习行为在具体展开路径方面的特征,显得较为抽象和概括,只有在实践中以具体的行为和操作策略展现出来才具有真正的实践意义。

2. 学习行为与学习心理

学习心理是教育心理学的基本研究领域,也是教育心理学发展至今相对完善且研究资料最为丰富的一个领域。学习心理中对学习问题的研究主要集中在学习的实质、学习的过程和学习的条件上。学习心理研究旨在揭示学习过程中的心理现象的特殊规律,以便为学习和教育实践服务。现有学习心理研究具体涉及三个方面:一是一般学习过程规律的理论,如条件作用、观察学习、信息加工和知识建构等;二是对各种学习结果及其过程的研究,如概念获得、技能形成、问题解决、学习策略的习得以及品德与态度的形成等;三是对各个内容领域的特殊学习过程的研究,如阅读、写作、数学和科学等。

学习心理与学习行为关系密切,具体表现有两个方面。其一,学习行为的产生需要一定的学习心理活动予以支撑。如果一种行动没有心智在其中起作用,那么这种行动要么是一种习惯的动作,要么是一种盲目的行动。心智是根据对未来可能的结果的预测而应付目前刺激的能力,目的在于控制将会发生的结果。行为需得到心智的指导和支撑,必须以心理活动为基础。其二,学习行为是学习心理活动的外在反映。心理活动主要涉及人的精神生活领域,由感知、记忆、思维、意志和情感等活动组成。与人的生理活动一样,心理活动很难通过感官进行直接观察。而行为活动则是人的生理和心理的直接的外化着的形式,它既表现着心理活动的自由能动性,又表现着生理和心理活动的统一性。学习行为是学习者外化着的生理活动(表现为动作和运动)和心理活动(表现为目的、价值、计划以及对生理性动作和运动的有意信息指令的调控)的有机统一。

3. 学习行为与学习生活

"生活"是一个非常复杂的概念,不同的学者有着不同的理解。杜威在论述教育与生活的关系时指出,我们使用"生活"这个词来表示个体的和种族的全部经验,"生活"包括习惯、制度、信仰、胜利和失败、休闲和工作。可以说,在杜威看来,生活是经验的表达。陶行知在阐述生活教育思想时指出,有生命的东西,在一个环境里生生不已就是生活。可见,在陶行知看来,生活是有机体在环境中的活动过程。对于人类来说,生活就是人的一种现实的存在,是人有意识、有目的地维持生存和发展的活动和行为的总和。而学习生活作为生活的一种特殊类型,是学生以学业活动为表现形式的特殊生存过程,既是个人获取经验的过程,也是个人为了生存与发展而进行的自觉连续性活动过程。

学习生活是学生的特殊存在方式,在内容上表现为各种学业活动,由学生自觉多样化的学习行为构成。而对学生学习生活的质量可从学生在学习生活中的主观感受、客观结果和现实行为表现三个方面进行考察和评估。其中,主观感受是学生对学习生活的自我感受,客观结果是学生的身心实际状况,现实行为表现是学生在学习生活中潜能的发挥状况,是学生自我感受的外在表现。也就是说,学生在学习生活中的各种行为表现也是评估学习生活质量高低的一个重要指标。

4. 学习行为与教学行为

从广义上讲,教学行为包括教师教导行为、学生学习行为和师生互动行为;从狭义上讲,教学行为主要是指教师在课堂生活中展现出来的行为,即教师的教导行为。鉴于当前教学行为研究过多关注教师教导行为,且师生互动行为被单列出来进行了专门化研究,学习行为研究相对薄弱,此处提及的教学行为主要是指教师的教导行为。

教师的教导行为和学生的学习行为之间是一种相互影响、相互制约的关系。首先,教师的教导行为是引起、促进学生学习行为产生和有效推进的条件。教学行为虽然并不一定必然导致所期望的学习行为发生,但它的确是学生学习行为产生的一个重要因素。教师拥有引导和规划学生学习行为的学识、能力和权利,同时也负有引导和规划学生学习行为的使命、责任和义务。有效学习行为的产生,离不开教师合理教导行为的引导,这在低年级学生身上表现尤为明显。其次,学生的行为表现也影响着教师对学生学习动机和知识水平的假设,进而影响教师教导行为的选择。进一步而言,教师对学生学习行为的引导和规划是基于并受制于学生现有的行为表现、知识储备和能力发展水平的,教师对自身教导行为的选择并不是随心所欲的,必须参考并依据学生的现实发展水平,尤其是可以看得见的学生学习行为表现。

二、学习行为的类型划分

迄今为止,与学习行为分类相关的理论主要包括:泰勒的行为目标,布卢姆的教育目标分类,加涅的学习结果分类,梅里尔的成分显示论,以及豪恩斯坦的教育目标分类整合模式。在实践中,研究者对于学习行为的类型划分进行了多种角度的研究。如,认为学习行为有课内学习行为和课外学习行为,言语行为和非言语行为,或者是主动学习行为和被动学习行为等多种不同的分类方式。从课内学习行为的角度来看,主动行为是指学生在学习过程中自愿进行的相关行为,被动行为是指在教师或外界环境影响下被迫完成的学习行为;课内言语行为主要包括讨论、提问（主动或被动）、回答（主动或被动）、自语（自言自语）、小语（同学间小声说话）等，课内非言语行为主要有听讲、记笔记、点头、举手、站立、转动、望外、睡觉、笑等。

综合以上研究成果，有研究者提出了学习行为的多维分类，认为学习行为的分类可以从三个维度予以考虑：一是对象维度，涉及的是"学什么"的问题，即从学习行为所指向的对象和领域来进行划分，具体包括符号性、操作性、交往性、观察性和反思性学习行为。二是操作维度，涉及的是"怎么学"的问题，即从学习行为的操作方式及其特性的角度来进行分类，主要考察点为学习行为操作方式的适切性、创新性、自主性、独立性和探究性，据此对学习行为作出进一步划分。三是结果维度，涉及的是"学得怎样"的问题，即从学习行为所要达到的结果或行为所负载的功能来进行划分，具体包括体现知识掌握与获得的学习行为、体现单项技能习得的学习行为、体现情感态度价值观形成的学习行为、体现综合性问题解决的学习行为。由此，形成一个全面完整的"对象—操作—结果"学习行为三维立体结构。据此，学习行为的具体分类如下。

（一）对象维度

依据学习行为所指向的对象和领域，可将学习行为分为：符号性学习行为、操作性学习行为、交往性学习行为、观察性学习行为和反思性学习行为。

符号性学习行为是以用文字、图像、声音等符号形式承载的文化科学知识为加工对象的学习行为。主要表现为对符号性知识的听、说、读、写、算、记等。操作性学习行为，是以某种实际事物或学习者自身的身体器官为操作对象的学习行为。

操作性学习行为主要包括两种形式：一是学习者使用物质性工具为中介作用于实际事物，如实验、游戏、雕塑、绘画、制作、器乐演奏、劳动等；二是学习者直接以自身身体器官为操作对象，如唱歌、跳舞、戏剧表演、各种体育活动等。

交往性学习行为是以他人为互动对象的学习行为。这类学习行为所指向对象不是文字符号，也不是实际事物，而是具体的人。主要表现为与他人进行对话、交流、讨论、合作等。

观察性学习行为是以感官可见的实际事物、他人的行为表现及其结果为观察对象的学习行为。在观察学习中,学习者没有实地参与活动的行为表现,但可以借助两种方式进行观察:一是在活动现场进行直接观察,如考察、见习等;二是利用媒介进行间接观察,如观看电视、录像、影片等。

反思性学习行为是以学习者自身的生活经历、经验或身心结构为思考对象的学习行为。符号性、操作性、交往性和观察性学习行为均以外在于学习者的东西为学习对象,而反思性学习行为则以自我为对象,主要表现为自我反思、反省、评价等。

(二) 操作维度

依据学习行为的操作方式及其特性,可对学习行为作出如下划分。

1. 从操作方式的适切性出发,可将学习行为分为问题学习行为和良好学习行为

问题学习行为亦称消极或适应不良学习行为,是指对学习者的发展没有价值,甚至会起到消极阻碍作用的行为。问题学习行为可分为行为不足、行为过度和行为不适三种类型。行为不足主要是指人们所期望的行为很少发生或从不发生,如沉默寡言等;行为过度主要是某一类行为发生太多,如经常侵犯他人等;行为不适是指人们期望的行为在不适宜的情境下发生,但在适宜的情境下却不发生,如上课时放声大笑等。

良好学习行为亦称积极或适应良好学习行为,与问题学习行为相对,是指对学习者的发展有意义、能起到积极促进作用的行为。此类学习行为没有性质上的好坏之分,只存在功能和作用的差异而已,且因学习目标、学习内容、学习者特点的不同而具有特定的适应性。也就是说,此类学习行为从一般意义上讲都是有存在价值和现实意义的,只不过因行为本身的特点、功能以及外在情境的不同而具有有限价值和特定发展意义。其具体行为操作方式有听讲、讨论、练习、实验、参观等。

2. 从操作方式的创新性出发,可将学习行为分为常规性学习行为和创造性学习行为

常规性学习行为是指学习者按照平常的惯例进行学习所表现出来的行为。此类学习行为具有一般性和例行性,缺乏创新元素。一般认为,学生的常规性学习有以下环节:制订计划、课前自学、专心上课、及时复习、独立作业、解决疑难、系统小结、课外复习等。常规性学习行为则是学生在这些环节中按部就班地进行学习所表现出来的具有普遍性和大众化的学习行为。

创造性学习行为是指学习者在学习活动中突破常规所表现出来的积极、正向的行为。非理性、不理智、不计后果地突破常规的行为,不能称其为创造性行为。创造性学习行为有两个特点:一是行为操作新颖奇特,二是行为结果富有实效。

3. 从操作方式的自主性出发,可将学习行为分为他控性学习行为和自主性学习行为

他控性学习行为亦称被动应答性学习行为,是学习者在他人(教师、家长等)或外界环境影响和支配下被迫发生和完成的学习行为。此类学习行为也可能在某种程度上实现学习目标和达到教学目标,但它并不是学习者自觉自愿发起和完成的,带有鲜明的外控性特征。

自主性学习行为亦称主动作答性学习行为,是指由学习者自愿、主动地自我发起、支配和完成的学习行为。此类学习行为带有鲜明的内控性(自我控制)特征,体现出强烈的个人参与意识和自我调控能力。此类学习行为有助于增强学生学习的能动性,培养学生主动学习的态度和习惯,建立学习责任感。

4. 从操作方式的独立性出发,可将学习行为分为个体性学习行为和合作性学习行为

个体性学习行为是指学习者独自进行学习活动所表现出来的学习行为。此类学习行为自始至终均由学习者孤身一人发起和完成,具有鲜明的个性特征,在水平上可能出现两种极端状况:一是行为水平过低,行为的发展价值不大,局限于个体的单一经验,出现低层次行为的简单重复;二是行为水平较高,行为的发展价值较大,表现出复杂、精细、流畅和具有创新成分的高层次行为,体现个人的高品质思维和实践动手能力。

合作性学习行为是指学习者与他人(如教师、同学、家长等)共同进行学习活动所表现出来的学习行为。此类学习行为因他人介入而显现出集体智慧的力量,且要与他人的学习行为相互协调、相互支持、相互配合和相互促进。合作性学习行为作为共同体行为的构成要素,既体现了个人对他人或群体的责任和贡献,又体现了个人对他人或群体行为的考量和观照,有助于培养学习者的交流意识、互助意识和合作能力。

5. 从操作方式的探究性出发,可将学习行为分为接受性学习行为和发现性学习行为

接受性学习行为亦称间接性学习行为,是指学习者没有实地参与活动,而是通过其他途径,如他人讲授、观看录像和影片、观摩演示实验等,间接获取现成知识结论的学习行为。间接性的学习一般是由外在于学习者的人所主导的,一般是他人先呈现,学习者后接受。类似于"坐着学"的学习行为。间接性学习行为有助于学习者系统、高效地掌握知识,促进认知能力发展,但不利于发挥学习者的学习主体性,也难以培养学习者的动手能力和实践精神。

发现性学习行为亦称直接性或探究性学习行为,是指学习者通过亲身参与实践活动直接获取知识、发展能力的学习行为。类似于"做中学"的学习行为。此类学习行为的产生伴随着学习者直观、生动的直接体验,能够极大地调动学生学习的积极性,有助于培养学生的探究兴趣、研究意识和实践能力。

需要注意的是,基于行为的操作特性所划分的学习行为,从形式上看似乎存在两级对立,但在性质和价值上并不是全然对立的。个体性和接受性的学习行为从形式上看分别是合作性和发现性学习行为的对立面,但前者和后者各有其存在价值和意义。

(三)结果维度

依据学习行为所达到的结果或行为所负载的主要功能来进行划分,可将学习行为分为:体现知识掌握与获得的学习行为、体现单项技能习得的学习行为、体现情感态度价值观形成的学习行为和体现综合性问题解决的学习行为。

1. 体现知识掌握与获得的学习行为

体现知识掌握与获得的学习行为是指行为负载的功能主要在于帮助学习者获取知识,发展认知能力,如语言智能、数理逻辑智能等。当然,也不排除此类行为能在一定程度上促进学习者在情感、态度、技能等方面获得某些发展,只不过这些发展都是附属性的。具体行为表现有听讲、读书、写作业等。

2. 体现单项技能习得的学习行为

体现单项技能习得的学习行为是指行为负载的功能主要在于帮助学习者习得某项技能,旨在发展学习者的身体动觉智能。具体行为表现有跳舞、踢球、弹琴等。

3. 体现情感态度价值观形成的学习行为

体现情感态度价值观形成的学习行为是指行为负载的功能主要在于帮助学习者形成良好的情感、态度和正确的价值取向。因为情感态度价值观的形成具有内隐性,不太容易观察,故此类学习行为往往依附于其他类别的行为而出现。具体行为表现有欣赏文学作品、刻苦学习等。

4. 体现综合性问题解决的学习行为

体现综合性问题解决的学习行为是指行为负载的功能主要在于帮助学习者解决实际生活问题。此类行为体现出综合性和包容性,涵盖了上述三种学习行为及其具体表现,只不过其目标直指问题解决。

通过上述分类不难发现,学生的学习行为因指向对象不同、操作方式有异,达到的效果也不尽相同。要让学生在学习过程中实现全面、充分和个性化的发展,必须以多样化的学习行为为基础,单一的行为只会造成片面、畸形、划一性发展。因此,对学习行为的选择、规划和设计尤显重要。

三、课堂学习行为的影响因素

学习是一个复杂的过程,它主要通过学习行为表现出来。学校情境中学生的学习主要指知识、技能等方面的获得过程,是凭借经验产生的、按照教育目标要求而展开的、比较持久的能力或倾向的变化过程,这一过程受到许多因素的影响和制约。为了有效地提高学生的学习效率和改善学生的学习生活,研究影响学习行为的因素具有重要的现实意义。

国外有不少关于影响学生学习因素的研究。如,玛格丽特·王(Margaret. C. Wang,1990)用文献资料分析的方法,得出了如下结论:影响在校学生学习的因素包括国家及地方性政策因素、校外环境因素、学校因素、学生因素、课程设置及班级大小、教学及班级气氛。在这些因素中,学生的元认知最为重要。这里所强调的元认知,就是学习策略或认知策略,也可以称为学习方法,是学习的核心问题。此外,学习气氛、学习成绩的归因等方面也有不少研究,并取得了一定成果。

国内关于影响学生学习因素的研究,以往主要集中在学习动机和具体的学科心理(语文、数学、外语等)方面,近年来研究的关注点逐渐增多,也取得了一定的成果。如杨孟萍和丁锦红研究认为,影响中小学生学习行为的主要因素可以概括为三类:一是侧重主观因素的学习动机、学习策略和注意力;二是侧重客观因素的学习气氛;三是受主、客观因素相互作用影响和制约的学习压力。张忠豪归纳了影响学生学习的因素,主要包括学习准备状态、班风的同化作用、学习迁移、动机作用、智力因素、学习环境等六个方面。胡爱民和韩桂芝分析了影响学生学习的心理因素,认为动机、兴趣、情感、意志、性格等对学生的学习效果及成长有很大的影响。陈益强探讨了包括动机、兴趣、情感、意志和性格等在内的非智力因素对学生学习的影响。梁友艳调查发现,小学生的学习行为因性别、年龄、学校所在地、班内学习水平、班级职位等的不同而不同,特别受到班内学习水平、班级职务等影响更大,并且学生的课堂学习行为习惯在很大程度上受到教师课堂教学的影响。

综合已有研究观点,可以把影响学生学习行为的因素分为外部因素和内部因素两大类型。

(一)课堂学习行为的外部影响因素

课堂学习行为的外部影响因素指的是外在于学习者的各种客观因素,通常形成学习者学习行为的学习环境和学习气氛。影响学生学习行为的外部因素主要来源于社会、家庭、学校、班级、学科和教师等。

1. 来自社会的影响

学生的学习与社会之间有着天然的联系,社会因素对于学生学习行为的影响是客观存在的。课堂教学作为社会的产物必然要受到各种社会因素的影响。吴康宁先生分析认为,社会至少在物质、制度和文化三方面为课堂教学提供了基础。具体来说,社会物质基础影响着课堂教学的表层,如空间形态、技术手段等;制度基础影响课堂教学的中层,如课堂组织、评价制度等；文化基础则影响着课堂教学的内层，如教学的价值取向、内容结构、行为方式等。

　　学习方式是学习行为的具体表现路径。从学习方式的研究角度看，社会因素对人类以及个人的学习方式的形成、发展、完善等都具有塑造、定型作用。对学习方式具有重要影响的社会因素主要包括社会政治经济因素、文化因素、教育因素等。首先，社会政治经济因素对学习方式具有决定性作用。不同的政治经济发展状况决定了学习方式所赖以形成的物质基础、观念基础。其次，文化因素对学习方式的型塑也具有重要作用。特别是基于思维方式的文化传统对学习方式的影响往往更为直接、更为明显、更为久远。再次，教育体制对学习方式的最终形成和现实化也起到举足轻重的作用。教育体制是国家管理和组织全社会教育活动的制度、组织法规、政策的总和，是所有教育活动存在、延续发展的基础和条件。目前，我国正处于社会转型时期，随着社会主义市场经济的不断发展与成熟，政治经济体制正朝着民主、平等、开放、赋权、合作等方向发展，这也必然使划一、集权、封闭、呆板的教育体制走向多元、分权、开放、灵活、高效。在教育体制改革的推动下，学习方式也必然会产生巨大变化。

2. 来自家庭的影响

　　家庭是青少年学生在学校之外接受教育的另一大场所。家庭教育具有鲜明的特点：一是教育内容广泛，涉及做人做事、方方面面。二是教育方法灵活，可随时随地不拘一格开展教育。三是教育时间持久，从孩子出生直至成年之后均可进行。四是教育作用显著，家庭直接影响着儿童身体的发育、知识的获得、能力的培养、品德的陶冶以及个性的形成。家庭对于个体的影响广泛而深远。

　　具体而言，父母教养方式和家庭背景等方面的因素对于学生学习行为存在重要影响。研究者在关于学习品质的研究中发现，父母教养方式、父母在教养实践中的表现以及是否参与儿童在家的学习活动会对儿童的学习品质产生重要影响。父母通过指令、引导、示范和对儿童主动学习的回应等积极的教养实践，可以帮助儿童学会如何面对困难任务，提高儿童在学习品质上的表现。研究同时表明，母亲受教育水平、家庭经济状况等家庭背景特征通常被研究者当作影响儿童学习品质的一个基本背景变量。母亲受教育水平低和家庭收入低的儿童,其学习品质的得分也相对较低。

也有研究认为,父母受教育程度、对早期教育重视程度以及父母的情感温暖理解、惩罚严厉、过干涉过保护等养育方式均与学习能力倾向相关。此外,家长的教育教学观念、学习态度与能力、学习行为与方法以及家庭氛围等诸多方面都会影响到学生的学习行为。

3. 来自学校和班级的影响

学校以及班级是学生学习和生活的主要场所,对于学生的学习行为存在潜移默化的影响。

学校环境在客观上影响着学生的学习行为。学校环境也称为校园文化,包括物质、制度、行为、精神等方面,这些环境对学生的学习都具有较大影响,其中又以物质和精神两方面的作用最为突出。校园的物质文化不仅是为教学活动的开展和学生的学习活动提供必要的物质条件,其文化特征,如整洁安静、布局规范、空气清新、色彩协调、富有生机的校园环境,会使学生情绪稳定、思维活跃,可以激发学生的学习兴趣,让学生轻松愉快地完成学习、提高学习效率。校园的精神文化是校园环境的最高层次,主要包括校园的历史传统和被大多数师生认同的文化观念、价值观念等。积极向上的校园精神,不仅对学生的道德品质的形成有潜移默化的熏陶作用,对激发学生奋发努力、刻苦用功地学习也具有巨大的推动力。在学校管理的过程中,应努力建设良好的、催人向上的校园环境,促进青少年儿童身心健康发展,提高他们的学习效率。

班风、校风对学习行为的选择具有制约作用。班风指一个班级的全体成员共同具有的思想和行为方面的稳定风格。班风是班级全体人员精神面貌的集中反映。班级是组织学生学习的基本单位,班集体是他们进行学习的主要环境。每个学生不仅依靠这种环境进行系统的学习,而且在这个环境中,师生之间、同学之间所形成的心理上、舆论上、行为上的共同倾向,对每个学生的学习目的、动机及情感、意志等必然产生重要的影响。良好的班风,如勤奋学习、积极向上、纪律严明、团结友爱等,不仅对班级中的每个学生的品德的形成具有潜移默化的影响作用,而且对激发他们强烈的求知欲望、调动学习积极性也具有强大的感染力和同化作用。

4. 来自学科的影响

学科是影响学生学习行为的重要的情境因素之一。

首先是学科内容。学科内容往往构成了特定学习情境的主要方面,因为任何学习情境总是围绕特定的学科内容而创设的。显然,不同学科内容对学习方式具有不同的要求,每一种学科内容都有其隶属的适当方式方法,如人文性学科一般宜采用辨析、体验、欣赏、感悟的学习方式,技能性学科适宜用训练的学习方式,而理化生等科学学科多采用实验、操作、动手做等方式来学习。

另外,教材内容的安排上,如数量、难度、内在逻辑顺序、教学进度等也影响学习方式的形成、发展和表现。例如,当教材内容难度较大、逻辑性较强、数量较多时,教师往往出于教学进度的考虑,很少会设计探究的、体验的活动,让学生们自主探究学习,因为这样将花费更多的时间,因此,主导的甚至是唯一的选择就是讲授式教学,学生则采取接受学习方式来学习。

其次是练习因素。练习、作业是为巩固学习情境中的内容学习而专门设计的项目,它还具有证明学生学习效果的功能。练习的类型、次数、时间分配、方法(形式)等影响着学习方式的选择。根据功能划分,练习一般分为巩固性练习、准备性(预见性)练习、创造性练习。不同的练习类型与不同的时间组合,就容易形成不同的学习方式。例如,如果教师布置大量的只针对所学内容的巩固性练习,而形式又以书面为主的话,那么,学生就可能会形成死记硬背、机械训练、模仿有余而创新不足的学习方式;如果教师经常布置一些准备性(预习性)练习,让学生通过多种形式收集资料、表现(呈现)资料,那么,学生就可能学会探究学习;而教师如果让学生有很多机会做创造性练习,形式又是多样化的,如观察、制作、实验、社会调查、设计等,那么,学生将会逐步形成新课程倡导的"自主、合作、探究"的学习方式。

5. 来自教师的影响

教师的领导方式对学习行为能产生重要影响。美国学者勒温及其同事以及后续者关于领导方式的经典研究表明,教师的领导方式分为专制型(权力主义方式)、民主型、放任自流型,三者对学生的学业成绩影响不是最大,但对学校中的一般社会行为、儿童的价值观、学习风格能产生深远的影响。例如,民主型教师领导的课堂,学生们喜欢同别人一道工作,互相鼓励,而且独自承担某些责任;而放任自流的教师领导的课堂,学生之间没有合作,谁也不知道应该做些什么;专制型教师领导的课堂,学生推卸责任是常见的事,不愿合作,教师一离开课堂,学习就明显松弛。

师生关系同样影响学生的学习行为。国外相关研究表明,师生关系以及教师对儿童的支持方式可以预测儿童的学习品质。也就是说,具有良好师生关系的儿童,学习品质方面所得到的评价也更好,教师对儿童的情感支持可以提高儿童的学习品质,并缓解其他危险因素对儿童学习品质的消极影响。同时,儿童与教师之间的社会与情感关系及其相关调节过程的发展与儿童如何开展学习(学习品质)密切相关。而且,课堂情感支持是儿童学习品质一个重要的保护性因素。多明格斯等(2011)发现,当教师在学年初评定儿童与他们互动中或参与结构化活动中存在行为问题时,若能给他们提供一整年的情感支持性学习环境,则问题行为就会减少,问题行为对儿童学习品质的消极影响也会降低。

此外,教师的教育观念、学科知识、教学行为、教学能力、人格品质等不同方面的特征都对学生的学习行为产生直接的影响。

(二)课堂学习行为的内部影响因素

课堂学习行为的内部影响因素指的是来自学习者自身对学习行为产生影响的个体主观因素。学习者自身影响学习行为的内部因素,既包括生理因素也包括心理因素。

1. 学生的生理因素

生理是指生物机体的生命活动和各个器官的机能。学生的生理因素也即身体因素,一般理解为学生身体生长和发育过程中表现出来的各种状态和特点。学生的身体状况是学生进行学习活动的生理前提和基础,对于学生的学习行为具有不可忽视的影响。影响学生学习行为的生理因素通常包括年龄、性别、疾病、遗传、健康、睡眠等。

2. 学生的心理因素

心理是人脑对客观物质世界的主观反应,它是通过感觉、知觉、表象、记忆、想象、思维、感情和意志等多种多样的形式表现出来的。心理现象可分为两大类，即心理过程和人格。认知、情绪情感和意志属于心理过程，需要、动机、能力、气质、性格等则属于人格。在学习过程中，影响学生学习行为的心理因素可以分为智力因素和非智力因素。

(1) 智力因素。

智力因素是在人们的智慧活动中直接参与认知过程的心理因素，包括注意力、观察力、记忆力、想象力、思维力、语言力、操作力等方面。智力因素是认识活动的操作系统，对学生的学习行为发挥着主导作用。

首先，学生的智能品质和水平，如学生的智力水平、认知发展水平、认知结构状况、元认知水平等都能为学生的学习方式的形成和发展奠定基石，会对学生的学习方式产生重要影响。多元智能理论表明，人类的智能是多元的，每种智能不是均衡发展的，智能的不同组合表现出个体间的智能差异。各种智能的发展能彼此引发，相互影响，共同作用。每个人或多或少拥有不同的八种智能，这八种智能代表了每个人不同的潜能。某种智能的优势与否会影响一个人的学习方式，如有研究表明，智力水平低的学生易选择趋于保守、思维水平较低的接受学习或他主学习，智力水平高的学生易选择思维水平高、更具创造性的探究学习或自主学习。如果学校教育能为每一位学生设计适合其发展的教学与学习方式，那么，每一位学生都有可能得到最大限度的发展。

其次，认知风格是影响学习方式的内在的极其重要的因素。所谓认知风格又称认知取向或认知方式，是指学生个体在认知即信息加工过程中表现在认知方式方面的持久一贯的独特倾向。学生的认知风格是有差异的，通常表现为场依存与场独立、整体性策略与系列性策略、求异思维与求同思维、冲动型思维与反省型思维等。尽管认知风格并无优劣之分，但是，由于它是学生的理智特征，是表现在认知上的个性特点和构成学习风格（即学习方式）的主要方面，因此对学习方式具有重要影响。如不同认知风格的学生对所用感觉通道的偏好、对学习环境的偏好、对学习内容组织程度的偏好、对学科选择的偏好等等都是有差异的。教师的责任之一就是找准学生的这些认知风格，为其设计适合其发展的教学与学习方式，更好地促进学生有特色地发展。

此外，学生的学习准备状态和学习迁移都是影响学习行为的重要智力因素。对学生施加学习的时间、内容的复杂程度及其容量都要与其所具备的原有基础知识和接受能力相适应,既要适时又要适当,这样才能让学生在新的学习中最大可能地获得成功。先前的学习对于后继学习的影响,称为迁移。学生在学习的过程中,他们原有的认知结构特征始终是影响新的学习的关键因素,这些因素决定着学生对新概念和规则的学习的质量和速度。

心理学研究表明,学生的智力水平存在较大的差异。智力水平不仅影响学生的学习数量,而且也影响他们的学习质量。学习过程实质上是思维活动的过程。学生的思维品质直接决定学习的效果,智力又是影响思维能力发展的主要因素。智力是进行创造性学习的必要条件。智力在发展过程中受多方面因素的影响,不完全决定于遗传基因的影响,更主要的还是受后天的教育和培养的作用。因此,不能过分地夸大遗传基因的作用,要把发展学生的智力作为学校教学工作的核心。一方面要为儿童提供有利于刺激智力发展的教育条件,另一方面要提高师资质量,积极开展教育教学研究,探索学生智力发展的规律、改进教学内容和方法,提高学生的智力水平。

(2) 非智力因素。

非智力因素是相对于智力因素而言的,指对认识过程起制约作用的心理因素,包括动机、兴趣、情感、意志、气质和性格等。非智力因素不直接参与认识过程,不负责对内外信息的接收、加工和处理等工作,但它对认识过程起制约和调节的作用。非智力因素在学习中的作用是非常明显的,总的来讲,它具有动力、定向、维持、调节、弥补等作用。

根据非智力因素对心理活动的调节范围以及对学习活动直接作用的程度,可将非智力因素划分为三个不同层次。第一层次,指学生的理想、信念、世界观。它属于高层次水平,对学习具有广泛的制约作用,对学习活动具有持久的影响。第二层次,主要是指个性心理品质,如需要、兴趣、动机、意志、情绪情感、性格与气质等,这些属于中间层次。它们对学习活动起着直接的影响。第三层次,指学生的自制力、顽强性、荣誉感、学习热情、求知欲望和成就动机等等,它们是与学习活动有直接联系的非智力因素,对学习产生具体的影响。这些因素充满活力,对学习的作用十分明显。

以学习动机为例。学习动机就是直接推动学生进行学习以达到某种目的的心理动因。动机产生于需要,学生在学习过程中为了获得某种需要的满足而产生一定的内驱力,这种内驱力就成为学生自觉主动学习的原动力。有了学习动机,就等于有了学习动力的源泉。学习动机能够将学生引向既定的学习目标,并积极努力地去实现。动机作为学习的一个必要的心理条件,影响学生学习的效果和质量。学生的学习动机的形成受学生的理想、学习目的、学习兴趣、自我提高的需要以及奖惩制度等方面的影响。因此,教师应该重视培养学生树立正确而又远大的理想,运用生动的教学方法,并适当运用奖励或惩罚手段,激发学生不断产生新的求知需要,培养学生良好的学习动机,有效地调动学生的学习积极性,提高他们的学习成绩。

情绪和情感因素也同样影响学习行为。情绪和情感是人对客观事物是否符合自己的需要而产生的态度体验。情绪和情感都有两极性,具体表现为肯定和否定、积极和消极、紧张和轻松、激动和平静、强和弱、内控和外控等。学生的情绪和情感在两极中所处的位置将影响学生对学习方式的选择,并对所选择的学习方式起调节作用。这种影响的主要机制在于:情绪和情感能直接影响人的认知活动,是认知活动的动力系统,是认知活动的组织者,它能引发、终止或中断信息加工,特别是可以影响决策和问题解决。实验研究表明,当人们处于低到中等强度的积极情感状态时,往往倾向于采用最简单的策略,而不大考虑选择的余地。而认知取向又是学习方式的重要组成部分,可见,情绪和情感对学习方式具有重要影响。

综上所述,影响学生学习行为的因素是多方面的。需要明确的是,这些因素的影响并不是均衡和静止的,而总是随着个体的差异而有所变化的。例如,一项调查表明,对于七八年级的学生而言,"学习积极性"和"学习方法"两个因素对学习成绩的影响较大,"身体健康"和"家庭环境"两个因素对学习成绩有一定的影响,"师生朋友关系"因素则对学习成绩影响不大。对具体某一学生来说,上述因素不一定都同时对他的学习产生明显的影响,但其中某些因素会对他的学习成绩影响很大。对于教育工作者而言,在具体的教学情境中,要审慎考虑学生学习行为的影响因素并加以灵活应对。

四、课堂不良学习行为

(一)课堂不良学习行为的含义与表现

课堂不良学习行为一般也称为课堂问题行为,是学生在课堂中发生的,与课堂行为规范和教学要求不一致的,并影响正常课堂秩序及妨碍课堂教学活动有效进行、影响教学效率提高的行为。美国近年来对中小学学生课堂行为的研究表明,有问题行为的儿童约占调查总人数的53%。我国心理学家根据调查研究认为,现阶段中学生的课堂问题行为具有很大的普遍性,有问题行为的高中生约占半数,而初中生则占70%。如此大的比例已不能不引起人们的重视。

不良学习行为在中小学课堂中普遍存在,是课堂教学过程中不容忽视的问题。例如,一项调查发现,小学生在课堂学习中的行为习惯存在如下问题:对自己学习行为的认知较差,学习积极性较多受到外部因素的影响;学习计划需要在老师或家长的监督下进行,甚至没有制订学习计划的习惯;独立学习能力不高,对老师有很大的依赖性,课堂笔记一般在老师要求下进行;课堂发言有大约一半的学生想说但不敢说,在老师叫到时才起来回答问题;互助合作意识淡薄,没有主动帮助他人的习惯;小组活动的参与程度和积极性不足,有很多学生都是在老师的要求下参与。另一项关于高中生课堂不良学习行为的调查研究也显示了类似结果,即学生在课堂学习习惯和方法、课堂参与度以及课堂纪律等方面均存在明显的问题。此外,有研究从分析当下我国中小学学生学习行为状态入手,运用问卷调查法、课堂观察法和访谈法等多种研究方法,重点考察学生学习行为的主体性、学习行为的类型、学习行为的占用时间与分布空间以及学生主观生活感受和学生实际发展状况。调查结果表明:① 在学习行为的主体性方面,中小学学生虽然具备了一定的主体性水平,但还有待进一步提升。比较而言,小学生、小规模班级学生、城市学校学生和学生干部以及非住校生的学习行为主体性相对较高。学生的课堂互动学习行为呈现出被动依赖特征,其中,普通学校学生、农村学校学生受动性更为明显。② 在学习行为的类型方面,符号性学习行为居于主导地位,学生的作业类型也以书面作业形式为主。比较而言,小学生、小规模班级学生、学生干部的学习行为更趋向多样化。③ 在学习行为的时间分布上,整体而言,学生在校学习时间偏长,课堂内符号性学习行为占据了教学的大部分时间。④ 在学习行为的空间分布上,学生在校室外活动较少,大多被禁锢在教室内自己的座位上学习,而教室空间相对狭窄,不利于学生开展多样化的学习活动。⑤ 在学生主观生活感受上,开启一天学习时感到快乐的学生相对较少,结束一天学习时有收获者以小学生居多,中学生的学习情绪状态明显差于小学生。⑥ 在学生实际发展状况上,大多数学生都认为自己的主要收获是学习成绩,但对学习成绩感到满意者以小学生居多,中学生尤其是高中生对自身成绩的满意度不高。该项研究对于了解和改进我国当下中小学生学习行为状态具有参考价值。

(二) 课堂不良学习行为的分类

已有研究对课堂问题行为的分类做了一些探讨。人们对问题行为的认识不尽相同,因而对问题行为的分类也不尽一致。中外学者对课堂问题行为作了以下分类。美国的威克曼(E. K. Wickman)把那些破坏课堂秩序、不守纪律和不道德等方面的行为归纳为扰乱性问题行为;把退缩、神经过敏等行为归纳为心理问题行为。奎伊(H. C. Quay)等人把课堂问题行为分为人格型、行为型和情绪型。人格型问题行为带有神经质特征,常常表现为退缩行为,如对他人表现出惧怕,莫名的焦虑,极力回避,误认为自己会受批评、指责、拒绝的情景等。而行为型问题行为主要表现为对抗性、攻击性或破坏性,这些学生想通过一些对抗方式来获得教师与群体的注意,主要包括行为粗暴、相互争吵、挑衅等对抗性行为,也称之为显性问题行为。情绪型问题行为主要是由于学生过度焦虑、紧张和情绪多变而导致社会障碍的问题行为,表现为漫不经心、冷淡漠视、态度忸怩,或过分依赖教师、同学,不敢自作主张、不独立完成作业等。这三类问题行为各有其特征,但也有一些交叉重叠,如缺乏兴趣、不负责任、易分心等。

国内有研究者从外部表现、意识程度、影响作用等方面将课堂问题行为分为隐蔽性问题行为和外显性问题行为,无意性问题行为和有意性问题行为,轻度性问题行为和扰乱性问题行为等。

(三) 新课改视角下的课堂不良学习行为

在新课程改革背景下,课堂不良学习行为的研究视角发生了变化。

有研究者认为,传统的课堂不良学习的显著特征是"违反有关课堂行为规范和教师教学的要求",它们是教师进行课堂纪律管理的调控对象;而新课改视角下课堂不良学习行为的显著特征则应是学习主体性缺失,在此视角下的课堂不良学习行为即是指学生在课堂教学中由于教师的教学不当,或者自身主观因素导致的学习主体性缺失,而对教师教学效果或学生学习效果、身心发展产生消极影响的问题行为。新时期课堂不良学习行为的界定包含了自主性、主动性、创造性以及社会适应性等多个分析维度,一方面涵盖了主体性发展的多个方面,另一方面也为教师具体分析学生的问题行为、培养学生的主体性提供可操作方向。这一观点为新时期课堂不良学习行为的研究提供了参考和借鉴。

总体而言,目前对于课堂不良学习行为的研究比较缺乏。"课堂不良学习行为"与"课堂问题行为"两个概念实际上是有差异的,前者在范围上要小于后者,那么如何界定课堂不良学习行为呢?课堂不良学习行为有哪些类型和表现?评判课堂不良学习行为的标准与依据何在?这些问题在课堂学习行为相关研究中有待进一步探讨。

五、课堂学习行为的改进

改进课堂学习行为的目的在于提高学生的课堂学习效率和改善学生的课堂生活质量。从已有研究来看,改进课堂学习行为的研究主要体现在四个方面,即有效学习指导、课堂问题行为的改进、学习影响因素的调控和不良学习行为的改进。

(一)有效学习指导

学习指导,就是教学生爱学、会学,逐步形成自学能力,以便进行有效的学习。进行学习指导的必要性和意义主要有:① 从学情调查看,在没有进行学习指导之前,一般能基本掌握学习方法,按六个环节学习的学生只占 20% 左右,大部分学生没有掌握科学学习方法。② 从社会发展需要看,未来社会是信息社会,人们必须主动有效地获取新知,才能适应社会的要求,这就要求学生学会学习。所以有人说,未来的文盲就是不会学习的人。③ 发挥学生学习的主体作用,通过学习指导使学生更主动更有效地学习,这是教育教学规律和教育目的的要求。④ 各国教育家都把教会学生学习当作关注的中心课题之一,提出了各自的主张。⑤ 大量的教学方法改革经验都体现了"让学生主动、有效地学习"这一基本思想。所以,学习指导不仅是一种教改方法,而且是一种教育观、教育指导思想的反映。

有效学习的指导策略包括:强化学生的学习效率意识;培养学生对学习活动的认知能力;引导学生有效利用各种学习资源,实现学习效益的优化;培养学生对学习的自我评价与调控能力;让学生获得学习的成功感。

(二)课堂问题行为的改进

针对课堂问题行为的改进,研究者提出了不同的对策,主要包括:

1. 建立有效的课堂气氛

课堂气氛是在课堂中老师和学生发生互动,并浸染其中的气氛或氛围。教师展示温情和支持,鼓励竞争或合作,允许独立判断和选择的方式和程度,因而创造了课堂气氛。有效的课堂气氛需要教师花时间创建使学生感到愉快、振奋、融洽的学习环境。美国心理学家詹姆斯曾经说过人性中最深切的禀质乃是被人赏识的渴望。因此,教师应积极采取措施建立和保持成效显著的学习氛围,避免课堂问题行为的发生。而恰当的表扬方式、个体性的关心、诙谐幽默的教学语言都有利于良好课堂氛围的建立。

2. 制订课堂规则和程序

以埃默、埃弗森为代表的研究者提出,尽管优秀的课堂管理者所采用的规则和程序因人而异,但没有哪个管理有效的课堂能离得开规则和程序。为此,在开展教学前,教师要引导学生共同制订一套系统的规则。课堂是一个不断变动的组织,因而课堂规则也不是固定不变的,而是动态的,是教师与学生持续磋商的动态生成过程。事先制订课堂规则如果能够严明地一以贯之,将会起到事半功倍的效果。制订课堂规则也是学生进行自我管理的方法,丹博(Dembo)就建议让学生更多地投入课堂规则的制订,用较多的时间要求学生考虑制订某些规则的原因以及他们自己不良行为的原因。

3. 满足学生的合理需要

需求满足策略是由美国心理学家格拉塞提出的。格拉塞认为,人有两种基本需要,即爱和被爱的需要、期望自己的价值得到自己和他人认可的需要。如果一个人的基本需要通过正当的途径不能得到满足时，就会产生问题行为。教师在教学过程中要了解不同学生教育管理的需求，并采取不同的措施给予满足，学生的问题行为就能大幅度地减少。

4. 提高教学与管理能力

枯燥无味的教学是造成学生厌恶学习、导致课堂失序的主要原因。教师应提高教学技能，优化教学行为，想尽办法以生动有趣、活泼多元的方式引导学生学习。这要求教师一方面要加强理论学习，只有学识精深、专业能力强的教师，才能善于把握学生的接受能力和心理需求。另一方面，要加强行为训练，通过有意训练，掌握教学基本技能，形成良好的教学行为习惯。

课堂管理是课堂教学进行的前提，也是课堂顺利进行的保证。教师在管理学生时应注意以下几点。① 情感付出。教师在管理学生时要公平公正，一视同仁，对学生有爱心。学生只有亲其师才会信其道，才会将教师的要求化为自觉自愿的行动。② 善用赏识。成长中的学生有问题行为是正常现象，教师不能因为学生有问题行为而把学生看得太差。实际上，学生易受教师的暗示，教师把他们看成什么样，他们往往就会成为什么样。教师要狠抓学生的这一特点，扩大学生的闪光点。③ 巧用教学机智。一般来说，对于不影响他人的问题行为，使用有意忽视法、目光注视法、短暂沉默法、身体接近法等非言语应变法加以控制，而不随便中止课堂教学。

5. 运用不同方法消除课堂问题行为

（1）激励引导法。行为主义心理学者认为个体的行为由行为后果所决定，行为带来愉快的结果，这个行为以后会再出现；反之，如带来痛苦的结果，这个行为会消失。因此，在学生表现良好行为时，教师应适时给予激励。

（2）有效惩罚法。马卡连柯曾指出不惩罚的办法只是对破坏分子有利，如果学校中没有惩罚，必然使一部分学生失去保障。一般来说，惩罚只可用于学生反复发生或严重的问题行为。惩罚的主要方式有：① 不予注意，这是一种"无声的批评"；② 取消某种特权，学生犯错后，教师可以制止他参加正在进行的活动，尤其是禁止他做自己感兴趣的事情,但教师在使用惩罚时要把握"度"。

(3) 行为契约法。行为契约进学校、进课堂是美国行为主义控制派的一种行为矫正方法,体现了以学生为本的理念。课堂行为契约或表现契约是一份具体的、书面的协定,它规定了其中一方或多方在特定的课堂情境中需要做出的确切的行为方式,以及具体的奖励和惩罚。行为契约可以分为单方契约、双方契约和集体契约。① 单方契约,即教师与学生之间签订的只要求学生单方面做出改善问题行为的承诺;② 双方契约,即由教师和学生双方签订的,它规定教师和学生均要实现一定的行为,双方的行为互为条件,双方的行为都是对方所期待的;③ 集体契约,即整个集体由于全体成员的表现较好而受到奖励。集体契约是使整个集体向往的活动成为单个学生的强化手段。除以上策略外,教会学生学会自我控制与加强家校合作也是消除学生课堂问题行为的手段。

(三) 学习影响因素的调控

针对影响学生学习的不同因素,研究者分析了改进学习的相应对策。

针对影响学生学习的心理因素,相应对策包括:① 培养学生正确持久的学习动机;② 在教学中不断激发学生的学习兴趣和动力;③ 提高学生自主学习的能力;④ 引导学生提高适应社会的能力;⑤ 树立良好的风气和育人环境。

针对影响学生学习的家庭因素,提出如下建议。家庭环境以及父母的教养方式与儿童的学习能力倾向密切相关。父母要提高自身素质,改变固有观念,采取适当的管教方式和管教态度。学校经常举办家长学习班,定期召开家长会议,加强与学生父母间的交流,充分发挥学校和家庭的积极因素,共同营造和睦环境,有效提高学生的学习能力。

针对影响小学生学习的因素,研究观点与结论如下:小学生学习受到包括学校、住所、是否班干部、自我评价、父母文化程度、家庭类型、父母关系等多种因素的综合影响,多因素间相互影响、互为作用。家长、教师应根据小学生的个性特点,采取有针对性的个性化措施,促进小学生学习进入良性循环的发展轨道中,达到生长发育和心理发育共同健康的目的。

针对影响初中生学习的因素,相应对策包括:① 建立学生教育档案,有计划地对学生进行科学的教育;② 加强学生非智力因素的培养,把激发他们内在的学习动机作为主要突破口;③ 抓好学生的学法指导,培养他们良好的学习习惯;④ 改善育人环境,提高学生抵制不良影响的能力。

(四) 不良学习行为的改进

近年来,关于学生不良学习行为的研究逐渐增多。研究者主要运用实证研究方法,通过调查、观察、案例等研究方法,对学生不良学习行为进行描述,并提出相应的改进对策与建议。

针对小学生课堂学习行为的问题,提出改进学生课堂学习行为的若干建议,主要包括五个方面:第一,改变性别观念,因"性"施教;第二,针对年级差异,实施分"级"管理;第三,针对地域差异,实行分"地"管理;第四,针对学习水平的差异,实行分"层"管理;第五,针对班级任职差异,实行分"职"管理。

针对初中生存在的不当学习行为,应对策略主要包括以下几方面。① 激发学生的学习兴趣,提高学生的学习主动性。激发学生的学习兴趣,主要从五方面做起:新奇导课,激发学生学习兴趣;活跃课堂气氛,加强教学互动,激发学生的学习热情和主动性;在教学中善于运用多种方法和手段,通过调动学生的眼、手、耳,激发他们的学习兴趣;鼓励学生动手操作,发挥其学习主动性;课后通过组织丰富多彩的活动,拓展学习兴趣。② 培养良好的学习习惯。主要从四方面培养学生良好的学习习惯:培养预习的习惯;培养认真听讲的好习惯;督促学生的作业;养成复习的习惯。③ 缓解学生的考前焦虑。主要从学校、家庭及学生个人三个方面着手:学校要改变单一的评价方式,用发展的眼光看待每一个孩子;家长要调整自己的期望值,使其与自己孩子的实际相符合;学生也要对自己有信心,在考试前,采取一定的应试策略,减轻自己的焦虑感。④ 增强学生的合作与交流意识。主要在于:在学习教材的重点及难点、有争议的问题或规律性的知识和概念时,教师要及时引导学生进行合作交流,这样有利于学生对所学知识的理解和深化。⑤ 家校协作,共同规范学生的违规行为。学生的教育应该是家校合作的教育,学校和家庭应该协力督促学生的学习,及时监督学生的违规行为。

针对高中生课堂不良学习行为,建议采取的分类干预措施包括:① 家校联动,干预高中生课堂不良学习行为。② 课堂五段尝试教学,增强学生课堂学习信心。③ 挖掘学科特色教育资源,调动学生的课堂参与激情。④ 利用信息技术教育对网络成瘾学生课堂不良学习行为进行干预。⑤ 运用惩戒教育,转化高中生课堂不良学习行为。

针对当下我国中小学生的学习行为状态,以从根本上解决学生学习负担、寻找有效的学习行为和提高学生学习生活质量为着眼点,提出改进学生学习行为的策略:首先,明确生活立场中学生学习行为重建的依据与内容;其次,提出促进学生整体发展的学习行为多样化的实现策略;第三,探讨促进学习行为变革的策略与条件,包括学校教育系统内部的整体性改革策略和社会系统的支持性条件。

从新课改视角下学生课堂不良学习行为的重新界定入手,对学生不良学习行为提出的改进策略如下:① 教师要牢固树立以学生发展为本的教育理念。学习主体性缺失是课堂不良学习行为的显著特征,教师只有树立以学生发展为本的教育理念,才能更有效地减少课堂不良学习行为的产生。教师在课堂教学的过程中,应该平等地对待每一位学生,不以学生的成绩好坏以及教师个人的偏好对待学生;注重激发学生的学习兴趣,提高学生的学习积极性和主动性,鼓励学生勇敢发表自己的观点、大胆地去质疑,并加强学生动手操作实践的环节;多创设良好的合作与交流的环境,鼓励学生积极主动地与老师、同学交流,并且在合作交流的过程中培养学生的责任感和提高他们的社交技能,让学生在合作与交流的环境中学会倾听、学会交流、学会协作、学会分享等;当学生发生课堂不良学习行为时,应该积极探询原因,帮助学生了解自己行为的不当,倾听他们的想法,并积极主动地帮助他们改善课堂不良学习行为。② 要调控的不是课堂不良学习行为本身,而是行为背后的学习主体性缺失。比较合理的做法是,发现学生产生课堂不良学习行为后,一方面分析其是哪种类型的学习主体性缺失,另一方面,教师也要反思自己的教学过程中是否存在打压学生学习主体性的教学行为。最终的目的是通过对学生的悉心引导以及教师自身教学的改进而促进学生的学习主体性发展。③ 要注意把握课堂不良学习行为的多重维度。课堂不良学习行为包含了自主性、主动性、创造性以及社会适应性四个维度。教师不应仅仅关注学生那些因为社会适应性不足或争抢自主控制权而产生的破坏课堂秩序的课堂不良学习行为，同时也要关注那些在传统视野中可管可不管的课堂不良学习行为，如学生人云亦云而没有自己独立思考的行为、对学习缺乏兴趣而无所事事的行为、畏缩不前而不敢表达自己想法的行为，以及对待同学冷漠而不想助人的行为等。

从已有研究可以看到，对于课堂学习行为的关注和研究正呈现不断增长和深入发展的趋势，教学论研究视角由教学行为转向学习行为是应然也是必然。因此，在课堂教学实践层面上，不仅应该有教学行为设计，更应提倡"学习行为设计"，这正体现了学习行为研究的意义与方向。与此同时，学习行为研究应从仅关注提高学生的课堂学习效率转向更多关注提升学生的课堂生活质量，真正实现教育的内在价值。

参考文献

[1] 向葵花，陈佑清.聚焦学习行为：教学论研究的视域转换.课程·教材·教法，2013(12).

[2] 向葵花.中小学学生学习行为研究——旨在改进学生生活与发展状态的学习行为分析[博士学位论文].华中师范大学，2014.

[3] 冀芳.不同课程形态的课堂教学中学生学习行为现状的个案研究[硕士学位论文].东北师范大学，2007.

[4] 施良方.学习论.北京：人民教育出版社，2001.

[5] 姚纯贞，米建荣，王红成.国内外"学习行为"研究综述.教学与管理，2009(10).

[6] 杨孟萍，丁锦红.影响中小学生学习行为因素的调查与研究.天津师大学报，1998(1).

[7] 张忠豪.影响学生学习的几个主要因素.黔东南民族师专学报，1999(5).

[8] 胡爱民，韩桂芝.影响学生学习的心理因素.黑龙江教育学院学报，2005(5).

[9] 陈益强.浅谈非智力因素对学生学习的影响.中国校外教育，2012(4).

[10] 梁友艳.小学生课堂学习行为的调查研究[硕士学位论文].浙江师范大学,2014.

[11] 吴康宁.课堂教学的社会学研究.教育研究,1997(2).

[12] 吴永军.再论影响学习方式的主要因素.当代教育科学,2004(20).

[13] 黄爽,霍力岩.儿童学习品质的主要影响因素:国外研究进展及其启示.比较教育研究,2014(5).

[14] 张汾染,赵淑英.家庭因素对小学高年级学生学习能力倾向的影响.中国学校卫生,2006(10).

[15] 刘芝寿.影响初中学生学习因素的调查和思考.基础教育研究,1995(6).

[16] 刘永辉.课堂问题行为与管理研究.当代教育科学,2012(22).

[17] 付建军,等.高中生课堂不良学习行为的分类干预研究.中国教育学刊,2011(8).

[18] 李自璋.刍议课堂问题行为.泸州职业技术学院学报,2003(2).

[19] 肖玲,蒙石荣.浅析新课改视角下的课堂不良学习行为.长春教育学院学报,2013(15).

[20] 廖全明,刘宗发.我国中小学学生的问题行为及其干预——目前国内关于学生问题行为研究的文献综述.太原师范学院学报(社会科学版),2004(4).

[21] 马玲亚.略论有效学习的指导策略.教学与管理,2002(30).

[22] 何宏灵,等.小学生学习成绩的影响因素研究.中国自然医学杂志.2005(4).

[23] 金阿宁.初中生学习行为研究[硕士学位论文].陕西师范大学,2008.

[24] 陈桂生.关于试行"课堂学习行为设计"的建议.现代中小学教育报,2004(5).

第八章 课堂教学资源分析

资源是开展课堂教学的条件与基础。随着课程资源概念的确立和相关研究与实践的不断深入，人们对资源的认识、开发和利用也在不断发展。课堂教学资源是支持课堂教学开展并为课堂教学利用的各种条件。课堂教学中存在着丰富的可利用资源，对课堂教学资源的认识和开发利用是教学研究与实践的重要课题。本章以课堂教学资源分析为主题，分别探讨课堂教学资源的概念与类型、课堂教学资源运用的不合理现象以及课堂教学资源的开发与利用策略。

一、课堂教学资源的概念与特点

（一）课堂教学资源的概念解析

课堂教学资源是一种重要的教育资源。从目前对课堂教学资源的研究成果来看，可以分别从对"教育资源""教学资源""课程资源""课堂教学资源"等几个相关概念的界定中探讨人们对课堂教学资源的认识与理解。事实上，课堂教学资源概念的广度和深度是逐步发展变化的。

首先，是对广义的教育资源的认识。比较有代表性的观点认为，教育资源是指"教育过程所占用、使用和消耗的人力、物力和财力"。这一界定将教育资源看作是支持教育活动开展的条件，侧重于强调教育资源是"教育经济条件"。这为教学资源的研究提供了重要的认识基础。

其次，是对教学资源的认识。在有关教学资源的研究中，教学资源被定义为"支持学校教学活动的开展，解决教学问题所必需的诸客观条件的综合"，认为教学资源从广义上包括社会制度、社会风气、科技水平、家庭条件、社区文化及设施等等，从狭义上即从学校教学工作的角度来看，包括教学活动场所、教学时空、学校设施、仪器设备、师资配备、图书资料、社会信息、校风班风、师生人际、精神品质等。这一理解使教学资源突破了教育资源是教育经济条件的局限，尤其强调文本资源、智能资源、实物资源、时空资源、现代媒体资源、设施资源、社会信息资源和人际与情感资源等都是教学可用资源，突出了对无形的、隐性的教学资源的利用问题。

再次，是对课程资源的认识。在近些年的研究中，对课程资源的理解引人关注。课程资源指形成课程的因素来源与必要而直接的实施条件，按照功能特点的不同可以分为条件性课程资源和素材性课程资源两大类，前者包括直接决定课程实施范围和水平的人力、物力和财力，时间、场地、媒介、设备、设施和环境，以及对于课程的认识状况等因素，后者指作用于课程并且能够成为课程的素材或来源的各种因素，包括知识、技能、经验、活动方式与方法、情感态度价值观以及培养目标等方面。对课程资源的这一理解及划分方式更进一步拓展了资源研究的广度和深度，使资源开发和利用更加丰富化，也更加深入和细致。

最后，是对课堂教学资源的认识。有研究者从课堂教学的层面探讨了对课堂教学资源的理解，认为课堂教学资源是支持课堂教学开展、并为课堂教学利用的各种条件。"只要这些条件能够在一定程度上被课堂教学所利用，为一定的课堂教学服务，支持课堂教学活动的顺利开展，就可以称之为'课堂教学资源'。"可以看到，课堂教学资源在这里同样具有广泛的含义和丰富的层次，课堂教学中存在着各种各样的可利用资源。

基于以上理解可以认为，课堂教学资源是指支持课堂教学开展并为课堂教学利用的各种条件。这些条件既可以是物质的，也可以是非物质的；既可以是有形的，也可以是无形的；既可以是被利用的，也可以是潜在的。只要这些条件能够在一定程度上被课堂教学所利用，为一定的课堂教学活动服务，支持课堂教学活动的顺利开展，就可以称之为课堂教学资源。

(二) 课堂教学资源的特点

从生成性角度来讲,课堂教学资源是指在课堂教学过程中,通过师生对话而产生的可用于教学的知识经验、行为方式、程序步骤等动态生成性的素材型智慧成果。课堂教学资源是产生并作用于课堂教学的资源。从这一概念理解出发,课堂教学资源具有如下特点。

1. 课堂教学资源是动态生成的

课堂教学资源产生于课堂教学进行过程中,产生于师生对话过程中。虽然它和教师课前备课存在着很大联系,但是,它决不是写在教案上的。写在教案上的那是条件性资源,如同教材资源一样,是课堂进行的条件,而这些条件只是原料,它必须进入到课堂"车间"当中,通过师生的"脑力"劳动动态生成。只有师生广泛展开对话,才开动了"生产"课堂教学资源的"生产线",才会源源不断地产生这样那样的鲜活的教学资源。"满堂灌"、照本宣科式的教学传授的是僵硬呆板的知识,不是鲜活的、充满生命气息的资源。

2. 课堂教学资源是转瞬即逝的

课堂教学资源不是预先设计好的或长久存在的,它是随机产生的。它往往产生于师生的灵感一现,产生于师生的问答和学生的思考中,很多时候它甚至产生于学生不经意的一句话当中。如果教师不能及时发现和利用,它便会转瞬即逝,回过头来再想利用时,时机已经错过。这就要求我们教师在充分备课、和学生充分开展对话的基础上,时刻注意捕捉有用信息并尽快加以利用。

3. 课堂教学资源是开放的

因为课堂教学资源是动态生成的,所以它的形式和内容都是非规定性的。从形式上来说,它既可以以创意性回答或举动为形式,也可以以错误回答或举动为形式,甚至以一个眼神、一个表情来表现。从内容上讲,它既可以是教材知识,也可以是师生生活经验,还可以是某种程序步骤、思维方式。总之,无论从内容上还是从形式上,课堂教学资源都是开放的。不但是形式内容开放,来源也是开放的,它可以来源于课堂,可以来源于教科书,甚至来源于网络、影视剧、课外读物等方面。

4. 课堂教学资源是丰富多彩、充满生命力的

正是由于课堂教学资源是开放的,所以,它是丰富多彩的,历史的、哲学的、自然科学的、文学的,甚至是家长里短、自然景观、奇闻逸事等无不包括在内。它既可以丰富课堂知识,又可以活跃课堂气氛,增强学生学习兴趣,提升学生思维能力。又因为它是动态生成的,是产生于师生思维碰撞中的,是产生于师生对话中的,所以它是活生生的,是充满生命气息的。同时,教师对它的及时捕捉和利用又使得课堂不断生成新的资源,使教学不断向前推进,这样,课堂教学也是有生命力的。

5. 课堂教学资源存在于联系当中

课堂教学资源产生于课堂教学,这并不是说它是孤立存在的,它是存在于联系当中的。这个联系指的是教材资源、师生原有知识经验资源、学校环境资源等多种条件性资源构成的联系,课堂资源的产生和利用离不开这些条件性资源,是在有效利用这些资源当中产生的。

二、课堂教学资源的类型

从目前关于课程与教学资源的研究来看,资源的分类呈现多元化特点。在课堂教学资源的一般分类之外,动态生成性课堂教学资源在近年来也成为教学资源研究的热点问题,形成了重要的课堂教学资源类型。此外,应用于教学实践的资源分类也值得关注和借鉴。

(一)课堂教学资源的一般分类

课程资源是课堂教学资源的上位概念。从课程资源的相关研究中可以看到,资源类型的划分是多种维度、标准不一的。

按照功能特点的不同,可以分为素材性课程资源和条件性课程资源;

按照空间分布的不同,可以分为校内课程资源和校外课程资源;

按照载体形式的不同,可以分为生命资源和非生命资源;

按照性质的不同,可以分为自然资源和社会资源;

按照物理形态或呈现方式的不同,可以分为文字资源、实物资源、活动资源和信息化资源;

按照存在方式的不同,可以分为显形资源和隐性资源;

按照物质与非物质进行分类,前者指人力资源和物力资源,后者指知识资源和思想资源；

从文化和教育的课程话语这一视角出发，可以区分为显形资源和民间（缄默的）资源。

此外，课程资源还包括不同层面，即国家层面、地方层面和学校层面。

有研究者认为，对课程资源的认识应该把握其四个特点，即价值潜在性、多样性、具体性和多质性。这意味着：首先，并不是所有的资源都是课程资源，只有那些真正进入课程、与教育教学活动联系起来的资源才是现实的课程资源；其次，课程资源的存在形态、表现形式、利用途径与方法等是多种多样的；第三，课程资源因地域、文化传统、学校以及师生各自的差异而不同；第四，同一课程资源对于不同课程有不同的用途和价值。这一观点对于全面客观地认识课堂教学资源也具有一定的参考与指导意义。

（二）动态生成的课堂教学资源

动态生成性资源是在真实的课堂教学情境中伴随教学过程产生的、能够推进教学进行的各种教学条件和因素来源。动态生成资源具有以下基本特点：情境性、真实性、参与性、开放性、不确定性、可生长性和具有教育价值。

课堂教学中的动态生成资源可以分为：学生资源，即作为学习活动主体的学生在动态教学过程中的各种状态与表现；教师资源，即作为教学活动主体的教师在动态教学过程中的各种状态与表现；文本资源，即作为师生教学活动的对象或中介、由师生共同进行意义解读的各种教学材料。

1. 动态生成的学生资源

课堂教学过程中动态生成的学生资源十分丰富：从教学进行的过程来看，包括学生伴随教学过程而生成的各种状态，如学习准备状态、学习反应状态、学习过程中和结束后的发展变化状态和学习效果等；从学生在课堂教学过程中的活动来看，包括听讲、记录、思考、提出与回答问题、讨论、实验与演示、练习、判断与评价等；从学生自身的素质条件来看，包括学生个体的认知、技能、经验、情感、态度、价值观以及学生之间的差异等。在真实的课堂教学情境中，学生的各种状态与表现都有可能进入教学活动,成为生动的教学过程中的重要资源。

2. 动态生成的教师资源

从资源的角度看,教师也是教育活动中最为重要的资源。教师不仅决定课程资源的鉴别、开发、积累和利用,是素材性课程资源的重要载体,而且教师自身就是课程实施的首要的基本条件资源。教师的知识、能力、经验、智慧、性格、爱好、情感、意愿、态度、品行、价值观和人格魅力等都会进入教学活动成为影响教学的重要因素。

在课堂实践中,教师通过与学生以及教学材料、教学环境等的相互作用而展开教学,这个过程中形成并发挥作用的教师资源也是一种动态生成的资源。动态生成的教师资源主要蕴含在教师的职业素养中,包括教师的道德素养、知识素养和能力素养等方面。

3. 动态生成的文本资源

在教学过程中,文本是师生互动活动的中介,也是师生共同进行意义解读的对象。师生以教学文本为对话和交往的联系纽带,在对文本的意义解读中,通过师生之间、生生之间以及师生与文本之间的多向互动,实现着生命的发展和成长,而教学文本在这个过程中也在不断地建构和生成乃至形成新的意义。这样的过程,其实质就是教学的建构和生成过程。

教学活动中的文本有其特殊的情境性和独特性,是教师与学生一起合作创造的极其复杂的产物。从师生的教学活动的角度进行分类,教学文本大致有四种类型。

第一,师生并不直接参与制作的、现成的文本,主要包括课程改革指导纲要、学科课程标准、教学指导书、教科书与教材以及相关的视听文本等。

第二,师生事先准备好的教学设计文本与学习文本,前者主要指教师根据第一类文本考虑到学生的实际状态编制的教学计划,即通常意义上的"教案"或教学设计,后者主要指学生按照教师要求所做的学习准备,如预习作业、练习、报告等。

第三,在实际的教学过程中创造的文本,主要指师生在教学沟通过程中所生产的文本,如板书、教授、对话、讨论、笔记、摘要乃至对学生的操作活动进行的激励和发出的指令等。

第四,教学告一段落后教师和学生所生产的文本,如教师的教学记录,学生的作文等。

具体到课堂教学过程来看,上述第一类和第四类文本是教学的指导和参照体系,往往对教学的实际操作有着控制和影响力,是教学背后"看不见的手";而实际的教学内容则是由第二类和第三类文本二者结合生成的。设计的教学文本与实施的教学文本之间总会产生一定的落差,教学是以前者为基础,并在后者的创作中变革前者,从而形成新的沟通产物的。这样的过程本身就是通过教师、学生与文本之间多向的互动活动而形成的一种动态生成的过程。

文本的意义在于可以进行开放性的意义解读乃至重新建构与生成。在教学过程中,师生解读文本的过程就是教学在动态过程中建构与生成的过程,教学内容、教学目标、教学任务乃至教师的教案都可以在这一过程中重构与生成。

(三) 教学实践中的课堂教学资源分类

针对教学实践中存在的对于资源开发的认识局限,有的教育工作者提出了课堂教学中有待开发利用的五类资源。

1. 教学案例资源

教学案例是教师平常教学中发现和积累的典型的教育事例。注意收集自己和别人的优秀教学案例,能有效地引导自己的教学活动,在经验与教训中反思并提高自己的教学水平。

2. 教学潜在课程资源

教学潜在课程资源包含教师教学形象、教学语言、班风学风、教学环境以及和谐的人际关系等。

3. 多媒体教学资源

多媒体教学具有知识容量大、教学信息直观、极易引发学生求知兴趣等特点。恰当地利用多媒体教学资源,有助于课堂教学取得良好的效果。

4. 课外生活环境资源

课外生活环境是课堂教学的重要资源。如果教师能在课堂教学中很好地利用课外生活环境资源,帮助学生理清知识发生、发展的过程,就会不断激发学生探究知识的兴趣。

5. 学生集体认知与经验背景教学资源的利用

学生个体或集体的生活经验本身就是很有价值的教学资源。学生的个性、经历、认知经验都不相同,决定着这类资源的丰富性。这类资源可分为问题性资源、共享性资源、认知经验性资源、角色转换性资源和内引外延性资源五部分。

三、课堂教学资源的不当运用

课堂教学资源是支持课堂教学开展并为课堂教学利用的各种条件。它在课堂教学活动中扮演着重要的角色,是课堂教学开展的基本条件和主要支持因素。如果课堂教学资源运用不当,那么教学活动在一定程度上就失去了凭借和依托,有效的课堂教学也将无从谈起。因而,加强对课堂教学资源的开发与利用研究,有着重要的理论意义和现实价值。

课堂教学资源的不当运用包括两方面含义:一方面,是课堂教学资源的不开发和不利用,也即课堂教学资源的荒废;另一方面,是课堂教学资源的过度使用或滥用。这两类资源运用的不合理现象在教学实践中都是客观存在的。

(一) 课堂教学资源的荒废

课堂中教学资源的利用效率并不高,存在着不少荒废现象。课堂教学资源荒废的具体表现是多种形式、多个方面的。

1. 物力资源的荒废

目前,在国家和社会各界的关注、重视和支持下,学校物力资源得到较大改善。不少学校建起了完备的电脑室、图书馆、科技园地等,但真正充分利用这些设施的学校却不是很多,由此造成了严重的浪费。其原因在于:① 教学硬件达标后,相应软件建设滞后,导致设备、器材不能正常使用;② 学校重视不够,教师图省事,不予使用;③ 教师素质差,对教学仪器设备不会使用、操作、维护等。物力资源的荒废原因还在于:图书资料室不开展或很少开展借阅业务,造成图书闲置;学校每年订阅的报刊阅读率不高;有滥订图书、资料现象的存在;"经验型"教师满足现状,不注重学习和研讨。

2. 人力资源的荒废

人力资源的荒废现象，主要指教师资源和学生资源的荒废或使用不当。

在所有资源中，教师资源是第一资源，也是唯一随着时间的延续而不断增值的资源。在 21 世纪，优秀的教师资源是教育最重要的资产。但目前许多学校对人才的重视仅停留在表面，对于教师的职业生涯规划、个人期望以及工作投入程度并不重视。在单位终身制已解除的今天，教师更重视的是自己的专业能否得到发展以及工作中的成就感，一旦他们认为在学校无发展的空间，或发觉自己投入的时间、精力与回报差距太大，则必然有改变工作环境的想法，工作中表现为"无心恋战"。在平时的教学过程中，很多学校都设有教研组、备课组，倡导集体备课，但由于竞争压力等原因，教师从备课、上课到课后反思，其交流合作很少，这种各自为战的工作关系，显然是对教师人力资源的浪费。另外，经过若干年锻炼而成的优秀教师，往往会被提拔为中层干部，相应地会减少课时数，或不再上课，业务由精变疏。

同时，人力荒废还表现在学生资源的低效使用和开发方面。在教学中，不少教师在潜意识中把学生当作"容器"来对待。另外，很多教师重视师生互动，而忽视了学生之间的互动，学生学习小组在课堂中并未成为有意义的"功能群体"，而只是"孤独的个体"。

3. 时空资源的荒废

时空资源指在一定条件下可以提供给教学使用的时间和空间。时间资源是受限制的，但如果教师加以合理设计，还是可以更好地发挥它的作用。在课堂上普遍存在着因教师维持课堂秩序或准备不足而出现时间浪费等现象。同时，教学中用于低层学习任务的时间过多，用于高层创新思维的时间较少。教师将过多的时间用于概念的教学，而忽视对学生思维能力的培养，从而低效使用课堂教学的时间资源。

课堂教学空间资源的丰富与否，不仅取决于普通教室、专用教室、实验室、运动场所等面积的大小，还取决于教学场地座位和人际组合的空间形态。例如，教室中课桌椅不同形式的排列（如秧田形、马蹄形、分组形等），便构成不同形态的课堂教学资源。而事实上，学生往往被安排在秧田式排列的课桌椅上，这种排列方式限制了师生、生生之间的互动,在无形中造成了课堂教学空间资源的荒废。

4. 隐性资源的荒废

课堂教学中,利用和开发隐性资源,有时可以起到令人意想不到的结果。但由于隐性资源存在和表现形式是多样的,常常是不易觉察的、无形的、非物质的,所以不少教师对它们没有形成较为清晰的认识,更谈不上有意识地去运用它们,服务于课堂教学。这样一来,认识上的不足、偏差,就有可能造成课堂教学中隐性教学资源的无形流失。例如,在课堂教学中,学生在教师意料不到的情况下,提出一些"奇怪"的问题,很有可能是一种可贵的资源。对于这类"问题",教师如果加以利用,往往能活跃课堂气氛,提高学生的注意力,调动学生参与课堂讨论的积极性;而教师如果不假思索,简单化地处理,就会浪费隐性的课堂教学资源。

(二) 课堂教学资源的滥用

与资源的荒废类同,课堂教学资源的过度使用或滥用是另一种形式的资源运用不当。不同在于,资源的过度使用或滥用往往在表面上"看上去很美",但实际效果却是经不起检验的,甚至还会对教学产生负面影响或危害。

例如,近年来信息技术资源的运用成为课堂教学中的亮点。信息技术是指利用计算机、网络等各种硬件设备及软件工具与科学方法,对文图声像各种信息进行获取、加工、存储、传输与使用的技术的总称。利用信息技术获取资料、制作多媒体辅助教学,可有效提高课堂教学质量。但很多人认为,一堂课如果没有用到网络,或者只用了几分钟的计算机,那肯定不是一堂好课,甚至形成"无多媒体课件不成公开课"的局面。有的教师甚至完全依赖于信息技术而脱离了课本这个基础,学生不能把多媒体教学所获得的知识与课本结合起来进行学习和认知,造成实践和理论的脱节。事实上,技术只是一种辅助手段而不是目的,推进信息技术的应用并不是为了信息化而信息化,而是通过信息化达到更好的教学和学习效果。技术用得好坏是看其是否用得恰当,在于质而不在于量。达到好的教学效果是最终目的,居主要地位;信息技术的运用只是增强效果的手段和过程,居从属地位。要分清主次,使过程为最终目的服务。而很多教师在这方面认识不足,这在实际上就形成了信息技术资源的过度使用或滥用。

课堂教学资源的滥用往往与教师错误的教学观念联系紧密。在教学实践中,课堂教学资源的滥用也应引起必要的关注和警惕。

课堂教学资源的不当使用有着多方面的原因,包括认识上的原因、管理方面的原因以及教师个人的原因,在课堂教学实践中应分析具体原因,做到对课堂教学资源的合理使用。

四、课堂教学资源的开发与利用

近年来,随着课程改革的推进,我国学者在课程资源研究方面取得了一定的成果,形成了关于资源开发与利用的基本理论框架。

首先,明确了课程资源开发的基本理念,即教材是最基本的课程资源;教师是最重要的课程资源;教学过程是师生运用课程资源共同建构知识和人生的过程。

其次,概括了课程资源开发的基本原则,包括优先性原则,即精选素材性课程资源,保证必要而直接的条件性资源;适应性原则,课程的设计和课程资源的开发利用要考虑学生和教师的不同方面情况。

此外,总结了课程资源开发的基本途径,主要有:① 调查研究学生的兴趣类型、活动方式和手段;② 确定学生的现有发展基础及相应的教学材料;③ 创造性开发和使用教学用具;④ 安排学生从事课外实践活动;⑤ 制作参考性的技能清单;⑥ 总结和反思教学活动;⑦ 广泛利用校内外的场馆资源;⑧ 发挥网络资源的作用;⑨ 开发和利用乡土资源;⑩ 善于利用教育教学过程中的动态生成性资源。

课堂教学资源的开发与利用是课程资源在课堂教学层面的具体体现和运用。在课程资源开发与利用的理论框架下,研究者从不同方面研究和提出了开发利用课堂教学资源的机制、原则、途径和方法等。

有研究认为,课堂教学资源的筛选机制包括三个方面:第一,依据教学目标,锁定选取方向;第二,了解学生需求,遴选教学资源;第三,比较资源成本,确定呈现方式。课堂教学资源的开发原则包括适切性原则、兴趣性原则、广泛性原则和优先性原则。课堂教学资源的开发途径主要有:① 提高教师课堂教学资源开发的潜在意识;② 激发教师课堂教学资源开发的自觉行动;③ 深挖学校课堂教学资源开发的人力资源;④ 完善学校课堂教学资源开发的制度建设。

有研究总结了课堂教学资源开发利用的原则和方法,主要包括:① 在对话教学中开发和利用课堂教学资源;② 充分发挥学生的主体性作用;③ 注意课堂教学资源开发利用的开放性。

此外,大量研究是以课堂教学实践为基础,从课堂教学资源开发利用的某一角度切入进行分析和总结,如学生资源、空间资源、开放资源、空中教室资源、生成性资源以及学科资源整合等。

总之,课堂教学资源的合理开发与有效利用具有重大的理论意义和巨大的实践价值。同时,它又是一项相当复杂的事情,对学校和教师提出了更高的新的要求。在教学实践中,应该根据不同学校、不同课堂的实际情况,采取积极有效的措施,帮助一线教师有效地进行课堂教学资源的开发,随时把握课堂教学中闪动的亮点,把握课堂教学生成的切入点,依循学生认知的曲线、思维的张弛以及情感的波澜,随时调整教学环节,灵活驾驭教学过程中的生成性资源。只有实现了师生在葱郁的课堂生态中的真正成长和发展,课堂教学才更具有生命力。

参考文献

[1] 宋泽华,左秋娟. 课堂教学资源的开发和利用. 教育教学论坛,2012(22).

[2] 李彩红. 五种课堂教学资源的利用. 人民教育,2005(23).

[3] 殷晓静. 课堂教学中的动态生成性资源研究[硕士学位论文]. 华东师范大学,2004.

[4] 林存华. 课堂教学资源荒废现象的透视. 河北师范大学学报(教育科学版),2004(1).

[5] 李玲莉. 信息技术在课堂教学运用中的优势和误区. 软件导刊·教育技术,2014(12).

[6] 李丽. 解读信息技术运用在课堂教学中的误区. 电脑知识与技术,2010(23).

[7] 吴刚平. 课程资源的理论构想. 教育研究,2001(9).

[8] 宋健,刘广利. 论课堂教学资源的筛选机制及其开发原则与途径. 内蒙古农业大学学报(社会科学版),2008(6).

结　语　走进课堂：课堂观察的理念与技术

课堂观察是近年来中小学课堂教学研究中运用的一种重要方法。通过课堂观察和研究，可以有效地提高教师教学水平和改进课堂教学质量。本部分内容将课堂观察作为课堂教学分析的一种理念和方法，从理念和技术两个层面加以整理与介绍。

一、什么是课堂观察

（一）课堂观察的产生与发展

课堂观察是一种重要的课堂教学研究方法，也是一种常用的质性评价方法。这种方法使用一整套课堂观察技术，帮助教师科学地、准确地了解学生的课堂学习状况，并真实地、客观地认识课堂教学中所发生的一切事情。课堂观察的目的就是知道课堂上真正发生了什么，不掌握课堂观察的具体技术，而仅仅通过经验性的听课，教师往往不能达到全面了解课堂教学事件的目的。研究课堂观察的学者在研究分析的基础上提出了两个概念："应是课堂"和"实是课堂"。在大多数教师的脑子里，有一种应是课堂的观念。他们认为课堂中应该发生一些事情，教师在课堂上看到了什么，就是发生了什么。实际上，教师在课堂上看到的事情和课堂教学中真正发生的事情之间是有很大差距的。只有运用课堂观察的专业方法去研究课堂教学，教师和教育管理者才能够真正了解课堂上发生了什么。这一方法可以有效地改善课堂教学和学生的课堂学习。

课堂观察是基于一门学科的发展而发展起来的,这门学科便是教育社会学。社会学是教育学的基础理论,社会学中有一门新的学科叫教育社会学,在此基础上,很多教育者提出了课堂教育社会学。这门学科把课堂看成是人的社会存在的一种形式,用社会学的方法来研究课堂教学中的社会互动和人际关系,课堂教学中的社会行为,课堂的社会存在以及存在、行为的发展。这是课堂观察的基本理念,是基于课堂教育社会学提出的观点。

为了研究课堂观察方法,我们有必要引入课堂生活的概念。这一概念把课堂教学看成是人的一种存在形式,而且是一种重要的存在形式,把学校生活看成是人的一种重要的社会生活领域。五百年前,夸美纽斯提出学校教育的概念。在这段漫长的发展进程中,人们很容易把学校和社会相对而言,把课堂教学和社会生活分离开来。这种约定俗成的意识实际上错误地在于把学校生活排除在了社会之外。课堂生活这一概念旨在强调学校教育的社会性,强调学校教育和社会生活的一体化。

在课堂教育社会学和课堂生活这两种基本理念的指导下,20世纪后半期,人们开始关注课堂。90年代,西方国家开始研究课堂教学生活,从而逐渐形成一个分支:课堂教学研究。通过课堂教学研究可以把课堂教学中更深层次的东西揭示出来,这样,我们所看到的课堂教学和用传统眼光所看到的课堂教学就有很大的不同了。

(二)课堂观察的含义

课堂观察,顾名思义就是通过观察对课堂的运行状况进行记录、分析和研究,并在此基础上谋求学生课堂学习的改善、促进教师发展的专业活动。

作为专业活动的观察,与一般的观察活动相比,课堂观察要求观察者带着明确的目的,凭借自身感官及有关辅助工具(观察表、录音录像设备),直接(或间接)从课堂上收集资料,并依据资料做相应的分析、研究。它是教师日常专业生活必不可少的组成部分,是教师专业学习的重要内容。

课堂观察是一种行为系统。它由明确观察目的、选择观察对象、确定观察行为、记录观察情况、处理观察数据、呈现观察结果等一系列不同阶段的不同行为构成。

课堂观察是一种研究方法。它将研究问题具体化为观察点,将课堂中连续性事件拆解为一个个时间单元,将课堂中复杂性情境拆解为一个个空间单元,透过观察点对一个个单元进行定格、扫描、搜集、描述与记录相关的详细信息,再对观察结果进行反思、分析、推论,以此改善教师的教学,促进学生的学习。

课堂观察是一种工作流程。它包括课前会议、课中观察与课后会议三个阶段。从课前会议的讨论与确定,课堂中的观察与记录,到课后会议的分析与反馈,构成了确定问题—收集信息—解决问题的工作流程。基于课堂观察,教师认识、理解、把握课堂教学事件,澄清教学实践的焦点问题,并在数据分析的基础之上反思教学行为,寻求新的教学改进策略与方式。

(三) 课堂观察的类型

根据不同的分类标准可将课堂观察进行不同类型的划分。

根据资料收集的方式以及资料本身的属性来划分,可分为定量观察和定性观察。

根据观察者与被观察课堂的关系,可以分为自我的课堂观察和对他人的课堂观察。

根据观察者之间的合作关系,可以分为合作的课堂观察与独立的课堂观察。

根据对观察对象或内容的选择,可以分为集中观察和分散观察。

根据观察目的与作用的不同,可以分为诊断性观察、提炼性观察、专题性观察。

(四) 课堂观察的基本步骤

不同类别的课堂观察在运作时有不同的过程,而课堂观察有三个阶段可分:观察前、观察中和观察后。

1. 课堂观察前的准备——确定观察的目的和规划

首先,要确定观察的时间、地点和次数。什么时间进行观察,观察要持续多长时间,以及对什么样的课堂进行观察等,这些问题需要事先进行计划。

其次,要明确观察研究目的,确定观察的中心或者焦点及需要记录的事件和行为。任何一种课堂观察的方法都不能穷尽课堂现象的方方面面,所以要根据观察的目的选择观察的中心,围绕观察的中心进行资料的收集,从而使观察更为有效。比如说,如果观察的目的是为了评价教师表扬的有效性,那么,观察的中心可能就集中在这个教师的身上,就应对关乎教师对学生的表现的行为事件加以记录。

再次,设计或选择观察记录的方式或工具。研究者在观察前应根据观察的目的和背景选择一种最为合适的记录方式或观察表。

最后,还应该事先确定被观察行为的一般标准。

2. 课堂观察——进入课堂及记录资料

课堂观察的实施阶段包括进入研究情境以及在研究情境中依照事先的计划及所选择的记录方法对所需的信息进行记录。在进入研究情境的时候,观察者应当事先征得同意,并尽快在观察者和被观察者之间建立相互信任的关系,建立一种友善的氛围。研究者选择不同的记录方法就决定了他(她)在这个过程中的具体观察行为。

3. 课堂观察后的工作——资料的分析与结果的呈现

课堂观察结束后,最好在近期内对所收集的资料加以整理和分析,以免时过境迁发生偏差。通过课堂观察所收集的资料,一般有定性和定量两种。两种资料分析的方式尽管不一样,但目的都是通过对所记录的课堂事实进行系统的分析,来揭示课堂行为之间的相互联系,了解被观察者的意义。

二、课堂观察的意义

课堂观察对改善学生课堂学习、促进教师专业发展和形成学校合作文化等都有着极其重要的意义。

首先,课堂观察的起点和归宿都是指向学生课堂学习的改善。无论是教师行为的改进、课程资源的利用,还是课堂文化的创设,都是以学生课堂的有效学习为落脚点。课堂观察主要关注学生如何学习,会不会学习,以及学得怎样,这与传统的听评课主要关注教师单方的行为有很大的不同;即使所确定的观察点不是学生,其最终还是需要通过学生是否学得有效得到检验。因此,课堂观察的过程是合作体关注学习、研究学习和促进学习的过程,始终紧紧围绕着学生课堂学习的改善。

其次,课堂观察是促进教师专业发展的重要途径之一。一方面是由于课堂观察的专业品性:它不是为了评价教学,面向过去,在观察之后对被观察者评出三六九等,而是为了改进课堂学习、追求内在价值,面向未来,在观察的整个过程中进行平等对话、思想碰撞,探讨课堂学习的专业问题。另一方面是由于课堂观察也是教师参与研究。教师参与研究是教师专业发展的最重要且最有效途径之一,而课堂作为教师教学的主阵地是教师从事研究的宝贵资源,课堂观察促使教师由观察他人课堂而反思自己的教育理念和教学行为,感悟和提升自己的教育教学能力。无论是观察者还是被观察者,无论是处在哪个发展阶段的老师,都可以根据自己的实际需要,有针对性地进行课堂观察,从而获得实践知识,汲取他人的经验,改进自己教学的技能,提升自己的专业素养。有质量的课堂观察就是一种研究活动,它在教学实践和教学理论之间架起一座桥梁,为教师的专业发展提供了一条很好的途径。

再次,课堂观察作为一种合作的专业研究活动,有助于学校合作文化的形成。课堂观察是互惠性的,它不是行政命令,也不是规定性的任务,而是出于自愿和协商的专业学习活动,观察者和被观察者都能受益。而课堂观察合作体的形成与活动的开展营造了一种合作的学校文化,增进了教师的责任感和对学校的归属感。

三、课堂观察的领域

课堂观察的领域主要包括四个部分:课堂沟通、课堂话语、课堂互动和课堂管理。

课堂观察的首要观察领域是课堂沟通。课堂沟通指的是课堂上的人相互理解和有效配合的程度和水平。可以从学习环境、课堂惯例、课堂常模、课堂噪音、情感和语言等方面来研究对课堂沟通的观察方法。

课堂话语指的是任何学科的课堂上所发生的谈话。师生通过话语交流信息,达到某种交流目的。这种情况下,语言是信息交流的一种手段。在语言课堂上,话语既是手段,又是目的,具有双重功能。

课堂话语分析是课堂观察的强有力手段。课堂话语构成的要素是从课堂话语中抽出来的最重要的成分,主要包括课堂事件的类型,角色定位,参与者的结构,话语量和话语量的分布,话语过程和话语建构,逻辑线索,流畅程度,智能水平,协同活动,话语效果(结果)。课堂话语分析的这些要素直接决定了课堂话语的类型和质量,观察者可以通过其中的某个或某些方面来评判课堂教学的水平。另外,如果教师能够从以上十个方面对课堂教学加以改善,那么课堂效率就会提高。

课堂互动类型可以简单地分为个体活动、结对活动、小型小组活动、大组活动。课堂人际互动有各种类型的结构,主要有以下几种:表面型、松散型、随机型、主导型和动力型。

课堂管理包括空间管理、时间管理、行为管理三个方面。① 课堂空间管理要素包括环境设置和管理、桌椅布局、专项学习区域的划分、为特定活动安排的空间布局等。空间管理的具体评价目标有:教师的可活动空间;学生的可活动空间;基于具体活动的空间布局;排除环境干扰;物理环境;桌椅布局的可行性;学习用具的布置;考察学生学习面的设置;教学用具的摆放;媒体位置。② 时间管理的概念和要点有:物理意义上的时间;教学计划的时间;心理意义的时间;个体层面的时间;群体层面的时间;基本时间单位的划分;基本时间单位之间的关联;有效学习的时间总量;有效学习发生的频度;有效学习的群体覆盖面;时间控制的微观处理方式;时间控制的宏观处理方式。以上12个方面既包括了时间管理中应该明确的具体概念,也包括对时间管理进行观察和评价的几项指标。教师要准确理解这些内容,全面地进行课堂教学观察。③ 行为管理中的研究课题包括个体的行为养成水平,群体的行为养成水平,学生的行动要素,教师的行为要素。对个体行为的养成水平进行观察和评价,主要通过以下一些指标:行为的目的性;学习行为的习惯程序;有效行为的次数;无效行为的次数;主动行动的次数;行动的准确性;行动的敏捷性;学生对课堂事件的整体反应;学生对伙伴行动的整体反应;学生对环境因素的整体反应;人际关联中有效行动的次数;人际关联中无效行动的次数。观察和评价群体行为养成水平的指标有:群体活动的启动效率;角色分工中的迅速实施;角色分工的迅速转换;群体为实现课业目标的专注程度;群体内部关系的协调;群体有效行动的次数;群体无效行动的次数;群体成员参与课业活动的总量;对失败行动的补救;群体之间的相互反应水平。学生的行动要素有:倾听,疑惑,关注,松懈,等待,交谈,尝试,回避,思考,追问,反驳,质疑,探寻,指挥,调整,制止,鼓励,沉默。以上18条是学生在课堂上有可能表现出来的比较典型的行为。对于教师来说,对每一种行为都要有合理和恰当的反应方式或方法,这样才能引导学生的行为朝着社会期望的方向发展。教师的行为要素有:站立,走动,倾听,接触,展示,提示,吸引,回避,停顿,启动,关注,等候,交谈,指挥,调整,制止,鼓励,结束。这些要素一方面可以作为评价指标对学生和教师的行为进行评价,另一方面也可作为行为管理的具体措施和方法供教师或学生借鉴,促进课堂行为的改善。通过对这18个要素的分析,可以帮助教师观察、评价及管理自身的行为。

四、课堂观察的实施条件

(一) 自身的局限

课堂观察只能凭借观察者的感官及有关辅助工具(如观察量表、录音录像设备)观察可视、可感、可知的直观现象与行为,不能观察看不见、摸不着的内在机理(诸如师生的心理变化),只能从现象来分析、理解本质,它是一种归纳的方法。

(二) 参与教师的要求

课堂观察需要观察者接受一定的专业培训,具备相应的观察技能。要求观察者能集中心智观察,及时、准确地收集相关信息,随时做出决定。这是对观察者在专业知识与自身特质方面的要求。

(三) 得到外部支持

课堂观察需要一定的时间、设备与技术的保障,来完成程序的三步曲。这不仅需要教师反省"忙、茫、盲"的教学工作,整理、释放用于课堂观察的时间,而且需要学校为教师参与课堂观察提供必要的技术与环境支持,购置用于观察的必需的视听设备,营造良好的人际氛围,以确保课堂观察成为教师的日常行动。

五、课堂观察的技术

课堂观察的技术主要包括设计课堂观察框架,确定课堂观察点,选择或自主开发课堂观察记录工具,进入现场观察,课堂观察记录,处理记录数据,进行必要的推论。

（一）设计课堂观察框架

课堂观察框架将课堂分解为学生学习、教师教学、课程性质、课堂文化4个维度,每个维度由5个视角构成。

例如,学生学习维度包括准备、倾听、互动、自主、达成这5个视角,每个视角由3~5个观察点组成。其中,学生学习维度的达成视角就由3个观察点组成,它们分别是:① 学生清楚这节课的学习目标吗? ② 预设的目标达成有什么证据(观点/作业/表情/板演/演示)?有多少人达成? ③ 这堂课生成了什么目标?效果如何?这些观察点不再以评价标准的方式出现,而是以问题的方式呈现,旨在引领教师思考某个视角的属性。

（二）确定课堂观察点

首先,要根据观察点的品质——可观察、可记录、可解释来确定观察点。这是由观察的特点所决定的。

其次,要根据观察者和被观察者个体的需要来确定观察点。

再次,要根据合作体的需要来确定观察点。

（三）选择或自主开发课堂观察记录工具

1. 如何选择已有的观察记录工具?

选择观察记录工具主要需考虑三个因素。一是观察点。如观察"提问的数量",则应该采用定量的观察记录工具;如观察"问题的认知层次",那么应该采用定性和定量相结合的工具;再如观察"情境创设的效度",显然应该采用定性观察记录工具。二是观察者自身的特征。如观察"学生活动创设与开展的有效性",若想从学生参与活动的人数和态度来判断,那么在界定不同态度表现行为的基础上,采用定量的记录工具是合适的,但这要求观察者有比较好的视力、良好的反应能力、快速的判断能力。若想从活动的难度系数及学习目标达成情况来判断,那么需要记录一些教学片段中的行为、对话、情境等细节,这就需要观察者有快速记录的能力和较好的记忆能力。三是观察条件。如观察"课堂对话的效度",除了要有快速记录的能力外,还需要一些音像记录设备,否则,对话过程中的语调和神态等对话要素很可能无法记录。

2. 为什么还要开发新的观察记录工具?

已有的成熟的观察记录工具,它们在逻辑上的严密性和科学性都是经过了实践检验的,但其局限性也是显而易见的。如与所观察的课堂的针对性不够,不同的学科具有不同的性质和要求,不同的课堂具有不同的情境,普适性太强则意味着针对性的弱化。由于使用者的理论素养和实践经验的限制,往往存在着理解上的偏差、操作上的困惑、解释上的窘境,于是自主开发观察记录工具成了一种比较现实的选择。

3. 如何开发新的观察记录工具?

开发新的观察记录工具主要有三个阶段。一是分析设计阶段。首先应具体分析观察对象(内容)的要素和观察课的特征,比如观察提问,其要素就可以从"提问的数量""提问的认知层次""问题的目的指向""提问的方式""学生回答的方式""学生的回答类型""教师解答的方式"等方面分析,然后根据观察课的具体情境设计观察记录工具。二是试用修正阶段。观察记录工具设计出来后,必须检验其科学性,因此,通过试用进行修正是必要的。三是正式使用阶段。一般来说,教师自主开发的观察记录工具,使用起来得心应手,解释起来能自圆其说,尽管可能存在着这样或那样的问题,却能在开发的过程中很好地提高教师的理论素养、设计能力和合作研究的水准。

(四)进入现场观察

1. 进入现场的时间与任务

观察者要在上课开始前进入现场,最好提前五分钟进入课堂,同时必须明确进入现场的观察任务以及可用的观察工具。如果没有既定的任务与可用的工具,观察者所获得的只是整体的一般印象或对某个问题的表面了解,不可能就所观察的问题做出基于数据或文字实录的深入分析,就有可能使课后会议成为各抒己见的妄议或空谈。

2. 观察位置

观察者选择有利的观察位置,对观察的顺利开展十分重要。一般而言,要按观察任务来确定观察位置,以确保能收集到真实的信息。如观察四个学生的课堂参与情况,观察者应选择离他们较近的位置,以便随时记录他们参与的时间等;如观察教师情境创设的有效性,观察者应选择便于走动的位置,可及时移动来了解具体情况。但还应注意,观察者所选定的位置在一节课内通常是固定的,应以不分散学生的注意力为宜,尽量避免与教师的课堂走动发生冲突。

3. 记录方式

观察者要如实地记录所看到的与听到的种种现象。在一些需要连续记录时,一般不宜当场花时间对现象进行分析或做出判断,以免影响记录的进程,或遗漏一些重要的信息。

4. 观察者行为

在观察过程中,观察者的行为表现应不影响正常的课堂教学。观察者的表情不能过于丰富,应保持冷静;观察者不应着奇装怪服,尤其是观察位置面对或靠近学生时;观察者不应进行不必要的走动;观察者之间不应相互讨论,发出声音,因为这些行为举动在一定程度上会引起教师或学生的注意,影响教与学的进程。

(五)课堂观察记录

课堂观察的记录方式有很多种,应该根据具体的观察内容、观察类型,选择自己擅长的记录方式来进行观察记录。总的来说,课堂观察记录方式可分为定量的记录方式和定性的记录方式两种。

1. 定量的记录方式

定量的记录方式是预先对课堂中的要素进行解构、分类,然后对在特定时间段内出现的类目中的行为进行记录。它主要有等级量表和分类体系等记录方式。

等级量表指事先根据观察目的编制合理的量表,在课堂观察中,观察者依据对象的行为表现在量表上评以相应的等级。

分类体系指预先列出可能出现的行为或要观察的目标行为,在观察过程中以合适的时间间隔取样对行为进行记录。分类体系包括编码体系(如美国课堂观察研究专家弗兰德斯的互动分析分类体系)和记号体系或核查清单。在预设的单位时间内,编码体系对发生的一切行为都予以记录;记号体系或核查清单只记录不同的行为种类。

2. 定性的记录方式

定性的记录方式是以非数字的形式呈现观察的内容,包括:

(1) 描述体系,即在一定分类框架下对观察目标进行的除数字之外的各种形式的描述,是一种准结构的定性观察的记录方法。可以从空间、时间、环境、行动者、事件活动、行动、目标、感情等几个角度来描述。

(2) 叙述体系,即没有预先设置的分类,对观察到的事件和行为做详细真实的文字记录,也可进行现场的主观评价。

(3) 图式记录,即用位置、环境图等形式直接呈现相关信息。

(4) 技术记录,即使用录音带、录像带、照片等电子形式对所需研究的行为事件做现场的永久性记录。

(六) 处理记录的数据

处理记录的信息一般要经历三个步骤:统计/整理、归类和解释。

1. 统计/整理

在进行统计记录的数据时,对于一些简单的、目的单一的观察量表所收集的数据,如学生的应答方式,可以从记录中推算出一些能说明问题的百分比、频数或排序,呈现在相应的观察量表上;对于那些较为复杂的数据,如师生语言互动分析,可以通过频率和百分比的计算,绘制出可以说明问题的图表,也可以通过电脑,利用 Excel 等电子制表软件来开发数据表,利用电脑进行数据分析,然后再根据需要由电脑绘制出不同的图表。对记录的文字材料要进行整理,按观察量表的设计意图逐条核对文字,或补充,或删减,或合并,转换成简洁、明了的语言表达,真实地复原当时的课堂情境。如果是多人合作观察同一个内容,统计或整理所记录的信息应在交流、讨论的基础上对各自的信息进行必要的合并。

2. 归类

在统计/整理基础上,寻找、发现可以陈述的问题或观点,建构分析框架,对统计或整理的结果按不同的问题进行归类,把具体的事实与数字集合到相应的问题或观点中去,为下一步的解释作好准备。

3. 解释

解释的任务在于对发现的问题或被观察者的教学特色进行剖析与

反思,对数字的具体含义与现象背后的原因及意义作出解释,并提供相应的教学建议。但必须要依据课堂实录,必须要针对此人此事此境此课,不要进行过多的经验类推或假设。

(七) 进行必要的推论

根据已经收集的数据做出必要的推论是一个专业判断的过程,需要若干原则保障其合理性的兑现:要理解量表的理念和目的;要注意把定量和定性的方法结合起来;要注意数据的信度和效度问题;推论要基于证据,推论程度要适当;要避免一些不必要的推论。

六、课堂观察量表

课堂观察量表的基本构成包括自变量控制观察、因变量变化观察和数据分析归因、描述。

(一) 自变量控制观察

自变量的控制在课堂教学中主要表现为教师针对主题问题主动预设的各种教学策略,包括具体的学习形式采用,学习方法指导,有意识的强化训练、有针对性地拓展延伸等,每一个具体的步骤都指向主题问题解决的。在课堂观察中,自变量控制观察主要是针对教师具体教学行为的观察与记录。

(二) 因变量变化观察

因变量变化在课堂教学中主要表现为教师的教学策略实施过程中学生的反应和变化,表现为可观察的兴趣、情感、态度以及掌握基本知识,基本技能的程度。在课堂观察中,因变量变化观察主要是针对学生的,包括学习兴趣、行为以及学习效果的观察与记录。

(三) 数据分析归因、描述

通过对记录数据的分析、归因,描述自变量与因变量之间的相关性是研究的最终结果,也是教学研究最基本的意义所在。相关性越大,越能够积极有效地指导教师调节教学行为,获得最佳教学效果;自变量与因变量之间也会出现我们预料之外的结论,二者没有相关性或相关性甚微,这样的结论将引导我们尝试以新的途径解决问题。

【课堂观察量表举例】

课堂观察量表(1)——学生学习的维度

时间_____ 讲课人_____ 评课人_____ 课题_____

视角	观察点	结果统计	评价反思
准备	① 学生课前准备了什么?是怎样准备的?		
	② 准备得怎么样?有多少学生作了准备?		
	③ 学优生、学困生的准备习惯怎么样?		
倾听	① 有多少学生能倾听老师的讲课?对哪些问题感兴趣?		
	② 有多少学生能倾听同学的发言?对哪些问题感兴趣?		
	③ 倾听时,学生有哪些辅助行为(笔记、查阅、回应)?有多少人?		
互动	① 有哪些互动行为?学生的互动能为目标达成提供帮助吗?		
	② 参与提问和回答的人数、时间、对象、过程、质量分析。		
	③ 参与小组讨论的人数、时间、对象、过程、质量分析。		
	④ 参与课堂活动(个人、小组)的人数、时间、对象、过程、质量如何?		
	⑤ 学生的互动习惯怎么样?出现了怎样的情感行为?		
自主	① 学生可以自主学习的时间有多少?有多少人参与?学困生参与情况怎样?		
	② 学生自主学习形式(探究、记笔记、阅读、思考)有哪些?各有多少人?		
	③ 学生的自主学习有序吗?学生有无自主探究活动?学优生、学困生情况怎样?		
	④ 学生自主学习的质量如何?		
达成	① 学生清楚这节课的学习目标吗?		
	② 预设的目标达成有什么证据吗(观点、作业、表情、检测、成果展示)?有多少人达成?		
	③ 这堂课生成了什么目标?效果如何?		

课堂观察量表(2)——教师教学的维度

时间_____ 讲课人_____ 评课人_____ 课题_____

视角	观察点	结果统计	评价反思
环节	① 本节课由哪些环节构成？是否围绕教学目标展开？		
	② 这些环节是否面向全体学生？		
	③ 不同环节/行为/内容的时间是怎么分配的？		
呈示	① 怎样讲解？讲解是否有效（清晰、结构、契合主题、简洁、语速、音量、节奏）？		
	② 板书是怎样呈现的？是否为学生提供了帮助？		
	③ 多媒体是怎样呈现的？是否适当？是否有效？		
	④ 教师在课堂中的行为和动作（如走动、指导）是怎样呈现的？是否规范？是否有利于教学？		
对话	① 提问的学生分布、次数、知识的认知难度、回答时间怎样？是否有效？		
	② 教师的回答方式和内容如何？是否有效？		
	③ 对话围绕哪些话题？话题与学习目标的关系如何？		
指导	① 怎样指导学生自主学习（阅读、作业）？是否有效？		
	② 怎样指导学生合作学习（讨论、活动、作业）？是否有效？		
	③ 怎样指导学生探究学习（教师命制探究题目、指导学生围绕学习内容自命题目并自主探究）？是否有效？		
机制	① 教学设计与预设的问题有哪些调整？为什么？效果怎样？		
	② 如何处理来自学生或情境的突发事件？效果怎样？		
	③ 呈现了哪些非言语行为（表情、移动、态势语言）？效果怎样？		
	④ 有哪些具有特色的课堂行为（语言、教态、学识、技能、思想）？		

课堂观察量表(3)——课程性质的维度

时间_____ 讲课人_____ 评课人_____ 课题_____

视角	观察点	结果统计	评价反思
目标	① 预设的学生学习目标是什么?学习目标的表达是否规范和清晰?		
	② 目标是根据什么(课程标准、学生、教材)预设的?是否适合该班学生?		
	③ 在课堂中是否生成新的学习目标?是否合理?		
内容	① 教材是如何处理的(增、删、合、立、换)?是否合理?		
	② 课堂中生成了哪些内容?怎样处理?		
	③ 是否凸显了学科的特点、思想、核心技能以及逻辑关系?		
	④ 容量是否适合该班学生?如何满足不同学生的需求?		
实施	① 预设的教学方法(讲授、讨论、活动、探究、互动)有哪些?与学习目标的适合度如何?		
	② 是否体现了学科特点?有没有关注学习方法的指导?		
	③ 创设了什么样的情境?是否有效?		
评价	① 检测学习目标所采用的主要评价方式是什么?是否有效?		
	② 是否关注在教学过程中获取相关的评价信息(回答、作业、表情)?		
	③ 如何利用所获得的评价信息(解释、反馈、改进建议)?		
资源	① 预设了哪些资源(师生、文本、实物与模型、多媒体)?		
	② 预设资源的利用是否有助于学习目标的达成?		
	③ 生成了哪些资源(错误、回答、作业、作品)?与学习目标达成的关系怎样?		
	④ 向学生推荐了哪些课外资源?可得到程度如何?		

课堂观察量表(4)——课堂文化的维度

时间_____ 讲课人_____ 评课人_____ 课题_____

视角	观察点	结果统计	评价反思
思考	①学习目标是否关注高级认知技能(解释、解决、迁移、综合、评价)?		
	②教学是否由问题驱动?问题链与学生认知水平、知识结构的关系如何?		
	③怎样指导学生开展独立思考?怎样对待或处理学生思考中的错误?		
	④学生思考的人数、时间、水平怎样?课堂气氛怎样?		
民主	①课堂话语(数量、时间、对象、措辞、插话)是怎么样的?		
	②学生参与课堂教学活动的人数、时间怎样?课堂气氛怎样?		
	③师生行为(情境设置、叫答机会、座位安排)如何?学生间的关系如何?		
创新	①教学设计、情境创设与资源利用有何新意?		
	②教学设计、课堂气氛是否有助于学生表达自己的创新性思维?如何处理?		
	③课堂生成了哪些目标、资源?教师是如何处理的?		
关爱	①学习目标是否面向全体学生?是否关注不同学生的需求?		
	②特殊(学习困难、疾病)学生的学习是否得到关注?座位安排是否得当?		
	③课堂话语(数量、时间、对象、措辞、插话)、行为(叫答机会、座位安排)如何?		
特质	①该课体现了教师哪些优势(语言风格、行为特点、思维品质)?		
	②课堂设计是否有特色(环节安排、教材处理、导入、教学策略、学习指导、对话)?		
	③学生对该教师教学特色的评价如何?		

七、课堂观察报告举例

一堂小学数学课课堂观察报告

一、观察缘由

课堂提问是师生课堂教学的一种最常见的方式,为了增强教师教学能力,提高课堂教学效率,我们开展了以"有效的课堂提问"为主题的课堂观察活动。

二、观察设计

本次观察对象为一年级的一位数学教师,执教内容是北师版第2册数学课,参与观察的人员为学校数学组教师及行政领导。

(1) 制订观察方案,做到五个确定,即确定观察主题、确定观察内容、确定观察工具、确定观察方法和确定成员分工。我们对观察主题进行了细化理解,认为"提问的有效性"应包括三个层次:一是有效的,包括铺垫型、思考型、提醒型及其他;二是低效的,包括过易或过难的、无意义重复的、表述含糊的;三是无效的,即没有必要的那些提问。

(2) 准备人手一份课堂教案,对教材以及教师的教学思路做到心中有数,以便在观察时更多地聚焦于我们的主题。

本次观察主要采用以下方法:一是分时段分小组的观察方法。我们将进入课堂的观察人员根据时段进行分工,每二人一组,重点观察五分钟内的提问情况。二是采用聚焦式笔记记录方法,集中记录课堂提问。三是定量与定性相结合的分析方法。

三、观察引发的困惑

我们对课堂提问进行了汇总与处理,经过分析,得出如下结果,也由此给观察者和观察对象带来了困惑。

(1) 从量上来看,教师课堂提问数量偏多,一堂课共有63个问题,平均每分钟多达1.6个问题。这大大出乎我们的意料,也让上课老师大吃一惊。教案上只写有15个问题,为什么会化解成这么多问题呢?这是困惑之一。

(2) 从质上来看,有效问题共有36个,占57.14%,其中以思考型、提醒型问题为多。低效问题25个,占39.68%,主要集中在过易以及无意义重复问题上。无效问题2个,占3.18%。教师提问的有效度还是不够理想。由此我们进行假设:如果去掉低效与无效问题,一堂课只提出36个问题,是否恰当?这是第二个困惑。

四、观察问题解疑

带着困惑,我又在网上学习了一位特级教师的课,进行了对比研究和仔细分析,试图找出困惑的症结所在。

(1) 教师没有给予学生充分思考的时间。
(2) 除了提问以外,教师没有安排更多的学习形式。
(3) 教师所提的问题含糊或者不到位。
(4) 教师过多依赖提问展开教学过程。
(5) 无法调控生成,教师点拨功力欠火候。
(6) 学生不会提问,没有养成提问的习惯。

五、观察建议

(1) 转变观念,重视学生学习的主体性。
(2) 改变方法,倡导学习形式的多样性。
(3) 研究规律,注重提问操作的技巧性。
(4) 把握教材,提高课堂问答的实效性。

八、课堂观察活动案例

一、背景

任教教师:卓玲宁(厦门第二外国语学校数学一级老师,教龄十五年,教学效果良好)

内容主题:几何概率习题讲评课(人教A版必修3)

观察者:陈海峰,洪宏伟,周羽鹏

二、课前会议

(一) 卓玲宁老师说课

1. 教材分析

本课时内容为几何概率的习题讲评课。几何概率是新课程改革实验教材新增的内容,也是中学数学的核心知识——概率的一部分。学好几何概率对基本事件是无限个时的概率的学习将会起到很好的作用。

2. 学情分析

学生在本节课之前已经学习完等可能事件发生的概率和几何概率,课前已要求学生完成部分练习对所学知识加以巩固。

我教的是文科班,对学生的情况比较了解:学生回答问题的积极性比较高,平时的作业习惯比较好;男生只有6个,教学组织与管理相对轻松。

3. 教学目标

本节课的目标是通过学生练习的评讲巩固几何概率的应用,对学生理解的疑难问题进行点拨,纠正学生在知识理解上存在的一些误区,同时促进学生对角度型、长度型、面积型、体积型的几何概率的区分和了解。

4. 教学设计

因为本节课是练习评讲课,所以设定以知识技能为主线,穿插进行评讲,并对练习中出现的问题进行有侧重的强调和变式练习。

本节课,我打算从学生存在的疑问入手,有针对性地进行讲解。

(二) 卓老师与观察者的交流

陈海峰:首先对卓老师的充分准备表示感谢。陈老师给我们提出了一个新的课题,就是如何使习题讲评题更加有效。我们很高兴地看到,卓老师想通过题组的形式进行教学,而不是按题号顺序进行讲评。这对我们来说应该是很值得学习的。还有一个问题,就是关于变式训练,究竟如何变式才能抓住本质,才能使学生产生"新鲜感"。一些优秀生已经将题目做对了,那么他们是真正理解了,还是只是暂时性的做对?这个问题如何面对?另外我们今天的观察工具是课堂教学组织形式的观察表,就是通过同步学习来观察学生。在实际的授课时,是不是同步学习我应该能及时地观察出来,那么是自主学习,还是合作学习呢?这个不知道卓老师在课前是如何安排的?

卓老师:如何使习题讲评课更加有效,这个问题我也一直在思考,我也想到过用提问的方式解决,再通过出习题的方式用幻灯片让学生思考作答,然后再确定学生真实的掌握情况。我一般是布置作业以后,让学生独立完成,在遇到困难的基础上,如果是自己没办法解决的,才向别的优秀学生进行请教。

周羽鹏:你们的学生比我们学校的学生更加自觉,领悟力更加好。那么有一个问题,学生回家完成的作业你是如何调控的?会不会有学生将后面的答案一抄到底来应付了事?如果是这样的,那么卓老师是如何发现与避免的?

卓老师:这个是我最头痛的问题。因为如果学生自觉地参与晚自习,那么碰到我值班时,应该说能比较好的避免,但是也要正好值到这个班才行。当然我认为也要相信学生,相信学生会向善向好。

(三)卓老师与观察者讨论观察点

观察者观察记录学生几何概率部分的作业完成情况,然后统计出相应的人数,同时大致地检查学生完成作业的质量。

三、课中观察

(一)观察工具

以下面这个"课堂教学的组织形式及其效果观察量表"为主。

课堂教学的组织形式及其效果观察量表

观察记录	观察内容			效果评价				
				优	良	中	一般	差
	同步学习	教学节奏						
		学习氛围						
		学生的参与面						
	自主学习	针对性地提出学习的要求						
		个别指导						
		学习效果(是否达成目标)						
		激励性评价						
	合作学习	建立规则(异质分组、角色分工、评价方式等)						
		学生参与积极性						
		教师的调控及指导						
		活动时机	突破教学难点					
			突出教学重点					
			技能训练					
		学习效果(是否达成目标)						
	组织形式与教学目标的吻合度							
	组织形式与教学内容的吻合度							
	根据环境和教学进程需要变换教学组织形式的能力							

（二）观察位置的选择

本节课首先观察学生的作业情况，由教师收集学生的作业，观察者三人分别检查学生的作业及完成质量。该班学生共56人，教室相对比较宽敞，所以作了以下分工，陈海峰老师在前门观察，后面由周羽鹏老师观察，洪宏伟老师坐在教室的中间进行观察，主要观察教师使用的教学语言、教学用具、教学的行走路线、教学的板书，还有学生的回答情况等。

后门								周羽鹏
			▲	▲		▲	▲	
▲	▲							
				洪宏伟				
前门 陈海峰				讲　台				

注：▲表示男生

（三）观察过程

上课前：观察者于上课前10分钟到达年段办公室，对卓老师收集的学生作业大致地了解了一些情况，发现有一些作业完成得不好，有空白之处，也有作业上出现"怎么办？"和哭脸等状况。预备铃响时进入教室，与学生进行了短暂的交流，主要是翻交还学生的教辅。学生没有出现空白不作现象，但是有4个学生明显是属于抄袭课后答案的，因为比较整洁，没有思考的痕迹在里面。说明教师还是有一定的威信，学生会遵守，但是也有滥竽充数的现象。

上课中：各位老师根据统一的观察表和确定好的主要观察对象进行细致的观察。

四、课后会议

（一）卓老师的课后心得

对照刚刚看到的观察量表，我也从这几个方面小结一下。

对于同步学习方面，我的教学节奏应该是中速的，这里边有两个原因,一是教的是文科学生,二是学生毕竟属于二类学校。教学中我感到学生的参与面还是很广泛的,学生都会及时回应老师的问题,这一点自己感到比较满意。

对于自主学习方面,我认为确实应该延伸到课堂之外,就是学生作业的完成情况,然后再考虑课堂的情况,这样效果会好些。教学我会及时肯定学生的良好的思维与做法,学习效果比较好。

对于本节课的合作学习,我感觉比较没法运用,也希望观察组的老师给以良好的建议。

（二）观察者简要报告观察结果

陈海峰、周羽鹏、洪宏伟三位观察者使用的都是课堂教学的组织形式及其效果量表。这张表主要研究教师在课堂教学组织形式上的调控问题,观察教师在课堂上是否实施了课堂教学的三大形式,即合作学习、自主学习和同步学习,同时要观察教师在组织形式上对教学目标、教学内容的吻合度,以及老师根据教学环境和教学进程中变换教学组织形式的能力,以期为教师的课堂教学组织与形式的合法运用提出建设性的建议。

周羽鹏:我坐在教室的最后一排进行观察,观察结果见"课堂教学的组织形式及其效果观察量表（1）"。

课堂教学的组织形式及其效果观察量表（1）

		观察内容	效果评价				
			优	良	中	一般	差
观察记录	同步学习	教学节奏			√		
		学习氛围	√				
		学生的参与面	√				
	自主学习	针对性地提出学习的要求		√			
		个别指导			√		
		学习效果(是否达成目标)		√			
		激励性评价		√			

(续表)

观察内容			效果评价			
			优	良	中	一般	差

观察记录	合作学习	建立规则(异质分组、角色分工、评价方式等)			✓		
		学生参与积极性			✓		
		教师的调控及指导			✓		
	活动时机	突破教学难点			✓		
		突出教学重点			✓		
		技能训练			✓		
	学习效果(是否达成目标)				✓		
	组织形式与教学目标的吻合度			✓			
	组织形式与教学内容的吻合度			✓			
	根据环境和教学进程需要变换教学组织形式的能力			✓			

根据"观察结果(1)"提供的信息,教师对合作学习的运用较少,所以我都打了中;教师对同步学习的应用较高,说明传统的传授式教学还是占据着主导地位。

【典型片段】

师:首先我们来看变式探究第一题。

学生:听讲,看自己的练习配合讲授。

师:如果这个正方体出现内切、外切的现象,那么我们如何来处理呢?

学生:还是要抓住体积型的几何概率来分析。

师:很好,所以大家平时在做题时要自己思考一下,这道题如果改动一下又该如何?能不能胜任?这种改动有没有道理?然后与老师交流一下。

【分析及建议】

教师通过讲评学生的练习,让学生对知识有进一步的理解,再进行适当的延伸。但是总的看来还是教师的传授式学习。如果改为由学生来提出问题,比如老师引导:这个题我们解决了,那么你能将这道题换一下汤吗？就是方法不变，但是题目发生了一些变化。大家想想看，能提出什么问题？我想这样能使学生的思维更加开阔。

洪宏伟：这堂课，我是坐在中间位置进行观察，发现教师的行走路线也基本在讲台边，到学生中间的次数极少，只对在前排第一列的部分学生关照相对较多。

观察结果见"课堂教学的组织形式及其效果观察量表（2）"。

课堂教学的组织形式及其效果观察量表（2）

观察记录	观察内容			效果评价				
				优	良	中	一般	差
	同步学习	教学节奏			√			
		学习氛围		√				
		学生的参与面			√			
	自主学习	针对性地提出学习的要求			√			
		个别指导				√		
		学习效果（是否达成目标）			√			
		激励性评价			√			
	合作学习	建立规则（异质分组、角色分工、评价方式等）			√			
		学生参与积极性			√			
		教师的调控及指导			√			
		活动时机	突破教学难点		√			
			突出教学重点		√			
			技能训练		√			
		学习效果（是否达成目标）			√			
	组织形式与教学目标的吻合度			√				
	组织形式与教学内容的吻合度				√			
	根据环境和教学进程需要变换教学组织形式的能力				√			

我的观察结果和周羽鹏老师的差不多。可能由于我坐在学生的

旁边,所以看得比较仔细些,个别学生已经不满足于教师的讲解,开始独立地做自己的事。虽然也是看同一本书的内容,可是已经不大配合老师的授课了。这说明学生的学习氛围很好,不脱离数学学习,但是参与性方面比较不足,所以我与周老师在这个方面的意见不同,其余都相同。

【典型片段】

本节课教师讲解了如下问题:变式训练 3-1,变式训练 4-1,基础达标 2,能力提升 7,能力提升 9,能力提升 11(1),能力提升 8,能力提升 11-2,能力提升 10 题,以及课本的两道题。

【分析及建议】

教师都是利用传统的讲授式方法,学生对此配合也不错。那么问题是,如果学生会了,那么讲解的必要性有多少呢?我们是不是可以来研究一下?可以说大部分学生都没有问题,还有一小部分学生有问题,那么能不能叫那些学优生来辅导那些还有疑问的学生,起到针对性更强的作用?

陈海峰:我坐在前门对教师进行观察,发现卓老师的行走路线以黑板前与讲台和学生之间的空间为主,同时看到卓老师的学生对老师的讲授还是积极配合的,气氛良好,那么就给我们提出一个课题——习题课如何上更好?以下是我的观察记录。

课堂教学的组织形式及其效果观察量表(3)

观察记录	观察内容		效果评价				
			优	良	中	一般	差
	同步学习	教学节奏		√			
		学习氛围	√				
		学生的参与面			√		
	自主学习	针对性地提出学习的要求		√			
		个别指导				√	
		学习效果(是否达成目标)		√			
		激励性评价		√			

(续表)

观察内容			效果评价				
			优	良	中	一般	差
观察记录	合作学习	建立规则（异质分组、角色分工、评价方式等）			√		
		学生参与积极性		√			
		教师的调控及指导			√		
	活动时机	突破教学难点			√		
		突出教学重点			√		
		技能训练			√		
		学习效果（是否达成目标）			√		
组织形式与教学目标的吻合度				√			
组织形式与教学内容的吻合度				√			
根据环境和教学进程需要变换教学组织形式的能力				√			

我对照了另外两个观察者的观察量表，发现看法基本是一致的。对于教师在进行复习课（习题课）教学时应该采用什么方法是值得我们探讨的问题。讲评课是不是都只能是由老师讲，学生听？这一点值得我们研究。

【分析及建议】

正如刚刚洪宏伟老师所说的，教师按自己的题组进行适当的讲授，应该说是很好的，那么有如下问题。

讲解完了练习问题后，剩下的时间再讲解书本问题，是不是有点本末倒置？还有一个问题，教师小结和强调的重点是不是应该让学生除了会做题之外，还要会研究习题？相同题组即使用相同知识的题目要圈出来，这个工作可以由学生来完成，这样能起到合作学习、自主学习的作用。这样可能会使讲评课的教学组织形式不再单一，同时会让学生对知识点的变式更加清楚些。

（三）本次观察形成的结论

经过卓老师与全体参与课堂观察的老师进行交流，全体老师达成了如下共识。

（1）复习课如何脱离单一的授受式模式，应该值得大家继续研究。

（2）从相信学生的潜力的角度上说，这节课教师还是有点放不开。虽然看起来学生学习的气氛不错，但是课堂追求的不应该只是气氛。让学生在安静的状态下进行思维，表现出来的可能是压抑，但是那应该是黎明前的黑暗，不久学生的思维就会暴发，应该大胆地尝试。但是只要学生在认真的思考，那么课也是成功的。

（3）对个别的题目进行适当的拓展也是高中数学的基本要求。本节课中卓老师进行了必要的扩充，值得继续发扬。

（4）使用本量表时还存在一个问题。对于一些自主学习，有个别环节可能是成功的，有个别环节可能是失败的，那么应该如何在表格中得到良好的体现呢？还有对个别的课题，如复习讲评课是不是有必要追求那么多的课堂组织形式呢？这些都值得思考。

（5）对本量表的一些栏目，建议应该配合其他量表进行使用。如本节课，我想至少应该配合教师练习讲评方式和效果观察表一起使用，才能达到比较良好的效果，否则单一使用显得过于笼统，看不出其课堂的本质。

参考文献

［1］沈毅，崔允漷. 课堂观察：走向专业的听评课. 上海：华东师范大学出版社，2008.

［2］李静纯. 课堂教学观察的领域和方法. http://www.pep.com.cn/peixun/xkpx/peixun_1_3/xinban/kcyj/kcyj/201009/t20100928_919048.htm.

［3］一堂小学数学课课堂观察报告. http://www.ycxljy.com/Item/3722.aspx.

［4］课堂观察活动案例 http://3y.uu456.com/bp_4zw4198xl44m0xd0pdxo_1.html.